掌

掌尚文化

Culture is Future

尚文化·掌天下

本书出版得到贵州大学社科学术出版基金资助

曹 波 著

人工智能
刑事风险治理逻辑与刑法应对研究

THE GOVERNANCE LOGIC AND
CRIMINAL RESPONSE OF
ARTIFICIAL INTELLIGENCES CRIMINAL RISK

经济管理出版社
ECONOMY & MANAGEMENT PUBLISHING HOUSE

图书在版编目（CIP）数据

人工智能刑事风险治理逻辑与刑法应对研究 / 曹波著. -- 北京：经济管理出版社，2024. -- ISBN 978-7-5096-9905-8

Ⅰ. D922. 04

中国国家版本馆 CIP 数据核字第 2024QP8977 号

组稿编辑：宋　娜
责任编辑：宋　娜
责任印制：许　艳
责任校对：王淑卿

出版发行：经济管理出版社
（北京市海淀区北蜂窝 8 号中雅大厦 A 座 11 层　100038）
网　　址：www. E-mp. com. cn
电　　话：（010）51915602
印　　刷：唐山玺诚印务有限公司
经　　销：新华书店
开　　本：720mm×1000mm/16
印　　张：13. 75
字　　数：216 千字
版　　次：2024 年 10 月第 1 版　　2024 年 10 月第 1 次印刷
书　　号：ISBN 978-7-5096-9905-8
定　　价：98. 00 元

谨以本书献给爱我的家人以及我挚爱的妻女

序一　提升人工智能刑事风险刑法应对能力的理论方案

得天下英才而育之，乃为师者宏愿所系。2019 年 9 月，曹波博士成功通过中国社会科学院博士后流动站与贵州省社会科学院博士后科研工作站的入站考核，成为我与中国社会科学院法学研究所刘仁文研究员共同指导的博士后研究人员。2022 年 9 月，在圆满完成在站期间科研任务后，曹波博士的出站报告《人工智能刑法规制的困境与出路》获得了出站考核委员会的肯定和好评。作为曹波博士的博士后合作导师，得知其大幅修改完善博士后出站报告而成的专著《人工智能刑事风险治理逻辑与刑法应对研究》即将由我国著名的经济管理出版社付梓刊行，在感到欣喜的同时，自然不能也不愿拒绝他提出的作序之请。

人工智能是为世人所公认的新世纪的革命性、颠覆性的创新成果，在历经数次寒冬和起落后，得益于深度学习、大数据、大规模计算三位一体的联合驱动，已经迎来前所未有的发展高潮，被认为是与基因工程、纳米科学并列的“21 世纪三大尖端技术”。当前，人工智能逐渐走出实验室，“落地”成为人们生活中常见的设备，其所蕴含之强大赋能效应广泛而深刻地改变着人们的现实生活，使生活与生产的智能化水平得到空前提升，我们亦自觉或不自觉地处于人工智能的生活和交往环境中。鉴于人工智能在增强综合国力、提升国际竞争力以及引领时代发展方面的独特优势，中国毫不迟疑地加入新一轮人工智能革命，并将人工智能技术的研发与运用作为提高经济社会发展智能化水平、增强公共服务和社会治理能力的重要抓手和强力支撑。

然而，人工智能究竟是缪斯女神的慷慨馈赠，还是打开的潘多拉魔盒，依然尚无定论。毕竟人工智能在造福人类社会、扩大人类福祉、推动人类朝向“信息智能社会”转型的同时，其内在之不确定性也衍生出影响人类生存、发展、安全的现实及潜在风险，客观上促使部分研究人员产生人工智能将超越、战胜甚至取代人类成为地球主宰等“人工智能威胁论”的深层忧虑。当然，这种深层忧虑的产生也不乏出于科幻电影、小说或者媒体对人工智能的过分渲染、夸张、臆断乃至吹嘘等原因。即便如此，也不得不坦率地承认，人工智能对人类社会的冲击和挑战是多维度和深层次的，亟待不同领域、不同学科的研究者对其展开有针对性的研究和探讨。

从现有研究来看，人工智能在对当前人类社会生活发出挑战和产生冲击的同时，也对现有刑法制度形成广泛性、持续性的颠覆效应。面对人工智能发展所诱发的一系列新现象与新问题，传统刑法已经呈现出立法规定、理论体系以及司法范式供给不足的缺憾，刑法的存在基础、价值理念、功能任务、实践运行等正在经历一场前所未有的变革。作为一名专注于刑法研究的青年学者，曹波博士顺其自然地将研究的切入点和落脚点放在人工智能可能产生的刑事风险及其刑法治理（应对）上。在本书中，他依托国家大力施行人工智能发展战略的时代机遇，检视人工智能产业化、商业化过程中产生的真实刑事风险，立足刑法的内在属性及教义学的研究立场，廓清当前理论研究不当理解人工智能刑事风险的偏误，精准识别人工智能涉刑法的真实问题，从刑法理念、责任主体、归责模式等方面探寻防范人工智能刑事风险的科学理念、制度及路径，破解当前人工智能“涉罪”中法律责任分配的困境和难题，并借此深入探寻刑法应对新技术发展所需坚持的攻守之道。先睹为快，我觉得本书有四大值得关注的特点和优点：

首先，精准识别并正视人工智能研发和应用中可能存在的威胁人类利益的各类真正刑事风险。作为调整社会关系、保护法益的保障法，刑法显然不能坐视别有用心之人滥用人工智能系统为非作歹、危害社会，而需根据人工智能刑事风险的属性类别、具体内容，结合刑法参与社会治理的任务作用以及功能机制，担负起规制、规范人工智能，防止人工智能被滥用的重任。不过，刑法规范（规制）人工智能研发应用也好，治理（应对）人工智能刑事风险也罢，均需以客观且精准判断人工智能刑事风险性质、内容和程度为前提和基础。事实上，过去几年包括刑法学界在内的中国法学界对人工智能的研究之所以会出现“百花齐放、百家争鸣”的热潮，甚至引起关于人工智能法学研究“反智化”批判与反批判的激烈争论，[①] 究其原因，很大程度上就在于对人工智能（刑事）风险的差异化认识，即研究者在人工智能（刑事）风险的存在领域、主要内容、表现类型、性质属别以及危害程度等方面认识不一、理解不同，进而从不同立场提出了不同的理论主张。

鉴于此，本书基于求真务实的科学态度，在深入研讨、清晰辨别相关研究的论争实质后，根据性质内容和具体表现形式，将人工智能刑事风险区分为人工智能系统成为犯罪对象被不法攻击或操纵的“对象性刑事风险”，以及人工智能系统被滥用于实施犯罪的“工具性刑事风险”，如人工智能系统被用于非法收集和获取公民个人信息、实施诈骗犯罪、侵害社会信用等风险（“纯正工具性风险”），也有人工智能系统脱离人类控制而严重侵害人类法益的风险（“不纯正工具性风险”）。与此同时，考虑到人工智能被作为犯罪对象进行攻击，或者人工智能系统中的数据安全被侵害，能够通过刑法教义学的充分运用在当前刑法罪名体系进行相应的处置，本书对人工智能刑事风险刑法应对的具体方案主要针对人工智能被作为犯罪工具的纯正工具性风险和不纯正工具性风险，以此提升研究立场的务实性和研究结论的实操性。

其次，旗帜鲜明地否定通过赋予人工智能独立刑事责任主体地位的方式应对人工智能刑事风险。针对人工智能刑事风险，特别是所谓拥有自主意识的强人工智能在其自主运行中可能产生的危害人类法益之刑事风险，不少学者提出通过赋

① 刘艳红．人工智能法学研究的反智化批判［J］．东方法学，2019（5）：119-126；刘宪权．对人工智能法学研究“伪批判”的回应［J］．法学，2020（1）：3-14.

予（强）人工智能以独立刑事责任主体地位，直接追究“犯罪”人工智能的刑事责任的方式，治理（应对）人工智能的不纯正工具性风险。是否应当在现有自然人、法人刑事责任主体之外，另行承认人工智能刑事责任主体地位的广泛、集中且激烈的论战由此开启。这一论战的具体内容或者相关影响已然蔓延至人工智能法学研究的各大主要维度，贯穿于人工智能法学研究的各个重要环节，成为人工智能法学研究者难以回避的重大议题。正如本书所言，“除部分研究关注人工智能范畴内的数据安全保护等议题外，现有关于人工智能刑事风险刑法治理的研究始终离不开对人工智能是否具备独立刑事责任主体地位进行不同侧面的展开。人工智能是否具备独立刑事责任主体地位，能否直接追究‘犯罪’人工智能而非身处人工智能背后之人（自然人或法人）的刑事责任，俨然已经成为人工智能刑法规制研究不得不直面的中心议题”。

针对上述论战，本书深刻检讨当前关于人工智能刑事风险刑法治理的理论方案和实践路径，对主张赋予人工智能以独立刑事责任主体地位的治理方案及其论证逻辑进行全方位、多角度的省思。在此基础上，本书提出应当始终把人类中心主义作为人工智能刑事风险刑法治理的根本立场，始终以保护人类利益和增进人类福祉为宏旨，强调人类中心主义依旧是人类所建构的各种规范性制度取得最终实效的基本保障和内在缘由。进而，在人工智能脱离人类控制严重侵害人类法益的归责判断和刑法治理中，主张理应明确人工智能与人类智能存在本质区别，坚持人工智能的工具理性，“不是人工智能变成魔鬼，而是人类中的魔鬼滥用人工智能”，否定赋予人工智能独立刑事责任主体地位的理论方案，从而坚定地站在否定论阵营的一边。

再次，保守但稳健地围绕刑事治理的特性与逻辑建构人工智能刑事风险刑法治理（应对）方案。众所周知，刑法是国家治理体系中有效且有限的制度性机制。在国家治理范畴中，刑事治理虽然居于极其重要的地位，但却是在其他治理措施、治理机制不能奏效或者效果欠佳情况下的不得已选择。并且，以刑事机制治理社会风险既需要保证治理实效，又需要奉行必要性原则，要以最低限度、最小力度介入社会治理，不过分限制国民享有的权利和自由，不妨碍社会交往的正常进行。人工智能作为一种尚未为人们清楚认识且正在发展中的新型技术，其刑事风险是一种区别于传统风险且尚未完全呈现全貌的新型风险，对其所展开的刑事治理不可避免地带有相当程度的前瞻性，需要对人工智能刑事风险类型、内容和表现等进行一定意义上的预估，但这种预估绝不能也不应当建立在臆想或者预言的基础上。再者，人工智能刑事风险治理也要注意防止因为刑法或刑事治理的强力介入、不当介入，导致人工智能系统研发和应用人员陷入被刑事处罚或制裁的担忧与恐慌之中，进而迟滞抑或阻碍人工智能技术的迭代更新。

在本书对人工智能刑事风险治理逻辑的讨论中，针对“甚至部分成果已经出现科幻式、预言式的理想主义甚至浪漫主义刑法学术研究的不良倾向”，曹波博士特意“将人工智能刑事风险刑法治理（应对）的重点集中于弱人工智能，即专注于且只能解决特定领域问题的人工智能，主要分析当前及可预期阶段内弱人工智能可能具有的刑事风险”。在具体治理方案的建构中，本书则专门强调人工智能刑事风险刑法治理的目的——“绝不是期望以最为严厉的刑罚制裁或刑事机制扼杀人工智能的研发热情，绝无任何妨碍人工智能正常创新发展的念头或意图，而是充分运用作为保障法的刑法，最大限度地消除人工智能发展可能出现的刑事风险，扫清人工智能稳健发展道路上可能出现的障碍”。为最大化实现这一治理目的，本书提出需要以科学的内在理念作为指引，遵循人工智能运行的基本规律，塑造正视人工智能刑事风险的“真问题”属性、坚持将人类中心主义作为刑法治理根本立场、辩证刑法谦抑性在刑法治理中的实然价值、充分发挥既有刑法教义学原理的解释张力等内在理念，排解人工智能可能附带的刑事风险，使人工智能尽可能彰显积极增进人类利益的品质而遏制其威胁或侵害人类利益的属性。本书这种保守但不落后、前瞻但不冒进、兼顾不同价值需求的研究理念和研究风格，对破解当前人工智能发展中出现的现实困境、治理人工智能应用中的刑事风险、平衡人工智能技术革新与人类利益保护、促进人工智能持续稳健发展，无疑更具理论意义和实践价值。

最后，追根溯源地梳理人工智能的发展历程以及社会挑战为其刑事治理提供的必要的背景支撑。还记得在出站考核过程中，有考核专家向曹波博士提出，“既然是对人工智能刑事风险治理的刑法研究，为何要花费不少笔墨对人工智能的发展简史、研发态势以及社会挑战等内容展开？为何不开门见山、直奔主题讨论人工智能刑事风险的治理问题？”针对考核专家的提问，曹波博士回答道：“之所以用一定篇幅介绍人工智能的发展历程以及社会挑战的主要内容或表现，主要是考虑到虽然人工智能已经历一甲子的发展，但人们对其仍旧相对陌生，而正是这种陌生导致对人工智能可能带来的风险类型和内容认识模糊，容易使后续刑法规制和刑事治理的研究出现泛化、偏离现实等问题。再者，人工智能发展曾遭遇两次‘寒冬’，其主要原因就在于人工智能的发展方向不清、应用前景不明，使投资者失去投资兴趣，致使人工智能研发资金链断裂，不得不进入‘寒冬’时期。而当前人工智能是否朝着强人工智能或通用人工智能的方向发展，在人工智能技术领域仍属争论不休、尚无定论的议题，但法学界以及刑法学界的不少研究人员却纷纷将研究对象置于强人工智能带来的挑战和风险，其研究理念显得过于操切或者说过于浪漫。”

在我看来，曹波博士的上述应答基本站得住脚。本书对人工智能发展历程以及带来的社会挑战进行的梳理和描绘与研究议题的具体展开之间确有较为紧密的关联性，既能够为评析理论界对人工智能风险与挑战的既有研究提供事实基础，明确人工智能刑事风险的客观本体和真实面相，也能够为透析人工智能刑事风险的产生根源、内在机理提供思路线索，进而为人工智能刑事风险治理方案的建构提供内在指引。事实上，人们的不安全感往往来源于无法掌控的不确定性。此种无法掌控的不确定性主要是因为受到认知能力和水平的局限，人们对不明事物、未知世界认识不清、了解不深，难以准确预测和完全把握。不过，恰恰是“不确定性”的客观存在，内在地推动着人们不断提升自身认识能力和改造能力，以至于能够在消除不安全感的过程中谋得发展和进步。我注意到，曹波博士在对人工智能发展简史和社会挑战进行梳理后总结道：“归根结底，上述挑战大多是人工智能不可靠性的表现，最终源自于人工智能自动性所带来的不确定性……在人工智能发展过程中，不确定性曾经是人工智能走出'寒冬'的重要法宝，是推动人工智能穿越荆棘获得蓬勃发展的内在原因。"在人工智能不确定性的后续论述中，他还表示，"在实际运行中，人工智能的不确定性既是人工智能技术的发展方向和趋势，也构成人工智能'智能'的内核，使人工智能能够适应环境变化而自我判断、自行选择、自主'行为'并接受最新科技的改造，实现周期性更新，表现出无法被人类完全预测的不确定性，以至于其可能像人类故意实施非理性行为一样，并不会完全按照设计者的初衷去运行，从而导致人工智能给人类社会带来须另创其他机制或者技术予以有效应对的多维性挑战与风险"。诚然，将人工智能侵害人类法益的刑事风险比作"人类故意实施的非理性行为"是否妥当还可以再探讨，但这从侧面揭示了人工智能刑事风险的产生根源和生成机制，对本书关于人工智能刑事风险是否客观存在、人工智能刑事风险具体表现样态以及治理刑事风险所需秉承的理念、建构的制度、采用的措施等方面的研究具有前置性的价值和作用。

综合来看，正如人工智能既给人类带来诸多便利和福利，又客观存在可能被滥用从而危害人类的刑事风险，本书对人工智能刑事风险治理的研究有诸多值得肯定之处，当然也客观存在可进一步深化的空间。例如，可以通过案例分析法，收集并分析更多的人工智能侵害人类的风险及其现实化的案例、事例，以客观事实证成人工智能刑事风险的客观真实性；可以持续密切关注人工智能发展态势，对当前热议的生成式人工智能可能造成的网络安全、个人信息保护、数据安全等议题进行更为细致、具体的研讨。此外，欧洲议会已于2024年3月13日正式投票通过并批准了《人工智能法案（草案）》①，以严格规范人工智能的使用，而

① 《人工智能法案（草案）》最早由欧盟委员会在2021年4月提出，就政府使用生物识别监控，以及如何监管ChatGPT等生成式人工智能基础模型等问题，达成初步协议。该法案将规范基础模型或生成式人工智能，例如OpenAI等模型经过大量数据的训练以生成新内容甚至执行任务。同时，它将限制政府在公共场所使用实时生物识别监控来处理某些犯罪案件、防止恐怖袭击等真正威胁，以及搜查涉嫌严重犯罪的人。这些规则将涵盖高影响力、通用人工智能模型和高风险人工智能系统，它们必须遵守特定的透明度义务和欧盟版权法，其目的是保护基本权利、民主、法治和环境可持续性免受高风险人工智能的影响，促进创新并让欧洲成为该领域的领导者。值得注意的是，法案还根据人工智能的潜在风险和影响程度确定了人工智能相关主体的义务。

9天后的联合国大会未经表决即以协商一致的方式通过了由美国主导的《关于“抓住安全、可靠和值得信赖的人工智能系统的机遇，促进可持续发展”的决议》，为人工智能治理确立了一个全球共识性方法。正如联合国人工智能高级别咨询机构2023年12月发布的《为人类治理人工智能》所称，“除公平、准入和预防伤害等方面的考虑外，人工智能技术本身的性质也要求必须采取全球性的措施”。人工智能风险治理属于一项需要全球共同参与的事项，而我国作为人工智能领域“领先的追赶者”，在主动融入人工智能全球治理的同时，必须也必然加快人工智能立法进程，积极抢占世界人工智能法律规范制定的先机和高地。因此，在后续研究中还需要继续运用比较研究法，对联合国、欧盟、德国、日本、美国、英国等典型人工智能法案进行全面剖析和深入研究，为我国当前正在进行的人工智能立法提供更多借鉴和参考，贡献更多学术智识。

曹波博士毕业后到贵州大学法学院任教，是经高铭暄教授推荐到中国社会科学院和贵州省社会科学院在职从事博士后研究的，现被评聘为副教授、硕士研究生导师，出版专著2部、合著4部，在核心期刊发表论文10余篇，主持省部级课题3项，我本人也对他寄予厚望。在和曹波博士接触的几年里，我发现他是一位立场坚定、原则性强、视野开阔，且善于观察、勤于思考、敢于创新，拥有一定实力和较强潜力的青年刑法学者，期待他在刑法学研究的道路上继续深耕、再创佳作，不断推出更多高水平学术成果。

是为序。

2024年5月15日

吴大华，贵州省社会科学院原党委书记、二级教授、博士研究生导师、博士后合作导师、第三届全国“十大杰出中青年法学家”、全国“杰出专业技术人才”、国家高层次人才特殊支持计划哲学社会科学领军人才、全国“文化名家”暨“四个一批”人才。

序二　合理组织对人工智能刑事风险的刑法反应

贵州大学法学院曹波副教授的新作《人工智能刑事风险治理逻辑与刑法应对研究》即将出版，这是他在博士后出站报告的基础上完善而成的。作为他的博士后的合作导师之一，我很高兴应邀为该书作序。

风险，既弥散在人们日常生活当中，也相伴于人类社会发展，是一个不希望其发生却又不得不坦然面对且需有效应对的客观存在。作为遭受破坏或损失的机会或可能，风险在不同的人类社会发展阶段呈现出不同的形态，表现为不同的内容。纵观人类文明的发生史和发展史，人类的生存与文明的延续始终未能离开识别、评估和管控各类自然风险和社会风险，也正是在应对风险的实践中，人类不断发明或改善各种工具，推动科学技术的迭代革新。陈志武先生在《文明的逻辑：人类与风险的博弈》一书中，曾以“人类与风险的博弈”历程为线索，探讨人类文明演进背后的内在逻辑，提出了衡量文明的新标尺——“风险应对力”（应对风险的能力），为解读人类文明进程提供了有启发的视角。[①] 不过，应当看到的是，每一种新技术的诞生和应用，又滋生出新的风险，所谓“自反性现代化”的悖论，就是这一语境的产物。

作为模仿、表现人类智能的计算机技术，人工智能的概念虽然早在 20 世纪 50

① 陈志武．文明的逻辑：人类与风险的博弈［M］．北京：中信出版社，2022.

年代就已被提出，但其后续发展和研究却两度遭遇“寒冬”时期，终于在21世纪初迎来第三次发展浪潮和研究高峰。近年来，随着互联网的发展与云计算的兴起，人工智能技术日新月异，大有将人类文明从已有的农业文明—工业文明—网络文明的三个递进阶段推入第四个阶段“人工智能文明”之势。世界各国纷纷注意到人工智能对整个国家战略布局的重大意义，相继出台政策以促进人工智能技术与产业的发展。2017年7月，我国发布了《新一代人工智能发展规划》，把人工智能提升到国家战略层面，明确了中国人工智能发展的“三步走”战略目标。随后，国家新一代人工智能治理专业委员会于2019年6月发布了《新一代人工智能治理原则——发展负责任的人工智能》，要求更好地协调人工智能发展与治理的关系，确保人工智能安全、可控、可靠，促进新一代人工智能健康发展。2020年7月，国家标准化管理委员会等五部门联合印发了《国家新一代人工智能标准体系建设指南》，强调要加强人工智能领域标准化顶层设计，推动人工智能产业技术研发和标准制定，促进产业健康可持续发展。2022年3月，中共中央办公厅、国务院办公厅联合印发《关于加强科技伦理治理的意见》，明确要求重点加强人工智能领域的科技伦理立法研究，及时将重要的科技伦理规范上升为国家法律法规。2023年10月，习近平主席出席第三届“一带一路”国际合作高峰论坛开幕式并发表主旨演讲，亲自宣布中国提出《全球人工智能治理倡议》，系统回答了为什么要加强人工智能全球治理以及如何治理的问题，并提出了保障人工智能健康发展的中国方案。

如同其他新兴技术成果，人工智能在推动人类社会朝向智能化发展的同时，也伴随着侵害人类利益的风险，因而被域外学者形象地描述为“破坏性创新”。[①] 无论从最大限度发挥人工智能推动社会进步的积极功能出发，还是就促进人工智能技术自身稳健可持续发展来看，都有必要精准识别人工智能可能存在的各类风险，并以此为前提，根据各类风险的生成特性以及风险应对措施的作用机制，合理地组织对人工智能的风险应对。毋庸讳言，在人工智能潜在的各类风

① Abhivardhan. The Perspective of Dimensional Perpetuity for Artificial Intelligence：A Model on Socio-Legal and Political Evolution as a Challenge to Entrepreneurial Ethics ［J］. Social Science Electronic Publishing，2020（6）：69-72.

险中，人工智能被滥用于实施犯罪活动、人工智能作为犯罪对象被不法攻击以及人工智能基于自主运行而损害人类法益的刑事风险，最为引人注目。包括刑法在内的社会治理机制究竟应当如何“智能”地应对“人工智能”，如何恰如其分、行之有效地治理人工智能刑事风险，已成为重要的时代课题。

诚如西原春夫教授所言，“人工智能朝着超越人类智能的方向无限继续发展的趋势已经是无法阻挡的事实”。[①] 正是在人工智能技术研发以及法律治理需求的催动下，国内外法学理论和法律实务界对人工智能表现出强烈的兴趣，刑法领域的研究成果也呈现出爆炸式增长的态势，关于人工智能体能否成为刑事责任主体、其刑事责任应采取何种归责方式，以及对人工智能体应当适用何种“刑罚”等迅速成为热门话题。曹波副教授即将推出的该书，围绕人工智能刑事风险科学化解及责任分配的研究主题，通过廓清当前理论研究不当理解人工智能刑事风险的偏误，精准识别人工智能涉刑法的真问题，主动调适刑法的理念、制度与规则，合理组织对人工智能可能严重侵害人类法益风险的刑事反应，形塑人工智能研发和应用所需坚持的底限规则，可以说，既有时代意义，又有自己的主体性。

粗读书稿，我认为本书具有以下几个特点：

一是基于求真立场，证成人工智能刑事风险的客观存在。作为研究人工智能刑事风险治理的逻辑起点，首先得证人工智能在研发和应用中确确实实存在侵害人类法益并且应当进行刑事归责的风险内容。若人工智能缺乏此种刑事风险，抑或所潜在的风险不值得刑法介入或者刑法难以介入，人工智能刑事风险的应对或治理便是一个伪命题。从既有研究来看，确有学者否定人工智能刑事风险的客观真实性，认为法学界对人工智能的研究是“伪问题”；也有学者以人工智能尚处于不能自主运行的弱人工智能阶段为由，提出人工智能刑事风险治理（或刑法规制）是“伪命题”。本书依据人工智能技术专家的专业判断，并收集人工智能运行中产生刑事风险的真实案例，令人信服地证成人工智能内在之刑事风险具有不

① 西原春夫．奇点临近——迎面而来的技术变革与法学家的课题［M］．于改之，译校．北京：北京大学出版社，2023.

容否认的客观真实性。作者同时指出，如何妥善应对人工智能刑事风险，科学分配人工智能刑事风险所涉及的法律责任，是包括刑法在内的法律规范体系必须给予认真对待的“真问题”。至于采取何种刑法措施（如是否赋予人工智能独立刑事责任主体地位，是否采用刑罚或保安处分处置“犯罪”人工智能等），则是刑法关于人工智能刑事风险应对的措施之争，属于解决问题的具体方式。

二是运用类型化分析方法，阐释人工智能刑事风险的具体内容。类型化分析方法是一种长期被忽视但却对刑法学研究至为重要的研究方法。我曾在对杜宇教授的《类型思维与刑法方法》所作的书评中指出，“许多时候基于概念思维的刑法讨论常常在无休止的学术争论中见仁见智、无果而终。正是针对概念思维的此种缺陷，类型思维作为一种新的研究方法应运而生”。[①] 本书在总结人工智能刑事风险主要类型的基础上，充分运用类型化分析方法，根据刑事风险指向对象和主要内容的差异，将人工智能刑事风险分为对象性风险、纯正工具性风险以及不纯正工具性风险三类，即人工智能系统成为犯罪对象被不法攻击或操纵的“对象性风险”，人工智能被滥用于实施犯罪的“工具性风险”，以及人工智能脱离人类控制而严重侵害人类法益的“不纯正工具性风险”。不同类型的人工智能刑事风险，在生成机制以及治理逻辑等方面也存在相应差异，自然需要不同的治理规则予以应对。这种类型化分析方法向读者较为清晰而系统地展现了人工智能刑事风险之所在，更为人工智能刑事风险的刑法应对提供了基本框架。

三是立足刑法的任务和属性，妥当组织对人工智能刑事风险的刑法反应。现代刑法在专注自由与权利保障的基础上，也将包括降低风险、保卫安全在内的法益保护作为基本任务。由于刑法是最具严厉性且成本最高的治理机制之一，它理应坚守谦抑性的内在属性，只有在民事侵权责任机制及行政处罚机制难以达到治理效果时，才选用刑法治理机制介入。本书在认同这一公理的同时，进一步指出：“刑法谦抑性的要旨在于规范国家刑罚权的行使，防止国家刑罚权过分或不

① 刘仁文．类型思维在刑法学上的壮阔前景——简评杜宇教授的《类型思维与刑法方法》[J]．人民检察，2022（7）：70-71.

当侵入公民社会生活，强调合理划分不同法律部门在调整特定行为上的具体分工，实现特定行为法律规制系统内部的协调性与互补性，而限定刑法规制范围却非刑法谦抑性的必然要求，刑法规制范围也并非越窄越好。”按照作者的理解，如果特定危险客观存在并严重威胁法益，适当扩充刑法规制范围以及时介入该危险的防控和治理，正是刑法作为保护人类法益的最后一道防线的题中之义。既然人工智能带给人类社会的刑事风险客观存在，运用刑法给予应对必定是刑法切实承担保护法益任务的表现，不会与刑法的谦抑性相抵触。虽然对刑法谦抑性内涵的此种诠释是否完全科学、合理还可进一步讨论，却也彰显出刑法不应停滞固化，需随着社会的发展和变迁而适时调整其任务的属性。当然，作者也深刻认识到单纯靠刑法应对的严重不足，主张充分重视行业规范、行政规制等非刑机制在应对人工智能刑事风险中的应有价值，并通过刑法中的“容许性危险”等教义学出罪原理，实现刑法与其他治理手段的融会贯通。

四是秉承科学治理理念，建构人工智能刑事风险的刑法应对方案。正如对犯罪的治理必须厘清诱发犯罪的各种因素以及各种因素相互作用的致罪机制，人工智能刑事风险的有效应对也要求明晰人工智能刑事风险的产生机制和内在规律，进行有针对性的治理。据此，本书分别提出了对人工智能工具性刑事风险的应对治理方案：针对人工智能被滥用于实施犯罪的纯正犯罪工具风险，提出应当运用刑法教义学分析范式，根据现有刑事归责原理，对故意设计、制造有邪恶人工智能，懈怠注意义务设计、制造有严重瑕疵的人工智能，滥用人工智能实施犯罪或者未尽合理监管义务导致严重危害后果等情形，分别追究人工智能背后相关人员的刑事责任；针对人工智能脱离人类控制侵害法益的不纯正犯罪工具风险，提出在有的情况下需要借鉴“科技社会防卫论”，运用保安处分予以应对，但在另一些情况下则可以援引“容许性危险”作为法理依据来排除刑事归责，通过商业保险等社会性风险分摊机制予以应对，以期尽量为人工智能技术的发展预留必要的法律空间。

尽管本书显示出对该领域的研究具有一定的开拓性和创新性，但仍有一些值得进一步思考或深化的地方。例如，本书结合自动驾驶以及生成式人工智能等具体人工智能应用场景，对具有更高自主性的人工智能之刑事风险及其刑法应对的探讨还不够深入。又如，本书集中讨论了人工智能的工具性刑事风险及其刑法应对，却对人工智能的对象性刑事风险研究不足。再如，本书对人工智能刑事风险刑法应对的理论应答，仍然囿于传统刑法规则体系，强调人工智能产品设计者和制造者的主体责任以及事后的刑事问责制裁，尚未从根本上体现刑法应对人工智能刑事风险所需的变革性、先进性和智能性。

回想 2017 年 5 月，我在中国人民大学参加了曹波的刑法博士学位论文答辩，给我留下了深刻印象，后来他的博士论文也以《刑事职业禁止制度研究》为名公开出版。博士毕业后，他到贵州大学法学院工作，并通过其博士生导师高铭暄教授推荐，想联系我攻读博士后。由于其时我所在的中国社会科学院法学研究所已不招收在职博士后，但我们与贵州省社会科学院联合设立的博士后工作站还可以招收少量的在职博士后，于是经与时任贵州省社会科学院院长吴大华教授联系，最后曹波顺利通过考核程序，于 2019 年 9 月成为我与大华教授联合指导的博士后。博士后期间，他在承担着本单位繁重的教学科研任务、顺利获评副教授的同时，也不忘初心，于博士后的岗位上取得了斐然成绩，如成功申获博士后面上资助、参与中国社科院和贵州省社科院的相关课题、博士后出站报告获评“优秀”。现在，他的博士后报告在经过打磨修改后，又即将公开出版，可以想见背后他的付出。

应作者之邀，拉拉杂杂写下这些，权以为序，并遥表祝贺与祝福之意。

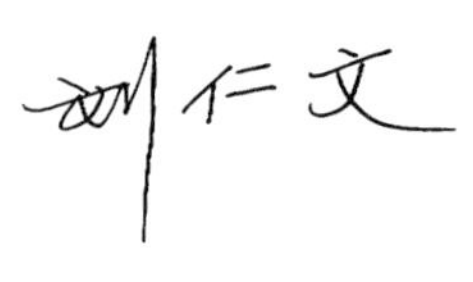

2024 年 5 月 20 日深夜于北京

刘仁文，中国社会科学院法学研究所二级研究员、刑法研究室主任、博士生导师，中国刑法学研究会副会长，中国犯罪学学会副会长，最高人民法院特邀咨询员，最高人民检察院专家咨询委员会委员。

目　录

导 论

一、选题背景

21 世纪以来，信息社会和知识时代的降临使得信息与数据以惊人的速度膨胀，人类处理浩如烟海的数据与信息的现实需求催生和催动着大数据技术以及智能技术的发展，特别是以人工智能（Artificial Intelligence，AI；也译作“人工智慧”）为核心的信息技术，给人类社会带来了系统性、颠覆性、革命性的影响。[①] 2017 年 7 月，人工智能正式被党中央、国务院确立为国家发展战略，成为提高经济社会发展智能化水平、增强公共服务和社会治理能力的重要抓手和强力支撑。人工智能勃兴使人类迈入一个充满传奇与未知的世界，其内在之超人类属性所蕴藏的不确定性重大风险与安全隐患，使作为人类文明结晶的法律制度遭遇全方位的严峻挑战。刑法作为社会治理有效且有限的制度性机制，正面临着被人工智能纯粹“客体化”的前景，成为“智能时代”“智能人”统治与驾驭“人”的制度工具。人工智能时代，人工智能发展所诱发的一系列新现象、新问题、新

---

① 通常而言，“人工智能”是一项模仿人类智能的特定技术，人工智能技术驱动的自动化运行系统，可称为“人工智能系统”，而基于人工智能技术或系统所驱动或者所形成的实体，则可称为“人工智能产品”“人工智能体”。不过，本书从行文方便的角度考虑，除所引用文献原本使用的术语外，仅仅单纯区分作为技术的“人工智能”，以及作为系统或实体的“人工智能系统”，即在表述上使用“人工智能”以及“人工智能系统”，特此说明。

风险，触发了传统刑法立法规定、理论体系以及司法范式供给不足的缺憾，刑法的存在基础、价值理念、功能设定等不得不经历一场前所未有的空前变革。当代刑法应当如何“智能”地应对“人工智能”，如何在顺应人工智能发展的过程中实现自身革新，如何为推动人工智能稳健发展提供足够坚实的刑事法治保障，既是时代之问，也需时代之答。

二、研究动态

1956年夏天，在美国东部著名的Dartmouth College举行的一次颇具传奇色彩的学术会议上，被誉为“人工智能之父”的John McCarthy首次正式提出“人工智能”的术语，用以指称“像人类那样思考的机器”。随着人工智能技术的不断开拓及其商业应用的次第落地，这个本属于纯粹技术问题的新事物给人类社会带来了多维度、深层次的冲击和挑战。诚如微软英国分公司首席构想官戴夫·科普林所言，“人工智能是当今地球人们着手从事的最重要的技术。……这将改变我们跟技术的关系，改变人与人之间的关系，甚至会改变我们对人类这个概念的看法”。[①] 20世纪70年代初期，人工智能对法律机制及法治实践的影响得到域外法律学界的关注，人工智能与法律关系的课题逐渐成为域外新兴研究领域。中国早期人工智能研究的主要倡导者钱学森先生虽于1981年就对人工智能与法律的融合提出了总体性的构想（钱学森，1981；钱学森、吴世宦，1984；钱学森，1985），但遗憾的是，之后20余年我国对此领域并未进行深层次的探讨，自然谈不上对人工智能刑事风险治理的关注。

近年来，受现代信息技术特别是大数据技术以及神经网络技术迅猛发展的驱动，人工智能介入社会生活的广度和深度得到极大拓展，其发展过程中自带的安全风险所诱发的个案也频现报端，激起人工智能发展程度过高后是否会反制人类的担忧，使得人工智能刑事风险的规制与治理逐渐得到国内外刑法学界的重视。

① 托比·沃尔什．人工智能会取代人类吗？智能时代的人类未来［M］．闾佳，译．北京：北京联合出版公司，2018.

例如，国外学者 Cerka 等（2015）、Dafni Lima（2018）及 Radutniy（2019）等对人工智能的刑事责任能力问题开展了极具启发的探讨，Matthew U. Scherer 等（2016）还对人工智能“犯罪”后的刑事处置理念和处置方式进行了构建。而自 2017 年起，在国家决策层的高度重视和强力推动下，中国人工智能的技术研发以及产业化、商业化水平得到显著提升，已跻身全球人工智能发展前列。[①] 中国人工智能学会发布的《中国人工智能系列白皮书——智能产品与产业》（2022 年 6 月）明确指出，“我国从‘十三五’开始进入人工智能发展快车道，大数据、算法与算力等技术的升级推动了人工智能行业加速发展。目前，我国人工智能全产业链基本形成，带动实体经济转型升级，在全球人工智能产业结构中占有重要地位”。“目前我国人工智能已经进入技术创新和大规模应用的高潮期，智能企业的开创期和智能产业的形成期，人工智能总体技术和应用属于世界先进水平。”

技术维度突飞猛进的人工智能引起了中国刑法学界的联动反应。基于对人工智能可能偏离程序侵害人类甚至消灭人类的深层忧虑，关于如何分担刑事风险、分配刑事责任的理论探讨迅速成为刑法研究的热点前沿课题，激起众多刑法学者浓厚的研究兴趣，助推诸如“人工智能+法律”“人工智能+刑法”以及力图构建人类未来新秩序的“机器人法学”等人工智能法律规制研究成为备受学者推崇的“显学”（杨延超，2019）。当前，法律学界对人工智能及人工智能刑事风险治理的关注主要集中于以下三个维度：

其一，就人工智能对整体法律制度的挑战及其应对，法律学界做出了积极但冷静的探讨。例如，齐延平教授系统阐释了人工智能时代法律场景的变迁，提出人工智能与非国家权力的叠加将进一步加剧国家功能变迁，“‘个人’已经并将继续深入地被‘智能利维坦’客体化，‘人—人’关系模式转化为‘人—技术—人’关系模式，催生新的社会结构形成。”面对人工智能对法律场景所带来的深

① 中国人工智能学会与罗兰贝格管理咨询公司于 2017 年 11 月联合发布的《中国人工智能创新应用白皮书》指出：“借助于良好的人才基础、巨大的应用市场、强有力的风投基金支持，中国人工智能企业的发展势头良好，在全球处在优势领先地位。中国的人工智能企业数量、专利申请数量以及融资规模均仅次于美国，位列全球第二。”

刻变化，“需要重建‘善’的维度，以平衡‘权利优先’论；需要在法律技术意义上迎回的‘义务本位’，以矫正‘权利本位’，解决‘权利失能’问题”。① 季若望教授针对学界出现的因人工智能全面崛起所引发的“法律死亡论”，表示人工智能的定位始终在于“辅助”和“完善”，而非“主导”和“替代”，传统法律职业以及法律中的因果关系、责任主体等要素可在人工智能的支持下实现更为精细化的发展，法律也会借助人工智能实现相对的公平化，故“法律并不会在人工智能技术的刺激下经历‘死亡’，反而会借助智能时代完成自我革新，是为‘法律的再生’”。② 此外，马长山教授曾发出“不应对人工智能抱有太多浪漫主义的情怀”的呼吁；③ 陈景辉教授还强调，人工智能对法律的真正且核心的挑战“是关于责任的根据的问题，尤其是刑事责任的问题”，④ 为作为责任法、制裁法、后盾法的刑法介入人工智能研发和运用、应对人工智能发展可能招致的刑事风险奠定了法理基础和刑法基调。

其二，就人工智能刑事风险刑法应对及人工智能时代刑法发展的宏观问题，学者普遍认为，人工智能能够显著降低风险，但却带来亟须刑法应对的新兴风险。例如，较早将人工智能引入刑法视野并长期持续关注人工智能涉刑法问题的华东政法大学刘宪权教授指出，人工智能可能使部分传统犯罪的危害性发生“量变”，导致新的犯罪形式产生，人工智能可能会因为种种原因脱离人类控制，进而独立实施严重危害社会的犯罪行为，给人类带来灾难性损害。刑法应该重视前瞻预防和风险防控，增设滥用人工智能罪、人工智能事故罪等新罪名予以应对（刘宪权，2018a，2018b，2018c）。储陈城（2018a）表示，刑法面对人工智能需要选择基本立场：对于完全指向技术的促进，刑法不加干涉；而单纯强调风险防范时，刑法将严密法网。王肃之（2018）认为，为有效管控人工智能的刑事风

① 齐延平．论人工智能时代法律场景的变迁［J］．法律科学（西北政法大学学报），2018，36（4）：37-46.

② 季若望．法律的再生：人工智能时代的凤凰涅槃［J］．上海对外经贸大学学报，2020，27（4）：111-124.

③ 马长山．智能互联网时代的法律变革［J］．法学研究，2018，40（4）：20-38.

④ 陈景辉．人工智能的法律挑战：应该从哪里开始？［J］．比较法研究，2018（5）：136-148.

险，刑法理念层面应注重人工智能犯罪立法的前瞻性，规则层面应建构人工智能犯罪相关规范体系。徐永伟（2022）也强调，随着人工智能在科技伦理、数据隐私、规范应对等方面的问题逐渐进入刑事治理领域，应当运用“主体—风险—责任”的理论分析框架，理性提炼和构建面向人工智能时代的刑事治理立场，进而前瞻性、系统性地指导刑法解释乃至刑法立法。

其三，就人工智能刑事风险刑法治理（应对）的微观问题，除人工智能技术发展不可避免地带来需要刑法妥善应对的传统犯罪的智能化转变以及智能型新兴犯罪问题外（刘宪权，2018d），大致还可分为以下四个方面：

第一，人工智能的刑事责任主体地位问题。

众所周知，人工智能缺乏必要的生物属性，难以被直接认定为“自然人”；同时，其不具备单位的组织性特征，难以被视为“单位”。因此，人工智能可否被认定为独立的刑事责任主体，具备刑事责任能力，是刑法研究争议的最大焦点，引起学者广泛且激烈的讨论。整体来看，理论界对这一议题的探讨已然形成三种立场：

一是主张赋予人工智能独立刑事责任主体地位的“肯定说”。这一观点强调人工智能可能直接对他人人体造成侵害，而且在认识能力和意志能力方面，都可能接近甚至超越人类，完全可成为犯罪主体（姚万勤，2017a；夏天，2017；刘宪权、胡荷佳，2018；李婕，2019；彭文华，2019a）。马治国等教授主张可将人工智能拟定为“一个智力有限的‘人’，类似于限制行为能力的未成年人或者精神上不健全的人”。[①] 此外，在证成人工智能体应当具备独立刑事责任主体地位上，有学者对赋予单位刑事责任主体地位的法理给予支持（Ying Hu，2018；王燕玲、韩蕾，2019；彭文华，2019b；郑文革，2022），也有学者提出运用法律拟制的方式将人工智能体拟制成为独立的刑事责任主体（杨清望、张磊，2018；孙道萃，2022；马驰，2022）。

① 马治国，田小楚．论人工智能体刑法适用之可能性［J］．华中科技大学学报（社会科学版），2018，32（2）：108-115.

二是有限度地肯定强人工智能具备独立刑事主体地位而否定弱人工智能之独立刑事责任主体地位的“折中说”。[①] 这一立场主要立足于人工智能技术发展阶段和水平，认为弱人工智能缺乏独立刑事责任主体地位所必需的意识能力和控制能力，而能够根据外部环境变化自主调适系统反应的具有较高自动化自主化能力的强人工智能则具备独立刑事责任主体地位的资格和条件，可以为其侵害人类法益的行为独立承担刑事责任。从学说讨论的情况来看，“折中说”实质是偏向肯定说的，毕竟几乎没有学者明确肯定应当赋予特定于应用程序或任务的弱人工智能以刑事责任主体地位。只是早期的肯定说尚未根据人工智能的智能化水平，分阶段、分类型地研讨人工智能的刑事责任主体地位，而一概地承认或主张赋予作为整体的人工智能以独立刑事责任主体地位。在人工智能发展的阶段性特征逐渐清晰明了后，肯定说其实已经转向“折中说”，即主张应当仅赋予强人工智能或者通用人工智能以独立刑事责任主体地位的资格。

三是倾向于否定人工智能自身的独立刑事责任主体地位而肯定人工智能背后的“自然人”和“单位”的刑事责任的“否定说”（叶良芳，2019；魏东，2019；于冲，2019a；赵运锋，2019；韩旭至，2019；赵文龙、张郁，2020；白海娟，2020；陈洪兵，2021；郭研、沙涛，2022；杨志航，2022；胡平仁，2023）。吴汉东（2017）从人工智能物理形态的角度强调，模拟和扩展“人类智能”机器人虽然具有相当智性，但不具备人之心性和灵性，与具有“人类智慧”的自然人和自然人集合体是不能简单等同的。[②] 郑戈（2017）旗帜鲜明地指出，人工智能的“法律人格”显得多余和毫无必要，其无论以何种方式承担责任，最终的责任承担者都是“人”。郭旨龙（2020）认为，人工智能短期内没有可遣责性和受刑能力，不具有犯罪主体资格，但相关单位成为犯罪的常见主体，应当进行预防性规制设计。

---

① 卢勤忠，何鑫．强人工智能时代的刑事责任与刑罚理论［J］．华南师范大学学报（社会科学版），2018（6）：116-124+191.

② 吴汉东．人工智能时代的制度安排与法律规制［J］．法律科学（西北政法大学学报），2017，35（5）：128-136.

总体来看，关于是否赋予人工智能体独立刑事责任主体地位或者单纯承认强人工智能体的刑事责任主体地位，刑法理论界自 2017 年开始先后经历肯定为主否定居次、肯定否定折中论到普遍否定论的研究历程。当前刑法理论界已大致放弃早期主张通过赋予人工智能体刑事责任主体地位的方式来应对或治理刑事风险这一刑法理论研究的狂热、激进态度，逐渐摆脱完全建构式甚至科幻式的研究方式，回归到积极运用现行刑法理论和法治体系科学应对人工智能刑事风险的冷静、审慎立场，进入对人工智能刑事风险的刑法治理和应对更精细、更务实、更理性的理论探讨阶段。这一研究立场、研究态势的转变，是出于对人工智能刑事风险内容、属性和表现形式的不断深化认知，同时也是对刑法在法律体系乃至整个社会治理体系中的地位、作用和功能认知重回理性内在驱动的必然结果。

第二，人工智能“犯罪”的刑法归责问题。

对“人工智能+刑法”进行系统、深入且前沿研究的以色列刑法学者 Gabriel Hallevy（2010）在回顾当前人工智能技术的兴起、发展和日常生活中的使用情况后，重点揭示了当下现代技术犯罪的发展情况和趋势，从现代刑事责任、人工智能的外部要素、人工智能的积极过错、人工智能的消极过错以及人工智能的可罚性等方面具体解构了人工智能系统犯罪后的责任承担问题。具体而言，他结合独立犯罪以及衍生责任、直接责任和间接责任等概念来进行系统展开，提出通过审查刑法要素来判断是否能追究刑事责任的观点，并将人工智能的刑事归责模式概括为三种：对被用作犯罪工具之人工智能的“代理责任模式”（The Perpetration-via-Another Liability Model：Artificial Intelligence Entities as Innocent Agents），对人工智能实施可预见性犯罪的“自然可能责任模式”（The Natural-Probable-Consequence Liability Model：Foreseeable Offenses Committed by Artificial Intelligence Entities）以及对等同于人类犯罪者之人工智能的“直接责任模式”（The Direct Liability Model：Artificial Intelligence Entities as Being Tantamount to Human Offenders）。该三种模式并不互斥，且可以综合运用，以便在人工智能犯罪的具体情形中建构刑事责任的完整形象。第二种模式可以作为特定人工智能犯罪的单一模式予以独立适用，也可以作为两种或全部三种模式的一部分予以适用。Gabriel Hallevy 关于人工智能犯罪刑事归责的主张得到了国内彭文华（2019b）、刘宪权（2019e）等的拥趸和推广。此外，北京大学法学院教授江溯（2021）创造性地从法哲学的角度证立人工智能的刑事责任主体地位，提出“现有的罪责理论并不排斥人工智能的罪责，甚至可能发展出一种合理的客观标准作为人工智能罪责能力的判断依据。在此基础上，至少将人工智能主体作为一种拟制的法律主体置于刑法的范畴之内是没有问题的，甚至将其作为道德主体在事实和逻辑层面也是可以成立的。在人工智能主体具备足够的理性能力的前提下，对其科处刑罚是有意义的，完全符合刑罚目的”。德国学者苏珊·贝克（2022）也提出，具有相当自主性的机器人（人工智能体）的出现和运行会对刑法中的罪责概念以及刑事责任带来诸多挑战，既有必要从刑法中的罪责、可归责性、可证明性和量刑等维度寻找答案，也有必要寻找刑法以外的其他解决方案，以持续性地防止数字化和人工智能系统对刑事责任的扩散。

第三，人工智能“犯罪”的刑法处置问题。

刑法学界有学者设想出相对系统的处置理念和措施体系。对赋予人工智能独立刑事主体地位持肯定态度的学者认为人工智能虽然缺乏生物性特征，但却受到程序设定的影响，人工智能刑事责任能力源自于程序设定，故程序设定之于人工智能犹如生命之于自然人。有鉴于此并按照既有刑罚方法，学者刘宪权认为应当为人工智能犯罪建构出删除数据、修改编程以及永久销毁等体现处罚层次性的刑罚种类，从而使人工智能犯罪之社会危害性与其自身的人身危险性产生对应关系（刘宪权，2018c）。反对赋予人工智能独立刑事主体地位的学者，强调既然人工智能不具备刑事责任主体地位，缺乏能被规范谴责或接受否定性非难的刑事责任能力，难以真切感知刑罚内在的责任报应，就不应对此施加具有强烈否定性评价的刑罚方法。但是，法律体系对此类具有严重危险性的人工智能不能置之不理、置若罔闻，因而他们转换思维、另辟蹊径，主张对其施以防范其危险性的“技术危险消除措施”。“这些措施的施加是以客观危害或者危险为前提的，只要事实上存在危害社会的结果或者危险，就应当以技术措施消除其危险，因而是一种保安处分措施。”① 再者，为补偿人工智能内在风险给人类造成的损害，还应当推行强制保险机制、设立赔偿基金或建立人工智能储备基金，由人工智能的生产者或者所有者负责购买强制保险，由保险方对人工智能造成的损害进行责任赔偿，“通过建立强制保险制度，每个具有人工智能功能的机器都需要买保险，以形成潜在的资金池，便于支付赔偿金”②。对强制保险未能覆盖的损害部分，则考虑由投资者、生产者、消费者等多方主体参与设立的赔偿基金或者储备基金予以赔偿，这种做法得到了欧盟议会法律委员会及理论界的有力支持（金东寒，2017；袁曾，2019a；龙卫球，2020）。

第四，以人工智能技术驱动的自动驾驶车、智能医疗设备等严重侵犯人类利益时的责任分配。

与起初部分学者从宏观维度抽象地探讨人工智能刑事风险治理问题不同，现在更多学者选择结合以人工智能技术驱动的自动驾驶车在自动运行过程中导致事故时的责任分配（陈世伟，2018；付玉明，2020；黄陈辰，2020b；高完成，2020；陈禹衡，2021；皮勇，2022；邹子铭，2024），抑或智能医疗设备智能化运行过程中造成医疗事故时的责任分配（刘建利，2019；皮勇，2021；霍俊阁，2023），从而在相对具体、微观的维度更务实地探讨人工智能侵犯人类法益时的归责问题。例如，针对自动驾驶汽车自动运行造成事故后的责任分配，有观点提出，自动驾驶汽车本身具有刑事责任能力，能够独立为自动化运行引发的交通事故承担交通肇事罪的刑事责任，并为其设计修改程序、永久销毁“两阶层”惩治体系（卢有学、窦泽正，2018；江溯，2018；龙敏，2018）。

不同于主张赋予自动驾驶汽车刑事责任主体地位以解决其归责难题，更多的学者清晰地认识到自动驾驶汽车自动化运行可能对刑法体系带来新挑战，但却秉

---

① 黄云波．论人工智能时代的刑事责任主体：误区、立场与类型［J］．中国应用法学，2019（2）：163-175.

② 韦弗．机器人是人吗？［M］．刘海安，徐铁英，向秦，译．上海：上海人民出版社，2018.

承谦抑、审慎的态度，强调在现有刑法理论范畴和刑法立法框架内通过妥善解释过失犯的注意义务、准确适用缺陷产品涉及的刑事责任机制予以规制（黄陈辰，2020a；刘德法、白雅楠，2022）。吉林大学教授王军明（2019）表示，自动驾驶汽车作为人工智能的重要载体，在刑法宏观运行体系、刑法中“人”的主体性、刑法归责原则、刑法分则中交通类犯罪的调适等方面，都对传统刑法适用提出了新的挑战，强调运用刑事法解释逐步解决自动驾驶汽车涉及的问题；加强刑事立法根本解决自动驾驶汽车的本源性问题。有学者同样认为，赋予自动驾驶汽车以刑法主体地位无助于刑法危机的化解……在对自动驾驶风险分配和刑事责任体系进行构建时，需从类型上分析自动驾驶事故成因，再对自动驾驶汽车的使用者、制造商、算法编写者等责任主体进行分类判别。从过失犯罪的角度而言，通过检视自动驾驶系统这个复杂的组织体是否尽到客观必要的注意义务，能够为自动驾驶汽车犯罪提供相对实际的论证思路，也能有效预防交通事故发生（彭文华，2018；陈结淼、王康辉，2019；牛天宝，2020；张宇，2021；姜涛、刁永超，2021）。

此外，也有不少学者表示，传统过失理论难以真正解决自动驾驶汽车的归责问题，而主张赋予自动驾驶汽车以独立刑事责任主体地位又未从实质上解决归责难题，进而将研究视角转至客观归责理论，提出“通过规范归责的范式将风险类型判定作为逻辑前提，借助正反向规则对不符合客观构成要件之事项进行双重限定排除”的观点。还有学者也深刻认识到传统过失理论在处理自动驾驶汽车致害中的归责难题，表示传统过失犯罪理论以及新过失犯罪理论乃至客观归责理论都难以应对以自动驾驶汽车为代表的人工智能体致害所带来的压力和挑战，进而主张革新过失犯罪归责体系（姚瑶，2022）。不过，该种观点也遭到了部分学者的质疑，即自动驾驶时代的到来并未根本地动摇传统过失犯理论，当前真正的挑战在于如何将过失犯罪理论应用于人工智能技术的新场景，以应对算法黑箱、交通参与主体多样化等局面（蔡仙，2023）。

综合而言，尽管部分学者基于创造更多智能化装置服务人类的人工智能发展目的，坚持人工智能永远只能是“机器”，不能也不应成为法律上的“人”，对其施加任何直接的惩罚毫无意义（张镭，2018；时方，2018），但是绝大多数学者认为，人工智能正在深刻动摇传统刑法体系及其基础（赵司聪，2022）。人工智能的出现对“人”的刑法地位的冲击首当其冲，应当从人工智能的刑事责任能力与判断出发，根据人工智能的学习能力和发展代际，审慎研判人工智能的刑法地位，肯定具有自主学习能力的人工智能的刑事责任主体地位。面对人工智能时代下的新型犯罪及其归责，应当区分利用人工智能作为犯罪工具、针对人工智能实施犯罪、人工智能独立实施犯罪等情形，充分利用现有刑法原理与刑法解释学等资源，激活传统罪名的扩张适用潜能，逐步通过增设新的罪名与新的刑罚措施等方式，妥善解决刑事责任归属问题，来满足人工智能时代日益发展的实践需求（王燕玲，2019）。少数学者提出，当前刑法界对人工智能刑事风险的认知存在主观幻化现象，盲目将主观臆造的智能风险引入现实社会之中，会诱发国民无端的恐慌与焦虑，进而表示，人工智能刑事风险非属“超个人风险”，其立法归责应确立限制从属性，限制可允许性与超越性的人工智能风险存在，明确人工智能刑事风险从属于自然人主体，为人工智能时代刑法的科学化探索奠定基础（熊波，2019a）。

毋庸讳言，人工智能的刑法规制是极具前瞻性、探索性、展望性的课题，经过超五年的激烈讨论，我国刑法学界对该课题取得了相当可观的研究成果，但正如学者对当前人工智能刑法研究现状的描述一样，当前刑法研究客观上存在“对智能主体刑法地位的聚焦，仍无法澄清认识论误区及其立场；对智能时代犯罪现象的窥探，仍无法给出具有共识性的见解；对智能时代刑事责任难题的疏解，存在规范空虚等问题”①。就本书的观察和统计来看，诚然涉人工智能刑法议题的研讨不可不谓“蔚为大观”，呈现极度繁荣的景象，基于不同研究视角、研究维度、研究重点的成果依然如雨后春笋般涌现，但直接、系统、专门研究人工智能

① 孙道萃．人工智能刑法研究的反思与理论迭进［J］．学术界，2021（12）：64-76.

刑事风险刑法治理（应对）的相关专著仍不多，[①] 总体上呈现研究的专注度、精准度、可操作性和务实性亟待提升的研究格局。

综观既有人工智能刑事风险刑法应对或治理研究的学术成果，目前刑法学界的研讨焦点主要集中在以下四个方面：①在弱人工智能时代，人工智能作为犯罪工具使传统犯罪有了新的发展，不仅在量上社会危害性进一步扩大，而且在质上新型犯罪也得以出现，由此带来对过失犯罪理论、刑事归责根据等刑法归责基本理论的反思和争鸣。②在强人工智能时代，人工智能的法律地位为何？这在民法领域不仅涉及人工智能侵权案件侵权责任分配的问题，在刑法领域更关系到人工智能自主实施犯罪行为应否独立承担刑事责任的问题。③涉人工智能行为框定及法律因果关系确定等法律评价要素的问题。现代法律专注于调整人的外部行为，因此确定作为调整对象的行为及行为主体是探讨人工智能刑事风险应对或治理的首要前提，同时涉人工智能行为的偏差带来的冲突背离传统法律因果关系中行为的形成逻辑与模式，也不可避免地导致传统相当因果关系理论、可预见性标准理论的不足。④涉人工智能犯罪的刑事处置、刑事制裁问题。

这场史无前例的人工智能革命仍处于动态发展中，刑法理论研究的对象与素材相对有限，导致前瞻性研究相对匮乏，刑法教义学研究难以展开，部分成果甚至已经出现科幻式、预言式的理想主义甚至浪漫主义刑法学术研究的不良倾向。对于上述第一个问题，目前刑事司法个案缺乏；第二个问题所涉及的研究对象——强人工智能超越了人工智能技术的现有发展阶段；第三、第四个问题在理论上尚且存在很大的争议。本书将持续跟进涉人工智能犯罪的最新司法案例，力图回答人工智能时代新型犯罪的司法疑难，同时从刑法发展的角度检视人工智能带给传统刑法的挑战以及新型犯罪的司法认定，从刑法理念、刑事责任主体、刑

① 截至2023年11月30日，人工智能刑事风险刑法治理议题的国内专著主要有：刘宪权．人工智能：刑法的时代挑战［M］．上海：上海人民出版社，2018；刘宪权．人工智能时代的刑法观［M］．上海：上海人民出版社，2019；彭文华．人工智能的刑法规制及相关法律问题［M］．北京：中国政法大学出版社，2019；孙道萃．人工智能与刑法：挑战和回应［M］．北京：中国政法大学出版社，2023。在中国内地翻译出版的外国译著主要有：加布里埃尔·哈列维．审判机器人［M］．陈萍，译．上海：上海人民出版社，2019；大卫·J. 贡克尔．机器人权利［M］．李奉栖，等译，北京：清华大学出版社，2020；等等。

法归责模式、刑事制裁措施等方面促进传统刑法的变革维新。

本书的基本观点是，应当承认人工智能对当前人类社会生活的挑战和冲击是全面的、有深度的，其对现有刑法制度也形成持续性的颠覆效应。面对人工智能的挑战，作为调整社会关系的保障法与后盾法，刑法自然不能置身事外、充耳不闻，而需自觉担负规制、规范人工智能的重任，通过主动调试自身的理念与制度，合理组织对人工智能严重危害人类法益这一风险的刑事反应。在维持人工智能稳健发展的基础上，尊重刑法调整社会关系、规制行为对象所具有的独特属性和特殊本质，通过回归刑法教义学的基本立场，或者直接建构人工智能刑法治理的规范，求真务实地解决人工智能发展所带来的一系列问题，推动刑法制度设计和理论体系的转型升级，为传统刑法的变迁、进化疏通场域与时空张力。

三、研究重点

随着智能科技渐趋成熟，人工智能在自主学习中可能脱离研发者、生产者与使用者输出的基础思维，继而操作一系列严重危害社会的行为。然而，人工智能究竟将给人类带来何种刑事风险，该风险的主要内容为何、具备何种法律属性、需要给予何种刑法应对是未知的。特别是此种风险是否具有摆脱经验式个人束缚的“超个人化”法律性质，是否需如主流见解那般，肯定智能机器人刑事主体地位、变革现行刑事归责系统的理论根基、重构刑事归责的模式体系，系本书当然之研究重点和焦点。考虑到当前刑法界的相关前瞻性研究大多受限于研究者个人立场，表现出强烈的主观色彩，部分研究甚至选择依托科幻小说的基础，透露出科幻式学术研究的倾向，本书也将精准识别人工智能涉刑法的真实问题并以此为研究重点，突出此类前沿刑法议题研究的实在性和实益性。此外，本书的研究重点还包括以下三点：

首先，研究重点在人工智能时代，刑法更周延地保障人权、促进行动自由的具体理念与路径。传统刑法是保障人权与保护法益的有机统一，致力于实现保障公民行动自由与维持社会安全秩序的动态平衡，但随着人工智能的发展，特别是人工智能内生不确定风险的客观存在，刑法需要在应对风险上有更积极、更主动的担当，这势必会带来刑法对保护法益与保障安全的偏重，亟须重点探究当代刑法的任务和机能，追求自由与安全的统一。

其次，侧重研讨人工智能发展中传统犯罪与新型犯罪的外在表现和客观态势。人工智能尚处蓬勃发展阶段，其所能实施的危害人类法益的行为样态及其具体内容仍不够明确或者说仍处于变动状态，需要结合人工智能危害社会的既有案例，偏重对其可能构成的犯罪进行前瞻性预估，对人工智能实施危害行为的因果关系以及主观过错予以深入探讨。

最后，将重点建构人工智能下的新型刑事归责体系和治理体系，实现其与新兴伦理价值观的内在协调。人工智能引发传统伦理观的变更，对刑法的渗透与侵蚀也将动摇刑事归责体系，亟待适时更新人工智能刑事风险及其现实化的归责体系，并致力于提炼人工智能时代刑事归责的一般原理。同时，本书针对人工智能研发过程中内含之刑事风险，综合运用刑法教义学以及刑法立法学等机制，有针对性地建构立体多元的刑法治理体系。

四、研究方法

人工智能刑事风险治理逻辑与刑法应对议题的展开，应当依托国家大力施行人工智能发展战略的时代机遇，检视人工智能产业化、商业化过程中产生的真实刑事风险，立足刑法的内在属性及教义学的研究立场，廓清当前理论研究不当理解人工智能刑事风险的偏误，精准识别人工智能涉刑法的真实问题，从刑法理念、责任主体、归责模式等方面探寻防范人工智能刑事风险的科学理念、制度及路径，破解当前人工智能“涉罪”中法律责任分配的困境和难题，并借此深入探寻刑法应对新技术发展所需坚持的攻守之道。鉴于人工智能刑事风险及其刑法治理属于跨学科的综合性议题，其实际展开所运用的研究方法主要有：

其一，科技伦理学方法。诚如爱因斯坦所言，“一切人类的价值的基础是道德，我们的摩西之所以伟大，唯一的原因就在于他在原始时代就看到了这一点”。[①] 一般认为，道德之善高于科学之真，科学之真以道德之善为基础，“科技伦理学是在科学技术研究和应用的实践过程中产生的。……作为一种文化现象，科学技术不仅是能产生物质力量的价值上中立的知识系统，而且还有着伦理的向度和方面，从根本上说是有价值取向的”[②]。人工智能伦理与规范是未来智能社会的发展基石，人工智能的研发、使用、治理应该遵循有益于人类命运共同体构建和社会发展的原则，本课题将严格依照该原则展开刑事风险防范与责任分配规则等人工智能刑事风险与刑法应对体系与模式的建构。

其二，未来学方法。未来学是以事物的未来为研究对象，是人们对一个动态系统未来状态的预料、分析和推断，以及用未来信息反馈的观点处理现实问题的一门综合性学科（张继泽，2013）。未来学旨在探讨现代工业和科学技术对人类社会的影响，预测人类行动可能性。关于智能机器人的未来学思考，挪威未来学大师埃里克·纽特（2009）预测，“机器人可以将摄像机带到人类无法到达的地方，借助先进的电脑技术，让人产生身临其境的感觉……也许在21世纪到来时，机器人就能承担工厂中的所有机械工作，普通家庭也能拥有机器人仆人”。[③] 人工智能技术及其应用具有强烈的动态性，智能革命与智能社会的形成与发展也具有较强的不确定性和变动性，毋庸置疑，人工智能深刻影响人类的法律制度和现实生活，乃是面向未来的重要讨论，理应在现有客观事实和技术发展水平的基础上对刑法规制之人工智能保持一定的开放性和动态性。

其三，法社会学方法。法社会学研究方法是像研究自然现象那样研究法律现象，通过对影响法律行为的各种变量以及对法律制定、遵守和适用的成本与收益进行大量的统计调查，提供一整套用以分析、解释和预测法律变化的客观普遍的方法和理论，以期掌握法律运行规律并指导决策（李珂、叶竹梅，2013）。人工智能具有一定的中立性，一旦投放社会就成为主客观相统一的价值载体，其带给

---

① 爱因斯坦．爱因斯坦文集（第3卷）［M］．徐良英，等译．北京：商务印书馆，1979.

② 钱振华．现代科技伦理意识探析与养成［M］．北京：知识产权出版社，2017.

③ 埃里克·纽特．未来学［M］．于芳，译．北京：华文出版社，2009.

社会的影响是全方位、多维度的，对法治体系的影响也是系统性、颠覆性的，需要法治系统给予从理念到制度再到规则的全面应对。实际上，人工智能对当代刑法的“解构”正是源于社会层面并终于社会结构，因此，探讨人工智能刑事风险刑法治理议题应导入法社会学的研究方法。

其四，价值学方法。价值分析是通过认知和评价社会现象的价值属性，揭示、批判或确证一定社会价值或理想。人工智能刑事风险刑法治理议题关涉人工智能之于现代社会的实际利弊价值与功能的综合考量，刑法规制人工智能的范围及方案的确定必须要建立在对人工智能利弊得失的分析之上，而用刑法治理人工智能刑事风险又必须审视当代刑法的任务、性质和机能等刑法基础原理，着重评判作为最严厉制裁法的刑法在参与现代高新技术发展中的风险治理过程中能够作用的时空场域。不仅应当坚决防止刑法强力且不当地阻滞现代科学技术的发展，同时还要求刑法严厉惩治破坏现代科学技术发展的行为，为现代科学技术的发展供给必要且有效的刑事法治保障。概而言之，刑法究竟应当坚持何种理念、运用何种措施组织对人工智能发展中出现的严重侵害人类利益现象的刑事反应，涉及对刑法根本任务及其基本价值的理性思考。

其五，刑法教义学方法。刑法教义学方法是规范刑法学研究最基础、最本源也是最主要的研究方法，其始终坚持像基督教尊奉《圣经》为其根本教义一样，将刑法视为理解刑法和适用刑法的信仰和根据来源（故“刑法教义学”又称作“刑法信条学”），始终坚持在现行刑法文本、司法解释、刑事案例等具有法律效力的刑法资源和体系框架内揭示刑法的规范意涵，不允许非法律的东西成为刑法适用的依据，以此为刑法规制社会现象提供体系性、协调性、自洽性的规范性适用方案。“在刑法教义学的研究中，对刑法解释方法的掌握要娴熟，让纷繁的事实与刑法规范相对接，循环往复，直到最终得出结论。”① 本书对人工智能刑事风险刑法治理议题的研究，始终坚持回归到教义刑法学的视阈和范畴内，充分运用现行有效的刑法资源破解人工智能刑事风险刑法治理的困境和难题，解决人

① 焦阳．刑法分析与适用［M］．北京：中国法制出版社，2018.

工智能发展中的真实刑法问题。刑法应对人工智能刑事风险的“四重实践困境”，及对人工智能对象性风险和纯正工具性风险的刑法应对方案即系运用刑法教义学进行研究所得出的结论。当然，除教义学的能力范围之外，也不放弃从立法论的角度，建构应对人工智能挑战的刑法规范体系。

五、研究特色

人工智能刑事风险治理逻辑与刑法应对课题的研究将针对“人工智能+刑法”的复合型现象，作出前瞻性观察，找准传统刑法难以因应人工智能时代的冲突点、紧张点、关键点、问题点，致力建构适应人工智能时代的系统完备、科学合理的刑法规范体系。同时，对于人工智能与传统刑法体系的碰撞和交锋，提出当代刑法应明确应对的正确理念，建构由刑事政策、立法、司法等多维度组成的应对策略体系，输出具体可行、行之有效的反应措施。可能存在的研究特色或创新主要如下：

一是基于机能主义的现代刑法立场，聚焦人工智能涉刑法的宏观与微观真实问题，借助理念置新、理论变革、立法完善、司法求变等复合路径，厘清人工智能责任主体论争的实质，探究人工智能“涉罪”司法认定中因果关系、可预测性及主观罪过的新疑难和新规则。对“人工智能+刑法”展开前瞻性研究，将为当代刑法发展注入新动能，促进传统刑法的当代转型，而且有助于反思刑法应对新技术带来的新问题、新风险所须秉持的攻守之道。

二是系统阐述当前人工智能刑事风险刑法治理所面临的误认为人工智能的刑事风险是“伪问题”等“三重理念困境”，以及当前治理主张和方案所存在的人工智能是否具有独立刑事责任主体地位等“四重实践困境”。

三是正视并精准识别人工智能研发和应用中可能存在的威胁人类利益的真正刑事风险，即可能产生的反制甚至反噬人类（工具性刑事风险）以及人工智能系统自身遭到不法攻击（对象性刑事风险）的风险类型，提出根据人工智能的智能程度差别，前者可进一步区分为纯正工具性风险与不纯正工具性风险，基于此破解人工智能不同类型之刑事风险及其现实化中的法律责任分配难题。

四是坚持把人类中心主义作为人工智能刑事风险刑法治理的根本立场，始终以保护人类利益和增进人类福祉为宏旨，提出人类中心主义是人类所建构的各种规范性制度取得最终实效的基本保障和内在缘由，主张人工智能体脱离人类控制严重侵害人类法益的归责判断中，理应坚持人工智能的工具理性，明确否定赋予人工智能体独立刑事责任主体地位的理论主张。

五是在维持人工智能稳健发展的基础上，综合采用多种研究方法，特别是通过回归刑法教义学的基本立场，充分利用现有刑法原理与刑法解释学等资源，立足于现有刑法规范对人工智能的刑事风险和挑战进行教义学诠释，着重探讨人工智能刑事风险及其现实化过程中责任主体、因果关系、可归责性、主观罪过的司法规则，求真务实地解决人工智能发展带来的真实问题，推动刑法制度设计和理论体系的转型升级，为传统刑法的变迁进化疏通“场域”与时空张力。

第一章　人工智能迭代发展及其社会挑战

当前，科学技术以人类历史上前所未有的快速度改变着我们，社会必须应对的变化速度一代快于一代。不同历史阶段的新科技所造成的颠覆已经屡次造成不同维度、不同深度的社会变革，我们是应该警惕新科技所带来的种种颠覆，并以相应的法律机制防治颠覆的不良恶果，抑或仅仅将其视作正常历史进程中的惯常现象，进而以平常心待之呢？美国人工智能研究者拜伦·瑞希（2020）提出，狭义 AI 和物理机器人的结合不仅仅是“1+1=2”。当它们结合在一起时，你就得到了一个看似很智能的代理，它可以自主工作。这也是“希望”和“恐惧”产生的地方。机器人专家开始制造越来越多的具有狭义人工智能的机器人，当人们第一次接触它们的时候，往往不能确定该如何看待它们。因为这项技术是新的，我们不了解它的局限性，也不了解它可能产生的影响。我们不知道这些设备最终能做什么。大多数对于这些技术的希望、恐惧和疑问都来源于不知道它们会在未来变成什么样。这是因为我们不知道它们的缺陷，尽管我们在 AI 和机器人技术方面都取得了巨大的进步，但是对于每天与这些技术互动的人来说，AI 和机器人技术的缺陷都是显而易见的。作为 21 世纪新科技的典型代表，人工智能在不断带给人类社会惊奇与惊喜的同时，客观上也引起了人类被人工智能碾压、取代、圈养、奴役等深层忧虑。人工智能刑事风险的刑法治理系以刑法规范和制裁人工智能技术研发、产品制造、实际使用过程中可能出现的严重侵犯人类法益的危险或危害行为，因此，洞悉人工智能的技术性特征及其发展脉络，对于精准识别人工智能发展过程中的刑事风险，合理地组织刑事措施予以有效应对，具有基础性的意义和价值。

第一节　人工智能的概念界定

时下，“人工智能”业已成为一个家喻户晓的现代高科技的“代名词”，但作为一门交叉学科和前沿科学，社会公众讨论语境及科学研究中的“人工智能”术语至今尚无统一的定义而在不同的情境中被使用着。对此，英国学者迈克·布根贝（Mike Bugembe，2023）曾调侃道：“人工智能”可能是这个时代被滥用最多的流行词。提到“人工智能”这个词，投资者、记者或潜在的员工可能会竖起耳朵。它的知名度飙升，不仅是因为它在科幻电影中很受欢迎，其原因还包括计算机能力的进步、大量数据、新技术以及各种各样的成功案例，当然还有重新获得的资金投入。① 这样看来，“人工智能”到底是什么，依旧不是一个一拍脑袋即能回答的简单问题。

尽管有观点表示，“人工智能”概念肇端于20世纪二三十年代甚至更为久远，但学界通常认为人工智能的学科起源是前已述及的1956年美国“达特茅斯人工智能夏季研讨会”（Dartmouth Summer Research Project on Artificial Intelligence）。作为此次会议的发起人，达特茅斯学院数学教授约翰·麦卡锡联合马文·明斯基（Marvin Minsky）、纳撒尼尔·罗彻斯特（Nathaniel Rochester）和克劳德·香农（Claude Shannon）将会议目标设定为“找到某些途径，使机器能够使用语言、形成抽象概念、解决目前留给人类的各种问题，并改进它们自己”，

① 迈克·布根贝．从数据力到领导力［M］．袁毅，译．北京：中国科学技术出版社，2023.

并将人工智能初步定义为"让机器的行为看起来就像是人所表现出的智能行为一样"。[①] 由此形成今天被人工智能研究者视为基础的"脚手架"：确认人类水平的智能是机器所要瞄准的黄金标准。

事实上，人工智能系"人工+智能"，其中"人工"的理解相对简单，乃后天合成而非天然生成之意，定义人工智能的难点在于"智能"的内涵。上述人工智能的初步定义看似合理，实则隐藏着深层的缺陷，即与其说是定义了人工智能，毋宁说是回避了人工智能定义最大的困难。就词典含义而言，智能是"理解和各种适应性行为的能力"。美国人类意识学者斯腾伯格将"智能"界定为："个人从经验中学习、理性思考、记忆重要信息，以及应付日常生活需要的认知能力。"[②] 美国著名人工智能研究专家詹姆斯·阿尔布斯在答复另一位人工智能专家亨利·埃克斯穆尔时对"智能"进行了相对细致的解说："智能包括知识如何获取、表达和存储；智能行为如何产生和学习；动机、情感和优先权如何发展和运用；传感器信号如何转换成各种符号；怎样利用各种符号执行逻辑运算，对过去进行推理及对未来进行规划；智能机器如何产生幻觉、信念、希望、畏惧、梦想甚至善良和爱情等现象。"[③]

结合关于"智能"的理解，巴尔和费根鲍姆将人工智能更为详细地定义为："属于计算机科学的一个分支，旨在设计智能的计算机系统，即对照人类在自然语言理解、学习、推理、问题求解等方面的智能行为，人工智能所设计的系统应呈现出与人类行为类似的特征。"[④] 英国著名人工智能学者玛格丽特·博登（2017）认为，"智能不是一维的，而是结构丰富、层次分明的空间，具备各种信息处理能力"，"人工智能就是让计算机完成人类心智（mind）能做的各种事情"。[⑤] 美国著名人工智能学者温斯顿教授认为："人工智能就是研究如何使计算机去做过去只有

---

① 拜伦·瑞希．人工智能哲学［M］．王斐，译．上海：文汇出版社，2020.

② Sternberg R J. In Search of the Human Mind［M］. NY：Harcourt-Brace，1994.

③ 刘伟．追问人工智能：从剑桥到北京［M］．北京：科学出版社，2019.

④ 佘来文，等．智能革命：人工智能、万物互联与数据应用［M］．北京：经济管理出版社，2017.

⑤ 玛格丽特·博登．人工智能的本质与未来［M］．孙诗惠，译．北京：中国人民大学出版社，2017.

人才能做的智能工作。”[①] 在由中国翻译出版并备受关注的《人工智能（第2版）》一书中，史蒂芬·卢奇与丹尼·科佩克采纳了拉斐尔给出的最贴切定义，即“人工智能是一门科学，这门科学让机器做人类需要智能才能完成的事”。[②]

此外，在人工智能国际治理层面，域外不少国家和地区出台了规范性文件或法案监管和治理人工智能，或是由官方人员提出人工智能监管和治理方案，而这些文件或法案不可避免对人工智能进行相对明确的界定。例如，作为英国上议院科技特设委员会（House of Lords Select Committee on Science and Technology）成员的议员 Lord Holmes of Richmond 在 2023 年 11 月 23 日提出的《2024 年人工智能（监管）法案》中，将“人工智能”界定为“能够对设备或软件进行编程或训练，通过数据使用以感知环境，或者使用旨在模拟认知能力的自动处理来解释数据，或者提出建议、预测或决定，实现特定目标的技术”，同时指出，“人工智能包括生成式人工智能，即能够基于数据训练而生成文本和其他内容的深度或大型语言模型”。当然，英国科学、创新和技术部发布的《促进创新的人工智能监管办法》提出“人工智能没有被广泛认同的一般定义”，故而通过参考产生定制监管响应需求的两个特征来定义人工智能，即可能会使解释系统结果的意图或逻辑变得困难的人工智能“适应性”——“人工智能系统经过一次或连续的‘训练’，通过推断数据中的模式和连接来运行，而这些模式和连接通常不容易被人类识别。通过这样的训练，人工智能系统通常不容易被人类识别”，以及可能会使分配结果责任变得困难的人工智能“自主性”——“一些人工智能系统可以在没有人类明确意图或连续控制的情况下做出决策”。在人工智能概念界定上，最新且最具影响力的莫过于欧盟的官方定义。2024 年 3 月 13 日，欧洲议会正式投票通过并批准的《人工智能法案》（*Artificial Intelligence Act*）第 3 条将“人工智能系统”定义为，“基于机器的系统，其设计具有不同程度的自主性，该系统

① 赵春林. 领航人工智能：颠覆人类全部想象力的智能革命［M］. 北京：现代出版社，2018.

② 史蒂芬·卢奇，丹尼·科佩克. 人工智能（第 2 版）［M］. 林赐，译. 北京：人民邮电出版社，2018.

可以在部署后表现出适应性，并且为了明确或隐含的目标，该系统可以从其接收的输入中推断如何生成输出，例如预测、内容、建议或决策，从而影响物理或虚拟环境”。

从技术角度来看，人工智能在概念上并不特指某一项具体的技术。虽然目前最受关注的是通过“机器学习”从数据中提取信息的技术，但人工智能研究实际上包含许多不同的子领域和方法论。此外，作为人工智能基底性技术支撑的机器学习也同人工智能或智能一样缺乏完全统一的概念，由各种各样的技术组成。从传统的线性回归到支持向量机和决策树算法，再到各种类型的神经网络，都属于机器学习的范畴。此外，大多数基于机器学习的系统是一套过程和技术体系，而不是一个界限清晰的实体，这使得确定人工智能的意义范围变得更加困难，甚至出现放弃界定人工智能概念意涵的倾向（托马斯·威斯迈耶、蒂莫·拉德马赫，2020）。

不过，概念是研究的逻辑起点，也为研究框定对象范围。如果对人工智能不给予一个相对明确的界定，显然无法开展后续研讨，极易引起一些不必要的学术论争，以致无法进行正常的学术讨论，这在当前中国刑法学界对相关议题的讨论中业已有所体现。就是否应该赋予人工智能独立刑事责任主体地位展开的学术论争中，就曾出现不同学者在不同维度或者层次上使用“人工智能”这一表达，以至于学术对话出现平台错置的现象（刘宪权，2020f）。因此，仍有必要为人工智能的意涵划定相对明确的范围。

根据笔者的初步且粗浅的认知，人类智能的特质在于自我感知、自主反应、自动行为三个维度，即人类可通过主动或被动学习不断积累社会生活经验，在面对不同社会环境或者境遇时能够基于内在思考而自动做出与之相适应的行为举止，以兹实现包括自身利益最大化等在内的自我理想并客观推动人类文化与文明的进化演变。人工智能研究是通过对人类思维的形成机制、大脑结构及其运行以及身体行动机制进行解剖式研究，进而模仿或模拟人类的智能行为，以便能够代替人类从事某些人类不愿意或不能够有效应对的困难情形。正是由于对人类智能不同侧面的模仿或模拟，人工智能才逐渐发展出符号主义、连接主义、行为主义和统计主义四个流派的定义（顾险峰，2016）。兴许人类智能所具有的能够思考并基于思维行动的此种能力，映射到人工智能上，就体现为欧盟《人工智能法案》所称的人工智能的“推理能力”（Capability to Infer），即“本法案应以人工智能系统区别于较简单的传统软件系统或编程方法的关键特征为基础，而不应涵盖基于完全由自然人定义的规则来自动执行操作的系统。人工智能系统的一个关键特征是它们的推理能力”。同时，欧盟的《人工智能法案》还详细阐释了人工智能推理能力的内涵及其表现，“这种推理能力是指获得诸如预测、内容、建议或决定等可以影响物理和虚拟环境的输出的过程，并且是指人工智能系统从输入或数据中推导模型或算法的能力。能够在构建人工智能系统时进行推理的技术包括从数据中学习如何实现某些目标的机器学习方法，以及从待解决任务的编码知识或符号表示中进行推理的基于逻辑和知识的方法。人工智能系统的推理能力超越了基本的数据处理，使学习、推理或建模成为可能。‘基于机器’（machine-based）一词指的是人工智能系统在机器上运行的事实”。

全国信息安全标准化技术委员会于2019年10月发布的《人工智能安全标准化白皮书（2019年版）》在梳理比较了人工智能的日常定义、学术定义及技术定义后对人工智能进行了相对准确的界定。因此，在实践意义上或者技术维度，本书采纳该白皮书的定义：“人工智能是利用数字计算机或者数字计算机控制的机器模拟、延伸和扩展人的智能，感知环境、获取知识并使用知识获得最佳结果的理论、方法、技术及应用系统。”

第二节 人工智能的发展简史

正如英国前首相温斯顿·丘吉尔所言：“你能看到多远的过去，你就能看到多远的未来（The farther backward you can look, the farther forward you can likely to see)。”从古代结绳计数开始，人类就一直幻想制造出具有智能的机器，很多古代的传说都体现了这一朴素的构想。“人类产生创造出能够自我‘思考’和自主行动的机器的想法，自文明起源之初便被我们的文学和文化记载。”[①] 自 1956 年正式问世以来，人工智能已经历超过一个甲子的风风雨雨，它如同其他新事物一样经历多次寒冬与起落，而正是在这样的曲折经历中，人工智能才得以逐步发展壮大，并最终引发人工智能革命，推动人类社会进入人工智能时代。鉴于任何新事物都有其产生的源泉和发展脉络，梳理人工智能的发展简史有助于更为深刻地理解人工智能的工作机理、发展规律以及内在缺憾，为人工智能的刑法规制铺设必要的基底（玛格丽特·博登，2017；李开复、王咏刚，2017；尼克，2017；刘伟，2019；卡尔提克·霍桑纳格，2020）。

一、早期酝酿阶段

德国著名心理学家赫尔曼·艾宾浩斯曾以“心理学有一个漫长的过去，却只有一个短暂的历史”来形容心理学的变迁进程，[②] 这样的表述也适用于人工智能的发展简史。据澳大利亚科学院院士、国际人工智能学会会士（AAAI Fellow）托比·沃尔什考证，人工智能的故事并没有一个明确的开头。不过它跟逻辑的发明故事密切相关。公元前 3 世纪，亚里士多德开创形式逻辑领域，为当代数字计算机的开发奠定了基础，但在亚里士多德之后的 2000 多年，除部分用于计算天体运动、完成其他初级计算的机械式机器外，人类在制造思考机器方面毫无进展。

随着中世纪蒙蔽心智的迷雾逐渐消散，人工智能的研发开始取得进展。特别是威廉·莱布尼茨（Wilhelm Leibnitz）提出，人类的思想可以简化成某种可以识别出我们推理错误或是解决观点分歧的运算，“校正我们推理的唯一方式就是让它们像数学家的工作一样具体，故此，我们可以一眼看出其中的错误，如果不同

① Mccorduck P. Machines Who Think: A Personal Inquiry into the History and Prospects of Artificial Intelligence [M]. Massachusetts: AK Peters Ltd., 2004.

② 肖戈．弗洛伊德的尾巴：心理学极简史［M］．北京：北京理工大学出版社，2015.

的人产生争执，我们可以简单地说：来计算吧，不用多说就能看出谁是对的”。将推理与计算等同起来，是在制造思考机器之路上迈出的第一步。

其后，勒内·笛卡尔贡献出一个至今仍困扰人工智能研究的重要哲学观点——“我思，故我在”，从而把思想（意识）和存在干净利落地联系起来，也对思考机器的可能性提出了挑战。“机器并不像我们这样存在。它们缺乏我们跟自身存在挂钩的许多特殊性质，比如情感、道德、意识和创造力。”而当前对人工智能刑事风险刑法治理的研究中，反对将人工智能拟制为法律主体抑或反对赋予人工智能包括独立刑事责任主体地位在内的法律人格的观点，恰恰提及了人工智能许多此类性质并将其作为重要论据。

后来，“信息时代之父”、爱尔兰天才数学家乔治·布尔创造性地提出，可通过代数运算形成逻辑，即基于“真或伪”“开或关”“0 或 1”两个值进行操作。“布尔逻辑”描述了今天每台计算机的操作：它们确确实实是复杂的机器，但处理的仍然是布尔的 0 或 1。尽管布尔不只想为逻辑提供数学基础，更想对人类的推理进行解释，但其工作并未得到当时人们的承认，以至布尔尚未完全实现这些雄心即离世。“可编程计算机之父”查尔斯·巴贝奇（Charles Babbage）接过早期人工智能发展的“接力棒”，他于 1834 年设计的“分析引擎”使用打孔卡片来编程，计算机按程序进行操作，而且这一程序可改变——该设想被认为是计算机能力的根本。

由此产生的计算机属于通用机器，可以编程执行许多不同的事情，更微妙的是，计算机程序拥有自己修改程序的能力，而正是程序的自我修改能力成为人工智能之梦的基础。

二、初步发展阶段

逻辑学、数学及计算机编程理论的发展为人工智能的问世供给了必要的理论储备和基础设想，但究竟应该如何实现人工智能仍然是个谜团。艾伦·图灵（Alan Turing）最终解开了这个谜团，他接受了人工智能的两个目标——技术与心理，试图让新机器做通常需要智能才能完成的有意义的事情（可能通过使用非自然技术），并模拟以生理为基础的心智所发生的过程。继 1936 年提出“通用图灵机”后，图灵于 1950 年在哲学杂志《思想》（*Mind*）上发表被后世赞誉为人工智能宣言书的论文《机器能思考吗?》，以近乎幽默和游戏的方式提出检测机器思考能力的“图灵测试”：测试者是否可以确定自己是在与计算机还是在与人类交互（交互时间最多五分钟），如果有超过 30%的测试者不能确定被测试方是人还是机器，那么这台机器就通过测试。无论图灵测试是否科学，电脑能够思考的说法就此站稳脚跟，衡量机器智能的雄心勃勃的里程碑在其后建立。

图灵测试激起了计算机专家的浓厚兴趣，并客观上促成达特茅斯会议的召开。不过，作为会议召集人的约翰·麦卡锡在推动会议召开的过程中却遭遇到了出乎预料的困难。他募集资金的过程很不顺利，图灵的问题也许很扣人心弦，但如何真正着手却让很多人摸不着头脑，他曾向洛克菲勒基金会寻求资金支持，基金会的一名代表说道，“总体感觉就是，这是个关于思维的数学模型新领域……要清晰把握仍然很困难”。话虽如此，基金会还是赞助他 7500 美元组织会议，以开展相关议题的讨论。当然，也有学者从另一角度提出，达特茅斯会议与人工智能学术探讨关联不大，仅仅是提出“人工智能”这一概念。对此，中国人工智能协会于 2023 年 9 月发布的《中国人工智能系列白皮书——人工智能原理》也指出：“它（人工智能）的兴起不是人工智能有了科学突破而自然产生的，是一些学者感觉会有那么一个学科。然而，这个学科真正的科学贡献还没有什么成果。基础性的成果仅限于数理逻辑、Turing 机，以及如上所说 Turing 第一个认真研究的成果。会议讨论决定用‘人工智能’这个名称，并决定了一些研讨会组织形式。会议对人工智能学术没有什么影响性成果……会议确定了‘人工智能’名称。在这之前，Turing 用的名称是智能机（intelligent machinery）。人工智能这个名称现在用得最多，但严格科学意义上，未必严谨、科学。”

人工智能初步发展阶段的主要领域在于数学公理证明。艾伦·纽维尔和因“有限理性”理论荣获诺贝尔经济学奖的赫伯特·西蒙编写了第一个符号主义软件程序——逻辑理论家，高效地证明了伯兰特·罗素和阿尔弗雷德·诺夫·怀特海所作的三卷巨作《数学原理》中提出的定理。用一位科学史学家的话来说，是“用比罗素和怀特海更优美的方法证明了一个定理”。罗素本人也盛赞这项工程学上的壮举，“如果怀特海和我在浪费了10年光阴手工证明之前就知道这种可能性就好了!”1959年，纽维尔和西蒙已经编写出能够应付更广泛场景、可用公式表达问题的首个通用问题求解系统（General Problem Solver），由此表明人类能够创建人工智能，从而巩固了西蒙和同事在人工智能革命中的先驱地位，极大地激发了人工智能界的雄心壮志，西蒙甚至声称“20年内，机器将能完成人能做到的一切工作”。

三、反思发展阶段

在人工智能的初步发展阶段，各个领域都取得程度不等的进展，但受彼时计算机硬件发展的制约，已经研发的智能机器离当初设想的智能水平还相去甚远。1969年，马文·明斯基与西蒙·佩尔特出版了《认知器演算法》一书，概括出神经网络的种种局限，指出单层感知机不能实现异或运算（Exclusive OR，XOR）逻辑。他们的批判意见很快成为共识，从而大大打击了研究者的信心。20世纪70年代初，对人工智能提供资助的机构，如美国国防高级研究计划局、美国核管理委员会对无方向的人工智能研究逐渐停止了资助。人工智能迎来第一次“寒冬”。

在“寒冬”时期，人工智能界开启反思模式。一派以德雷福斯（Hubert Dreyfus）为代表，他们无情地对人工智能进行批判，强调人工智能研发终究会陷入困局；另一派则对人工智能抱有希望，如费根鲍姆（Edward Feigenbaum）认为要摆脱困境，需要大量运用知识。于是，知识工程与专家系统在各个领域崭露头角，比如早期的反向链接专家系统 MYCIN 可以诊断一些特定类型的传染病。这个阶段（1976—1980年）也被称为“人工智能复兴期”。

20世纪80年代，人工智能界重新肯定早期人工智能研究中的神经联结方法和遗传算法。1982 年，霍普菲尔德（John Hopfield）提出 Hopfield 神经网络，引入“计算能量”概念，给出网络稳定性判断标准，为神经网络的研究做出开拓性工作。1986 年，杰弗里·辛顿、鲁姆哈特和麦克勒兰德再度提出反向传播算法（BP 算法）。值得一提的是，联结主义不同于符号主义，其研究方法巧妙地避开了知识表示所带来的困难。与此同时，布鲁克斯在 1991 年发表论文，批判联结主义与符号主义不切实际，将简单事情复杂化，他强调感知与行为要直接联系，从而极大地促进了人工智能行为主义学派的发展。

在反思阶段，尽管人工智能的研究空前繁荣，可是好景有限。人们普遍发现人工智能领域没有取得实质性的突破，所谓的专家系统的使用范围也相当有限，进而遭到“过度承诺却无法兑现”的诟病，人工智能研究不得不再次陷入停滞。无论是政府投资人还是行业投资人，都因为看不到人工智能重大应用开花结果而倍感泄气，人工智能领域的投资直线下降，资金被投入计算机科学的其他领域，如网络化、数据库和信息检索；与此同时，人工智能的媒体曝光率也严重下降，人们发现创建机器智能远比其所鼓吹设想的要难。“人类有时候太把自己的智能当作理所当然的事情，却忘了进化花了数亿年的光阴来优化它，而且这个过程还远未结束。”由此，人工智能不得不再度步入“寒冬”时期。

四、蓬勃发展阶段

正所谓“反者，道之动”。不利因素总是自觉或不自觉成为事物发展的客观动力，在阻滞事物发展过程中又推动事物向前发展。人工智能“寒冬”导致研究者和工程师不得不转而处理不同类型的难题，从而为突破人工智能的技术障碍创造了可能。之前他们的目标是研发达到人类智能水平、能够应用于处理各种任务的通用人工智能（Artificial General Intelligence，AGI，即“强人工智能”）。然而正如著名计算机科学和统计学专家迈克尔·乔丹所提出的，现在被称为人工智能的许多领域，实际上是机器学习，“人工智能革命还远未到来”。他认为，人工智能旨在关注“人类进行推理和思考的高级认知能力”。不过，经过60 年的发展，高层次的推理和思想仍然难以捉摸，“现在被称为AI的发展主要出现在与低水平模式识别和运动控制相关的工程领域，以及统计学领域，该学科的重点是在数据中发现模式，并做出有充分根据的预测、测试假设，以及决策”。最近20年里，在产业和学术领域里都取得重大进展的不是AI，而是IA，即作为模仿人类的人工智能（AI）之补充的“智能增强”（Intelligence Augmentation，IA）。从搜索引擎、自然语言翻译，到声音和图像生成，这些技术都在帮助人类增强智力和创造力。这些技术有望包含高层次的推理和思考，但现在还没有。他甚至以“如果我们的目标是建立化工厂，是否应该先打造出一批化学家，然后让它们去研究怎么建?”来嘲讽那些主张人工智能可能代替人类思考和创造的学者（许春明、顾骏，2020）。

值得注意的是，对于人工智能技术的发展方向和发展前景，在2016年中国深圳举办的全球人工智能与机器人峰会（CCF-GAIR）上，国际人工智能联合会前主席、牛津大学计算机系主任迈克尔·伍德里奇（Michael Wooldrige）教授在其报告中也旗帜鲜明地表示：强人工智能“几乎没有进展”，甚至“几乎没有严肃的活动”（“little progress, little serious activity”）。事实上，人工智能国际主流学界所持的目标是弱人工智能，也少有人致力于强人工智能。对此，我国学者也不乏支持者，“强人工智能出现的那一天，恐怕真的就是人类面临最大生存危机的时候。所以，对严肃的人工智能研究者来说，如果真的相信自己的努力会产生结果，那就不该去触碰强人工智能”。[①]

由此看来，通用人工智能的目标不免过于雄心勃勃，而且很可能是条错误的道路，于是关注点切换到更为实用、更有可能落地应用的人工智能。其中，最为突出的就是专家系统（Expert Systems）：使用有针对性的知识和规则集，手工编写软件。专家系统的落地应用使其成为20世纪90年代人工智能的“春天”的主要驱动力，其强大的早期成果吸引到新的投资，人工智能热潮再度袭来，同时也使人工智能的研究转向执行特定领域任务的狭义人工智能（Artificial Narrow Intel-

① 周志华. 关于强人工智能［J］. 中国计算机学会通讯，2018（1）：42.

ligence，ANI，即弱人工智能）。尤其是1997年5月11日，国际商业机器公司（International Business Machines Corporation，IBM）的“深蓝”（DeepBlue）在六局比赛中以3.5：2.5击败当时世界上有史以来级别最高的国际象棋大师加里·卡斯帕罗夫（Garry Kasparov）。“深蓝”的胜利重燃起人们对于人工智能的兴趣，被称为“现代计算史上最为关键的时刻之一”。

其后，人工智能领域的研究硕果不断。2006年，辛顿提出深度置信网络，使深层神经网络的训练成为可能，这使得深度学习迎来“春天”。2011年，IBM的“沃森”参加《危险边缘》问答节目，并打败两位人类冠军，轰动一时。2012年，辛顿的学生艾利克斯·克里泽夫斯基（Alex krizhevsky）使用AlexNet，以大幅度的优势取得当年ImageNet图像分类比赛的冠军，深度神经网络逐渐开始大放异彩。同年，运用深度学习技术的谷歌大脑（Google Brain）通过观看数千段视频后，自发地找出了视频中的猫。2016年，Google DeepMind的“阿尔法狗”（AlphaGo）战胜世界顶级围棋高手李世石。2017年，“阿尔法狗”三局全胜中国棋手柯洁九段。“人机大战”中人类智能惨败于人工智能，引发了世人的忧虑，担心“人类是否要被机器人毁灭了”、人类是否会沦为人工智能圈养的“家猫”。不过，正是人工智能的现实化掀起对人工智能领域投资、研究和创业的空前热潮，创业投资人、科技巨擘以及政府部门都往人工智能领域注入巨量资金，促成人工智能与经济势能之间的化学反应，同时也为人工智能技术的蓬勃发展与应用供给强大动能。

第三节　人工智能的研发态势

人工智能的研发目标是使智能机器人能够逐渐摆脱人类的控制，根据外部环境的变化自动地调整或修正自己的“行为”，以适应外部环境或者满足人类的特定需要。这就要求人工智能必须具备深度学习能力，能够自主地从既有“经验”中学习，从而逐步模仿人类的认知能力。前已述及，当前人工智能发展的浪潮主要受益于深度学习的复兴和深化，深度学习是与其他所有机器学习方法类似，“用人类的数学知识与计算机算法构建起整体架构，再结合尽可能多的训练数据以及计算机的大规模运算能力去调节内部阐述，尽可能逼近问题目标的半理论、半经验的建模方式”（李开复、王咏刚，2017）。深度学习能够提供精确识别和预测的能力，在语音识别、行人检测和图像分割、强化学习等方面作用显著，“在强化学习中，一个自主的智能体必须在没有人类操作者指导的情况下，通过试错来学习执行任务”①。而人工智能恰恰是通过数据分析来为世界的某个方面建模，从这些模型中得到的推论被用来预测和分析未来可能发生的事情，养成自我感知、自我学习、自我决策、自我执行以及自我适应的能力。

一、人工智能发展的总体概况

得益于深度学习、大数据、大规模计算三位一体的联合驱动，人工智能迎来了前所未有的发展高潮，其势不可当地从封闭的实验室逐步走向开放的商业应用道路，它所蕴含的强大赋能效应，使智能思维、智慧工厂、智能设备、智能产品及智能管理等不断涌现，推动人类社会跨入智能时代，将人类从繁重的体力、脑力劳动中解放出来，使其获得更大的自由、取得更大的进步。“随着研发技术飞速进展，人工智慧深入医疗、金融等生活层面指日可待。可以预言，未来通过人工智慧科技可以更加迅速、有效提升并改变目前人类生活方式与创造崭新、多元空间环境。在人工智慧中，各种资讯科技如创新服务与风险管理、数位鉴识与数位安全、数位经济转型与数位能量、云端产业应用，物联网技术、产业与创新应用、翻转资安科技与资通安全管理法规、云端服务与云端鉴识、行动安全与云端鉴识服务、电子交易安全与个人资料保护、鉴识会计与舞弊侦防、云端鉴识与云端鉴识保全、云端安全服务与个人资料保护、资讯隐私与个人资料保护等样态，

① 古德费洛，本吉奥，库维尔．深度学习［M］．赵申剑，等译．北京：人民邮电出版社，2017.

呈现样式多元与新颖，大幅提升民众各样生活品质。”① 对此，长期关心人工智能技术发展的中国台湾学者廖俊威先生曾表示，“近年来人工智慧技术快速发展，越来越多企业想引入 AI 技术至生产线以及服务上，期望能让机器取代人力以节省人力成本，甚至是做出更加精确之决策，改善使用者体验，而在学术界 AI 技术也是热门的研究议题之一，众多学者提出适应不同情景的模型，与更加快速的训练方式，使 AI 成为未来最具发展性的技术之一”。②

综合来看，人工智能带来的社会积极效益多维且巨大。特别是在科研方面，人工智能计算可提供更先进的建模能力，成为多领域和新一波科研浪潮的催化剂；在商业方面，人工智能可提供额外机会，为企业组织创建集成的业务计算系统平台，并提供许多提升、转化和进入新的增长领域的机会；在国家发展方面，每一次巨大的技术革命，总是伴随着国家命运的兴衰交替，总有一些国家或政府能抓住历史赐予的机会，一跃而上，赢得一个相当长时期的昌盛国运（李彦宏等，2017）。

事实上，人工智能对社会发展的推动作用以及生产力的提升作用已经付诸实践。新一轮工业革命的本质是未来全球新工业革命的标准之争，各个国家都在构建自己的智能制造体系，其背后是技术体系、标准体系、产业体系。在经历三次工业革命后，发轫于德国的第四次工业革命（工业 4.0 时代）在智能思维和技术的推动下，使中国、美国、英国等世界主要国家自觉或不自觉地确立智能制造的发展战略。欧盟数字时代人工智能特别委员会（Artificial Intelligence in a Digital Age，AIDA）在发布的专项报告《数字时代的人工智能》中指出，“世界正处于第四次工业革命的边缘；与前三次浪潮相比，首先是蒸汽、电力，其次是计算机的引入，第四次浪潮的能量来自丰富的数据，结合强大的算法和计算能力；当今数字革命的形成取决于其全球的规模、快速的融合以及新兴技术突破对国家、经济、社会、国际关系和环境的巨大影响；这种规模的激进变革对社会各部分的影

① 林清汶．法律对于人工智慧科技之影响与规范［J］．台湾万国法律，2020（10）：38-43.

② 廖俊威．人工智慧技术发展［J］．中国台湾 C TIMES，2020（3）：82-86.

响不同，视其目标、地理位置或社会经济背景而定；必须在充分尊重基本权利的情况下，以数字技术为人类服务的方式进行数字转型；……数字革命同时引发了一场全球竞争，因为在投入最多资源用于人工智能应用研究、开发和营销的经济体中，积累了巨大的经济价值和技术能力”。

毋庸讳言，第四次工业革命之所以将智能制造作为核心，将实现生产活动的高度整合和系统自身的智能化作为最终目的，恰恰是考虑到“生产力的进一步升级和解放导致生产过程和商业活动的复杂性和动态性已经超越了依靠人脑加以分析和优化的能力，因此，需要依靠智能化的技术代替人的智能进行复杂流程的管理、庞大数据的运算、决策过程的优化和行动的快速执行”。①

例如，英国在2017年11月发布的《产业策略白皮书》将人工智能视为未来发展的四大挑战之一，强调推动产业人工智能化，营造优质工作环境，建立合理薪酬制度，加强揽才及留才，投入公共资源加速数据及数据基础设施升级，营造友善的创新环境，确保英国成为最适合人工智能创新发展的所在地，并通过场域据点或人工智能部落，促进全英地区繁荣发展。其后，为了将英国建设为人工智能领先国并回应产业发展需要，英国商业、能源及产业策略部与数据、文化、媒体及体育部在2018年4月共同发布了《人工智能产业协议》，将人工智能发展定位为产业发展政策的重要一环，聚焦特定优势领域（如医疗聚焦数字病理影像），将政府公共服务打造成重要的人工智能导入试验场，设立如医疗领域的卓越研究中心等主题式研发中心或智能平台，以期通过公私伙伴关系的理念，抢占人工智能发展先机（欧宜佩、林佑亮，2019）。2023年3月29日，为最大限度地发挥人工智能带来的社会效益，鼓励人工智能在值得信赖的前提下不断创新发展，英国发布《促进创新的人工智能监管方法白皮书》（*A Pro-innovation Approach to AI Regulation*）。该白皮书充分肯定人工智能技术的力量和潜力，指出“人工智能已经在许多领域提高了工作效率并取得了重大进展。从监控交通以使

① 李杰．工业大数据：工业4.0时代的工业转型与价值创造［M］．邱伯华，等译．北京：机械工业出版社，2019：7.

我们的通勤更顺畅的系统，到检测银行账户欺诈的系统，人工智能悄悄地自动化了我们日常活动的各个方面。人工智能彻底改变了工业中的大规模安全关键实践，如控制核聚变过程。它还被用来加速科学进步，例如带来新的医学发现或应对气候变化所需的技术。但这仅仅是一个开始，人工智能可以在各种各样的环境中使用，并具有改变社会和经济的非凡潜力。它可以产生与电力或互联网一样大的影响，并已被确定为英国科学技术框架中的五项关键技术之一。随着人工智能变得越来越强大，创新者开始探索使用它的新方法，我们将看到更多人工智能应用的出现。因此，人工智能在推动经济增长和创造就业机会方面具有巨大潜力。它将通过帮助提高劳动力效率和工作场所的安全性，支持人们从事现有工作。大型语言模型（Large Language Model，LLM）等技术的进步表明了尚未到来的变革性发展。大型语言模型为改变经济和社会提供了巨大的机会。例如，大型语言模型可以自动编写代码，同时修复编程错误。这项技术可以通过识别基因序列和医疗条件之间的联系来支持基因医学。它可以支持人们从冗长的文档中回顾和总结关键点”。同时，白皮书也特别注意到，“尽管生成人工智能模型能力的最新发展创造了令人兴奋的机会，但它们也引发了关于潜在人工智能风险的新辩论。随着人工智能研发速度和规模的持续发展，我们预计会看到更大的影响，同时公众对人工智能风险的意识也会增强”，进而提出对人工智能制定一个适度的、有利于创新的监管框架。

除去商业方面的运用，作为第四代工业革命的关键推力，人工智能技术正全面地重塑当代社会，在公平与正义、武力使用、安全和认证、隐私和权力、税收和劳动力取代、智慧电网与自动驾驶这些理念价值、产业发展甚至生活日常中，都发生着巨大变化（Calo Ryan，2017）。①

同时，人工智能正逐步改变世界各国政府提供公共服务的方式，改变公民与政府的互动模式，在社会治理特别是政府公共治理方面发挥出巨大优势，在提供

① Calo R. Artificial Intelligence Policy：A Primer and Roadmap［J］. University of Bologna Law Review，2018（2）：180-218.

政府部门绩效评估与营运管理技术支持、提升公民服务品质、精进管制性政策、强化公共政策决策的品质等面向表现出巨大应用潜力。当前，各国政府已开始在其营运和服务中导入人工智能以提高效率、节省时间和经费、提供更高品质的公共服务。人工智能能够帮助政府在短时间内找出人类分析师受规模、复杂性或其他因素限制而可能遗漏的资料关联与趋势，并提升政府运作效率。正因如此，人工智能被学者认为是未来增强政府公共治理效能最具潜力的工具，它不仅可结合政府资料开放文字及数据资料，增加政策透明度，进而分析民众对公共政策的意见并促进公民参与，降低分析成本，而且也可提升政府服务品质。①

当前，基于算法、模型、规则生成文本、图片、声音、视频、代码等内容的生成式人工智能技术被开发并投入应用场景，美国开放人工智能研究中心开发的聊天生成预训练转换器（ChatGPT）是最广为人知的一个例子。2023 年 12 月，中国国家自然科学基金委员会发布的“生成式人工智能基础研究”专项项目申请指南指出，“生成式人工智能正在成为信息化、数字化、智能化的新型技术基座，特别是以大语言模型为代表的生成模型拥有强大的知识编码和储存能力、文本和代码理解及生成能力，以及复杂任务的推理能力，被认为是有可能实现通用人工智能的技术路线之一，有望成为推动新一轮科技变革、经济发展的重要技术，对科学和社会产生深远的影响”，亟待加强生成式人工智能的基础理论创新、关键技术突破等方面的系统性原创性的基础研究。② 当然，生成式人工智能技术的发展也可能因人工智能被滥用于诈骗、造谣以及伪造身份等行为而带来造假风险，这引起了人们对其生成物真实性和客观性的质疑和担忧，“生成式人工智能改变了网络空间的信息生成模式，由人工智能生成的虚假信息不仅数量庞大且有高拟真性，有严峻的虚假信息风险，亟须从把握发展与安全平衡的角度提出生成

---

① 丁玉珍，林子伦．人工智慧提升政府公共治理的应用潜力探讨［J］．台湾档案半年刊，2020（2）：24-41.

② Matthew B. The Disruptive Impacts of Next Generation Generative Artificial Intelligence［J］. Computers, Informatics, Nursing, 2023, 41（7）：479-481.

式人工智能虚假信息风险的治理方法”①。此外，Longoni 等（2021）的研究也表明，一个关键问题是，人们是否相信来自人工智能的内容和来自人类的内容一样多。随着时间的推移，人们对（人工生成的）新闻媒体的信任度一直在下降，人工智能被视为缺乏人类的欲望和情感，这表明人工智能新闻可能被视为更准确。与此相反，在美国进行的两个有代表性的样本预先注册的实验表明，人们认为人工智能产生的新闻不如人类产生的新闻准确。当新闻条目被标记为由人工智能产生（与人类相比），当它们实际上是真实的，人们更有可能错误地认为它们是不准确的，当它们确实是错误的，更有可能正确地认为它们是不准确的。这些结果对实验范式（单独和联合评估）、新闻项目（实际准确性，年龄）和一些被试特征（如政治倾向）具有稳健性”②。正因生成式人工智能技术存在负面影响，为促进生成式人工智能技术健康发展和规范应用，国家互联网信息办公室于 2023 年 4 月发布了《生成式人工智能服务管理办法（征求意见稿）》，以此加强对生成式人工智能技术研发和运用的法律规范和监管。

二、人工智能发展的中国实践

作为后发赶超型国家，中国深刻意识到人工智能对于经济社会发展的重大时代性、战略性价值。2018 年 10 月，在中国共产党中央委员会政治局（以下简称中共中央政治局）就人工智能发展现状和趋势举行第九次集体学习时，习近平总书记指出：“人工智能是引领这一轮科技革命和产业变革的战略性技术，具有溢出带动性很强的‘头雁’效应。”“加快发展新一代人工智能是我们赢得全球科技竞争主动权的重要战略抓手。”事实上，早在举世瞩目的“人机大战”柯洁投子认输后的两个月，国务院即出台《新一代人工智能发展规划》，把人工智能提高到国家战略层面进行系统布局，提出中国人工智能发展的“三步走”战略目

① 漆晨航．生成式人工智能的虚假信息风险特征及其治理路径［J］．情报理论与实践，2024（3）：112-120.

② Longoni C，Fradkin A，Cian L，et al. News from Artificial Intelligence is Believed Less［J］. SSRN Electronic Journal，2021（6293）.

标；同年12月，中华人民共和国工业和信息化部（以下简称工信部）发布《促进新一代人工智能产业发展三年行动计划（2018—2020年）》；中华人民共和国科学技术部（以下简称科技部）于2019年6月发布《新一代人工智能治理原则——发展负责任的人工智能》，要求更好地协调人工智能发展与治理的关系，确保人工智能安全、可控、可靠；为应对2020年全球公共卫生事件的冲击，党中央、国务院将新型基础设施建设上升为国家战略，其中重要的一项就是人工智能；2020年7月27日，中央五部委联合印发《国家新一代人工智能标准体系建设指南》，强调要加强人工智能领域标准化顶层设计，推动人工智能产业技术研发和标准制定，促进产业健康可持续发展。[①] 2021年4月，中华人民共和国全国人民代表大会常务委员会（以下简称全国人大常委会）在发布的年度立法工作计划中明确提出“加强数字经济、互联网金融、人工智能、大数据、云计算等新技术新应用涉及的相关立法工作，营造健康发展的法治环境”。2022年3月，中共中央办公厅、国务院办公厅印发了《关于加强科技伦理治理的意见》，明确要求重点加强人工智能领域的科技伦理立法研究，及时将重要的科技伦理规范上升为国家法律法规。考虑到人工智能治理和监管的全球化形势，2023年10月，习近平主席出席第三届“一带一路”国际合作高峰论坛开幕式并发表主旨演讲，亲自宣布中国提出《全球人工智能治理倡议》，系统回答了为什么要加强人工智能全球治理以及如何治理的问题，提出保障人工智能健康发展的中国方案。[②]

为实现人工智能产业高质量发展，提升产业链、供应链现代化水平，《中华人民共和国国民经济和社会发展第十四个五年规划和2035年远景目标纲要》明确提出“发展算法推理训练场景，推动通用化和行业化人工智能开发平台建

① 尤其值得注意的是，2018年10月，中共中央政治局专门就人工智能发展现状和趋势举行第九次集体学习，习近平总书记在主持学习时指出，“人工智能是新一轮科技革命和产业革命的重要驱动力量，加快发展新一代人工智能是事关我国能否抓住新一轮科技革命和产业变革机遇的战略问题”，并强调“人工智能是引领这一轮科技革命和产业变革的战略性技术，具有溢出带动性很强的‘头雁’效应”。参见习近平在中共中央政治局第九次集体学习时强调 加强领导做好规划明确任务夯实基础 推动我国新一代人工智能健康发展［EB/OL］.［2018-10-31］.http：//www.gov.cn/xinwen/2018-10/31/content_5336251.htm.

② 和音.引领全球人工智能治理的中国强音［N］.人民日报，2023-10-28（3）.

设”，并要求在前沿基础理论、专用芯片、深度学习框架等前沿领域重点攻关，实施一批具有前瞻性、战略性的国家重大科技项目。2022 年 10 月，党的二十大报告也强调，“推动战略性新兴产业融合集群发展”，构建一批包括新一代信息技术、人工智能等在内的新增长引擎，以推进经济社会高质量发展。2023 年 12 月，中央经济工作会议肯定“经济创新实现新的突破……人工智能、量子技术等科技新赛道处在世界第一梯队”，强调“以科技创新引领现代化产业体系建设”，要求以科技创新推动产业创新，特别是以颠覆性技术和前沿技术催生新产业、新模式、新动能，发展新质生产力。“大力推进新型工业化，发展数字经济，加快推动人工智能发展……广泛应用数智技术、绿色技术，加快传统产业转型升级。”这是继 2022 年中央经济工作会议首次提出加快新能源、人工智能、生物制造、绿色低碳、量子计算等前沿科技研发和应用推广后，中央经济工作会议在明确肯定我国过去数年人工智能技术和产业发展成绩的基础上，以“加快推动”的强力政策支持人工智能发展，不断释放人工智能在我国经济社会高质量发展以及现代国际竞争中的巨大价值和动能。① 值得注意的是，近两年来，我国高层在人工智能发展基调上经历由“安全发展”向“加快推动”的转变，2022 年中央经济工作会议首次提到了“人工智能”，在 2022 年 4 月的政治局会议上，高层对人工智能首次重点着墨，提到了“要重视通用人工智能发展”，但同时也提到了要“重视防范风险”。2022 年 7 月的政治局会议再次提到了“人工智能”，延续了安全发展的思路，指出“促进人工智能安全发展”。但是，2023 年中央经济工作会议对人工智能的表述演化为了“加快推动”。想来这也是我国决策层更加注意到人工智能技术在促进经济社会高质量发展以及增强我国国际竞争力方面的重要作用，人工智能是实现“弯道超车”的重要技术支撑和依凭。

在国家决策层的高度重视及政策红利的双重激励下，中国人工智能发展迅猛，中国已成为当之无愧的“人工智能超级大国”之一，形成头部区域牵引、百花齐放的发展格局，正稳步走向规模化落地阶段，语音识别、视觉识别技术世

① 本报评论员．准确把握明年经济工作的总体要求和政策取向［N］. 人民日报，2023-12-15（1）.

界领先，自适应自主学习、直觉感知、综合推理、混合智能和群体智能等领域初步具备跨越式发展的能力。① 由国家人工智能标准化总体组、全国信标委人工智能分委会指导，中国电子技术标准化研究院组织编写的《人工智能标准化白皮书（2021 年版）》也指出：在政产学研用各方共同努力下，我国人工智能产业发展的成果显著。一是创新能力不断增强，图像识别、智能语音等技术达到全球领先水平，人工智能论文和专利数量居全球前列；二是产业规模持续增长，京津冀、长三角、珠三角等地形成了完备的人工智能产业链；三是融合应用不断深入，智能制造、智慧交通、智慧医疗等新业态、新模式不断涌现，对行业发展的赋能作用进一步凸显。当然，我国人工智能产业发展也面临着不少困难和挑战，如底层技术存在较大欠缺、能够实现商业价值的应用较少、与实体经济的融合存在较高门槛等。

此外，中国新一代人工智能发展战略研究院发布的《中国新一代人工智能科技区域竞争力评价指数（2023）》也指出，在当代中国，随着新基础设施计划的实施、消费互联网的升级和产业互联网的启动，人工智能科技产业开始步入全面融合发展的新阶段。其中，融合产业部门的发展成为未来影响人工智能区域产业竞争力的关键变量；应用场景的开放、产业智能化创新生态的形成、数据生态优势的提升和政产学研协同创新机制的发展，是决定人工智能科技产业区域发展和竞争格局的关键。

第四节　人工智能的社会挑战

如张康之先生论及“信息技术的挑战”时所言，“一种社会因素的资源价值

① 中国产业研究院 . 2020—2025 年中国人工智能行业全景调研与发展战略研究咨询报告［EB/OL］.［2020-09-29］. http：//www. chinairn. com/hyzx/20200929/142733198. shtml.

被发现并得到广泛利用，促进了社会发展，甚至使社会实现了一次巨大飞跃。不仅社会结构、运行方式以及人的行为模式都会因此而发生重大变化，而且观念、文化以及生活方式等也会随之发生相应的变化，所遇到的社会问题也会是一些新的问题。从历史经验来看，在每一次社会变革中，社会治理及其制度所发挥的都是阻碍作用。因为，社会治理任何时候都表现出了维护既有秩序的热情，而不是从善如流地适应社会变革，更不用说主动地为社会变革开启道路了。这就是在每一次人类社会进入变革期的时候总会出现动荡和冲突的总根源，是社会与社会治理间的矛盾和冲突导致了其他各种各样的冲突”①。这一深刻的经验总结也同样适用于人工智能技术的兴起与发展对社会提出的挑战以及治理之道。

2023 年 5 月，美国国家人工智能咨询委员会（The National AI Advisory Committee，NAIAC）发布《第一年度报告》，美国国家人工智能咨询委员会主席米里亚姆·沃格尔（Miriam Vogel）、副主席詹姆斯·曼伊卡（James Manyika）在致时任美国总统拜登的信中明确肯定人工智能技术的强大性、前瞻性以及其给国民生活、国家治理等带来的巨大进步性效益，“将人工智能称为我们这个时代最强大和最具变革性的技术之一已基本成为共识。从日常任务的自动化到协助实现医疗突破，人工智能正在重塑我们的社会并开拓新的机会。人工智能有可能帮助个人、组织和社区，并实现重要的创新。人工智能还可以帮助解决社会所面临的最紧迫的挑战，如气候变化和早期癌症检测。人工智能曾经主要在学术研究领域被讨论，但它现在已经并将继续对几乎所有行业和我们生活的各个方面产生深远影响”。与此同时，他们也深刻地指出人工智能在发展中面临的治理必要和困境，“虽然我们的委员会成员对人工智能将给个人、社区、我们的经济和国家带来的机会充满热情，但我们也意识到，这项技术并非没有潜在的后果性缺陷、复杂性和风险。人工智能应用程序很容易出现错误和受到攻击，破坏公众的信任，并可能违反我们的法律和规范。此外，人工智能可能被个人和组织滥用，造成重大伤害，如网络入侵或错误信息的传播。人工智能系统中的偏见可能会加深现有的机

① 张康之．启蒙，再启蒙［M］．南京：江苏人民出版社，2020.

会和可得性方面的差异，并导致规模化的歧视，对代表性不足的社区构成不成比例的影响。由人工智能导致的隐私和安全问题仍然是一个重要的问题”。对此，本书深以为然！在本书看来，人工智能的赋能效应催进人工智能与社会多领域的深度融合，使得社会生产生活方式面临智能化变革，但天使与魔鬼往往仅一线之隔，人工智能固然极大地解放了人类、便利了人类生活与生产，但自其起源开始，“人工智能将取代人类”“成为人类的对手”“剥夺人类就业机会”等声音便不绝于耳，其内含的对人类社会的危险与挑战同样不可小觑。

一、人工智能发展对社会挑战的缘起

早在1863年，英国反传统作家塞缪尔·巴特勒（Samuel Butler）在《机器中的达尔文》一文中，就表达了将来有一天智能机器势不可当的发展会最终取代人类的忧虑。这篇早期作品的中心，已显现出日后科幻小说的诸多主题和警告，也点明了维多利亚时期人们的一种焦虑，即担心技术会对人类价值构成威胁。[①] 1920年捷克作家卡雷尔·卡佩克（Karel Capek）创作的《罗苏姆万能机器人》也是一部描绘机器叛乱并最终消灭人类的经典文学作品，正是这部作品发明了“机器人”（robot）这个词（源于捷克语中的“robota”，意为“强迫的劳动力”）。应当说，人工智能系人类研发出来帮助人类处理又脏又危险又枯燥的“3D”（Dirty；Dangerous；Dull）和那些人类不喜欢的、有辱身份的、让人力竭的、可憎恶的“4D”（Dislike；Demeaning；Draining；Detestable）工作的，它们让人类得以从烦琐的工作中脱身去做更加复杂和更有价值的工作。[②] 但是，人工智能威胁论一直伴随人工智能的变迁，并随着人工智能的落地应用而逐渐从科幻小说中的假想变成现实生活中的种种挑战。

许多走在人类文明前沿的专家学者颇有共识地给出忠告：发展人工智能的最大危险可能在于，社会资源分配严重不均，让原本就不公平的人类社会，更不公

① 扬克．机器情人：当情感被算法操控［M］．布晚，译．上海：文汇出版社，2020：235.
② 瑞希．人工智能哲学［M］．王斐，译．上海：文汇出版社，2020.

平，进而引发阶级对立、社会动乱、政治崩溃。如李开复博士所提出的，人工智能时代真正的危机在于严重的失业问题，以及未来庞大财富将落入新崛起的人工智能巨擘手中，形成“赢家通吃”的格局，导致财富分配严重不均衡的问题。[①] 当代日本著名史学家 Yuval Noah Harari 也担忧道：“投入一分钟、一分钱在人工智能发展的同时，我们是否也投入了一分钟、一分钱在人类意识的提升?”[②] 但就本书关注的主题而言，人工智能对伦理与道德、法律与法规、安全与国际准则等方面的挑战更为突出。

二、人工智能发展对伦理道德的挑战

在伦理与道德方面，随着以人工智能为技术支撑的人脸识别系统的广泛使用，人们将因隐私暴露无遗而成为“透明人”，人类将如何应对这一窘境呢？例如，当今许多人工智能工具都存在“黑箱”般的不透明性，对于先进神经网络与基因算法，人类操作者很久以前就不再试图理解其有效执行复杂任务的程序与流程，那么当人工智能在执行任务过程中损及人类利益时，该如何精准地确定其中的因果流程、找寻到真正的责任承担者呢?

人工智能所存在的包括刑事风险在内的负面效应正是源自于人工智能在自主处理目标任务时发生的程序运行偏差，或者程序紊乱，又或者是通过深度学习或者其他技术原理获得自己的独立“意识”，使其无法如其人类操控者所预期的那样实现当初的设定目的。具备独立意识和独自应对复杂环境能力的人工智能对社会的挑战将更甚从前。诚如美国人工智能研究者所言，“当机器人配备了人工意识，它们将不再就如何反应和行动这样的问题与我们进行商量，更糟糕的是，它们有可能与人类进行对抗。此外，机器人可能无法具有人类进行了数千年才有的微妙的良知意识，不会有人与生俱来的是非观念，也不懂人生观是个什么样的概念。如果没有给机器人编制对人类友好的程序，那么它们很可能像精神病人一样

① 李开复 . AI · 未来［M］. 杭州：浙江人民出版社，2018.

② Yuval Noah Harari. 21 世纪的 21 课堂［M］. 林俊宏，译 . 台北：天下文化出版公司，2018.

行事，可能会对人类实施毁灭性行为”①。欧盟数字时代人工智能特别委员会发布的《数字时代的人工智能》也专门就以人工智能为技术支撑的深度伪造指出可能带来的“公众对人工智能的广泛不信任”：“人工智能技术还可能包括人工智能驱动的恶意软件、身份盗窃、数据中毒或其他形式的对抗性机器学习，导致其他人工智能系统误解输入；特别要指出的是深度伪造的增加。深度伪造不一定是网络攻击，但会导致人们对包括视频在内的所有数字内容的真实性产生怀疑，因此需要特别关注透明度要求；深度伪造可能助长公众对人工智能的广泛不信任，以及我们社会内部更深层次的社会政治两极分化。”

值得注意的是，关于人工智能发展带来的伦理挑战，人工智能伦理学专家郭锐博士提出“人工智能伦理的终极困境”命题，表示“在人工智能领域，创造秩序的危机是讨论伦理问题的根本原因，人工智能最直观的必要性，来自人类对未知、强大之物的恐惧。……站在一场技术革命的入口处，人类所恐惧的是秩序的颠覆：伊甸园中的亚当和夏娃被魔鬼描述的分辨善恶树的果子所诱惑，上帝的秩序因此被颠覆。如果说人类对人工智能的恐惧不是因为机器做出不利于人的决策，而是机器代替人决策本身，那么我们也许可以看到人工智能伦理的终极困境是对创造秩序的颠覆。今天，面对一个被自己创造的技术反噬的可能性，人类不得不重新思考个人自我认知、人际关系、个人与经济组织、个人与国家关系的变化等一系列的问题”。在他看来，以创造秩序的思考为前提，我们看到人工智能伦理的两大难题：①因果联系难题：人工智能被委以对人类事务做决策的能力，但它对决策结果的伦理判断能力不足；②终极准则难题：由于缺乏引导人工智能发挥作用的终极道德准则，人工智能难以在互相冲突的决策之间权衡。产生上述两个难题的根本原因是人工智能相对于人的局限。②

2023 年 12 月，中国信息通信研究院知识产权与创新发展中心同科技伦理研

① 巴-科恩，汉森．机器人革命：即将到来的机器人时代［M］．潘俊，译．北京：机械工业出版社，2016：182-183.

② 郭锐．人工智能的伦理与治理［M］．北京：法律出版社，2021：13-14.

究中心共同发布《人工智能伦理治理研究报告（2023）》，该报告在总结分析人工智能伦理治理相关特点的基础上，对人工智能生成内容、自动驾驶、智慧医疗三个典型应用场景的伦理风险进行分析，并结合国内外人工智能伦理治理实践，提出人工智能伦理治理的四点展望。在“人工智能伦理挑战”部分，研究报告指出，“目前，人工智能引发的伦理挑战已从理论研讨变为现实风险。根据 OECD AI Incidents Monitor 的统计，仅 2023 年 11 月，人工智能事件就超过了 280 件。对人工智能伦理问题的关切覆盖人工智能全生命周期的各个阶段，需要从技术研发和应用部署层面分析评估人工智能伦理风险”。研究报告还按照人工智能全生命周期各个阶段的具体特征分析人工智能伦理风险的内容和表现。具体来说，在技术研发阶段，由于人工智能技术开发主体在数据获取和使用、算法设计、模型调优等方面还存在技术能力和管理水平的不足，因此可能产生偏见歧视、隐私泄露、信息错误、不可解释等伦理风险。[①] 在产品研发和应用阶段，人工智能产品所面向的具体领域、人工智能系统的部署应用范围等将影响人工智能伦理风险的程度，并可能产生误用滥用、过度依赖、冲击教育与就业等伦理风险。[②] 最后，研究报告还提到，“包括隐私泄露、偏见歧视、产生虚假错误信息、归责不明等伦理风险的发生原因既可能产生在研发阶段，也可能产生于应用阶段，甚至是两者叠加产生的负面后果。识别人工智能伦理风险需要进行全生命周期的评估”。

---

① 其中，偏见歧视风险是指由于训练人工智能的数据集存在有偏见内容、缺乏多样性等数据集质量问题，以及算法对不同群体进行了非公平性设计等，产生歧视性算法决策或内容输出。隐私泄露风险是指使用未经同意的个人数据进行模拟训练，使模型输出内容可能产生侵犯隐私的风险。错误信息风险主要发生在人工智能基础模型中，由于大模型是根据前序文本对下一个词进行自回归预测生成，预测内容受前序文本影响较大，大模型可能产生“幻觉”（Hallucination），继而生成错误且不可靠的内容。不可解释风险是指人工智能算法的复杂性和“黑箱性”，导致人工智能决策原因和过程的无法解释。

② 其中，误用滥用风险是指由于人工智能技术使使用便利度提高、任务完成能力增强，人工智能容易被用于不当任务的风险，具体包括快速生成大量虚假内容、生成恶意代码、被诱导输出不良信息等。过度依赖风险是指由于人工智能技术能力的提升，使用者对人工智能产生过度的依赖和信任，包括在未进行事实核查的情况下采信大模型生成内容，甚至因长时间交互产生情感依赖等。冲击教育与就业风险是指人工智能便捷性的提升，使学生可以借助机器完成作业论文，这影响了教育学习的基本方法，而青少年与人工智能广泛地直接互动也可能带来心理健康风险。同时，人工智能的就业冲击已不仅限于数字化替代，还可能冲击从事艺术、咨询、教育等领域的专业人员，加速教育投入的折旧，引发进一步的就业替代冲击。

三、人工智能发展对法律制度的挑战

人工智能发展对法律制度所带来的挑战也引起了社会各界的广泛关注。例如，马长山教授就当前信息革命与法学理论研究的互动关系提出，“在这场信息革命中，互联网、大数据、云计算、区块链、人工智能等空前地改变了人类的生产方式、生活方式、社会结构、社会关系和价值观念，塑造了一个全新的数字时代和智慧社会，形成了与其相应的法律关系和价值原则，不断颠覆和重建着现代性的法律体系。因此，法学理论就必须积极回应这场深刻变革，在挑战中抓住机遇，走出一条自主创新的中国法学发展之路”①。

值得注意的是，杨延超教授围绕“人工智能语境下法律制度全面转型”，提出在人工智能的新型关系中，传统的“过错责任原则”将彻底迭代为“产品质量责任原则”，即传统条件下，由于是人在提供服务，人的过错将成为整个法律体系中至关重要的关键词。“过错责任原则”成为侵权法中至关重要的法律原则。即便在违约合同关系中，人的过错也成为判断企业是否违约的关键。在机器医疗案件中，法庭争议的重点不是医生的医德与过失，而是手术机器人是否存在质量问题。在无人驾驶事故中，司机的酒驾等概念已经彻底消亡，取而代之的是车辆的产品质量问题。在智能投顾的场景下，机器人理财顾问的算法也将成为争议各方关注的焦点所在。

“证明一个机器人是否合格，比证明一个人是否有过错要复杂得多。尽管更复杂，但是要解决法律纠纷，又无法回避”，因此，机器人是否好用、机器人是否达到法律规定的安全标准等问题将成为法庭上激烈争辩的新话题。然而机器人的算法又被称为像“黑洞”一样的存在，即便有技术专家的说明，但要梳理清楚其间的责任分配，依然需要花费巨大的司法资源和成本（杨延超，2019）。中国台湾学者也注意到人工智能发展对法律伦理价值的挑战，“当人工智慧科技法律不断地蓬勃发展，日益精进可以取代大量人力，商业交易形态与犯罪形态势将

① 马长山．迈向数字社会的法律［M］．北京：法律出版社，2021.

作出调整与变化。所谓‘法与时转则治’，法律尤须不断配合时空之变化因应与变更。设若人工智慧科技不断提升，达到无所不能地步，如有朝一日可将人类之脑部移植，让即将老化身躯大脑移植于年轻人身躯，则该脑之生命随着身体不断调整变化，则我们如何对待未来生命与新生躯体之人？主宰脑部的爷爷躯壳外型刹那间或可成为孙子辈外形而具有爷爷的脑，吾人又将如何视之与对应？科技如果不以法律制约人类伦理关系，无疑人机将遭受到空前挑战与溃堤；或如大量制造机器人投入于战争中，或破坏社会秩序危害社会安宁，人工智慧一旦沦于歹徒所掌控，乘机制造破坏超越现状之不法情事，将是人工智慧科技发展或可能面临之灾难，值得深思”①。

另外，人工智能技术的不断应用推广客观上也给人权保障带来了新的巨大挑战。美国哈佛大学约翰肯尼迪政府学院 Carr 人权政策中心主任马蒂亚斯·里塞（Mathias Risse）就将人工智能时代的人权保障作为“一个亟待解决的议题”，并从短期、中期、长期的角度来分析这些挑战：“短期挑战包括科技参与《世界人权宣言》涵盖的所有权利的方式，例如有效的歧视性算法的使用。中期挑战包括工作性质的变化，这种变化可能会引起对很多人社会参与者地位的质疑。从长期来看，人类可能不得不与在智力上和在道德上更优越的机器共存，即使这只是高度推测性的。人工智能也赋予了曾经被许多人认为晦涩的道德辩论新的关联性”。尽管这些挑战有的已经现实存在，有的则可能在相当长时间后才会出现，有的甚至不会出现，但这都不能影响人类对人工智能关注的必要性和正当性。正如里塞所言，“人类社会有充分的理由将人工智能置于其关注事项的首位”②。

四、人工智能发展对国家安全的挑战

人工智能在国家安全领域的应用赋能及其带来的巨大挑战也同样引人注目。人工智能具有强大的预测规划和信息处理能力，已经并将在军事情报收集、军队

① 林清汶．法律对于人工智慧科技之影响与规范［J］．台湾万国法律，2020（10）：38-43.

② 里塞．人权与人工智能：一个亟待解决的议题［J］．人权，2019（5）：76-90.

后勤物流服务、自主武器系统与指挥和控制系统研发运用、网络攻防甚至电子战中得到广泛运用。可以毫不夸张地说，“人工智能技术的重大突破性进展为高水平国家安全的实现提供了强大动力”①。在当今以及未来相当长的时期内，人工智能将成为世界主要国家国家安全的重要竞争方面以及角力的主要场域。

近年来，随着人工智能技术的蓬勃发展，世界主要国家纷纷将人工智能发展纳入国家安全战略。2017 年 12 月，时任美国总统特朗普将保持美国在包括人工智能在内的新技术领域的领导地位确立为国家目标，并在其国家安全战略中明确提出，“美国的竞争对手运用人工智能、机器学习等技术手段收集、分析信息与情报的能力不断提升，正严重威胁着美国的国家安全，因此强调要加快发展人工智能、自动驾驶汽车和自主化武器”。实际上，在当年早些时候，美国权威智库哈佛大学贝尔佛科学与国家事务中心就发布了题为“人工智能与国家安全”的报告，深入探讨了人工智能与国家安全的关系，围绕确保人工智能技术领先、支持人工智能和平应用和商业应用、降低灾难性风险三大目标给出了 11 项具体建议（科技部，2018）。受其影响，美国国防部成立协调人工智能开发、实施和部署的联合人工智能中心（Joint AI Center，JAIC），并发布重在利用人工智能技术促进国家安全和繁荣的人工智能战略。

俄罗斯也充分认识到人工智能对国家经济和国防实力的重要性，并于 2019 年专门为人工智能制定了一项国家战略，强调到 2030 年，俄罗斯计划用自主机器人和遥控系统取代约 30%的军队。为此，俄罗斯政府成立高级研究基金会，俄罗斯军队开始研究人工智能的各种应用，重点是自主和半自主武器，并计划在陆地、海上和空中交通工具上实施人工智能。

英国国防部 2018 年 12 月的一份报告包括：扩大人工智能的使用，以应对军事威胁和不断变化的战争局势。该领域的军事项目之一是自治项目（Autonomy Program），该项目探索可能产生最大军事影响的新技术，并在开发算法、人工智能、机器学习和下一代自治军事系统领域开展工作。德国于 2018 年 11 月通过了

① 肖晞，王一民．人工智能赋能国家安全：理念、机理与路径［J］．探索，2023（6）：53-66.

人工智能国家战略，将德国和欧洲定位为技术开发和使用的领导者，力图确保未来德国相对于其他竞争对手的竞争力。

此外，人工智能对国家间意识形态安全也带来了不可忽视的挑战。“国家间的意识形态安全和不同文明间的意识形态冲突，都将面临人工智能意识形态的共同挑战，所有国家和国家间的意识形态安全和意识形态安全政策与战略都将被改写和重新制定。人工智能时代的文化和意识形态安全构成了一个人类安全的新时代。”①

五、人工智能发展对社会挑战的根源

在本书看来，归根结底，上述挑战大多是人工智能不可靠性的表现，最终源自于人工智能自动性所带来的不确定性。诚如学者所言，“严格的精确性和确定性在实际应用中很少存在，现实世界中的事物以及事物之间的关系是极其复杂的，客观上存在随机性、模糊性，某些事物或现象暴露不充分性，导致人们对它们的认识往往是不精确、不完全的，具有一定程度的不确定性。因此，大多数任务都需要对不确定知识和数据进行处理，比如，人类专家在做出判断时所用的数据可能是不可靠的，有些是不可信的，有些是不完全的，解释这些数据的某些知识也可能是不可靠的，这些情况在解释、预报、诊断等任务中经常遇到。人工智能就是利用人类的知识解决现实世界中的问题，因此必然遇到知识的不确定或不精确问题”②。毋庸讳言，在人工智能发展过程中，不确定性曾经是人工智能走出寒冬的重要法宝，是推动人工智能穿越荆棘获得蓬勃发展的内在原因，“越来越多的科学家相信，不确定性是这个世界的魅力所在，只有不确定性本身才是确定的！正是在这样的背景下，混沌学、复杂性科学和不确定性人工智能得到了蓬勃发展”③。然而，“人工智慧，不仅依凭其自动性，持续拓展人类社会自动化的范围，更拜软硬体持续进步之赐，全面提升人工智慧系统的能力，使之能够更趋

① 胡惠林，胡霁荣．国家文化安全与治理［M］．上海：上海人民出版社，2019：453.

② 董洁．计算机信息安全与人工智能应用研究［M］．北京：中国原子能出版社，2022：131.

③ 李德毅，杜鹢．不确定性人工智能［M］．北京：国防工业出版社，2014.

完美地执行人类指令。与此同时，级别较高、能力较强的人工智慧，在自动性之外，产生某种程度的‘自主性’，能够独立进行判断及行动，人工智慧的自主性表现，固然是人类科技文明的进步，但也增加人工智慧的不确定性，其潜在风险亦伴随提升”①。人工智能之所以具有改写人类文明的强大动能，关键在于人工智能的自主性与不确定性，而正是其不确定性的特质使人工智能超逸人类的既有控制和约束，进而诱发诸多不确定性挑战。

人工智能的不确定性特征犹如人类所具有的非理性特征。人类具有非常突出的非理性特征，而这种非理性特征恰恰是人类的独特品质和推动人类进化的重要动力。正如美国学者刘易斯·芒福德所言，“稍加观察就会发现，人类发展进化过程中显然呈现出一种长期取向：犯错误、调皮捣蛋、祸害别人、胡思乱想、错觉幻觉，以及所谓‘原罪’，甚至还有社会性的非理性行为。……人类在逃离生物学上的凝固不动的、不发展不进化命运的同时，却丧失了与生俱来的人性以及精神稳定性；而这些稳定感却是其他一些不像人类那么幸运的物种所都能享有的。人类在告别那些最为古怪反常的动物取向的同时，当然也打开了通往进化的宝贵新领域，这是数十亿年纯粹生物进化历史从未尝试和探索过的新前景”。② 人类为便于自身的生产与生活，创造具有人类智能之人工智能，而正是因为人工智能系对人类智能的模仿和模拟，其内含类似人类非理性特征的不确定性。

“不确定性人工智能是人工智能进入21世纪的新发展方向，其研究目的是使机器能够具备人脑一样对不确定性信息和知识的表达能力、处理能力和思维能力。”③ 在实际运行中，人工智能的不确定性既是人工智能技术的发展方向和趋势，也构成人工智能“智能”的内核，使人工智能能够适应环境变化而自我判断、自行选择、自主“行为”并接受最新科技的改造实现周期性更新，表现出

① 王纪轩．自主型人工智慧事故的刑法评价［J］．高雄大学法学论丛，2021（2）：215-256.

② 刘易斯·芒福德．机器神话（上卷）［M］．宋俊岭，译．上海：上海三联书店，2017：11.

③ 赵建吉．大数据背景下不确定性人工智能中的知识表达、知识获取及推理［M］．沈阳：东北大学出版社，2016：2-3.

无法被人类完全预测的不确定性，以致其可能像人类故意实施非理性行为一样，并不会完全按照设计者的初衷去运行，从而导致人工智能给人类社会带来须另创其他机制或者技术予以有效应对的多维性挑战与风险。也正因为如此，当前人工智能（刑事）风险的治理实质上主要集中于人工智能的“不确定性”特征，聚焦于数据、算法和人机交互三个方面带来的确定的不确定风险（董汀、黄智尧，2023）。

本章小结

根据高德纳技术成熟度曲线（Gartner Hype Cycle）可知，几乎每一项新兴且成功的技术在真正成熟之前，都要经历先扬后抑的过程，并在波折起伏中积累和迭代，最终走向真正的繁荣、稳定和有序发展。[①] 整个人工智能发展简史有力地印证了这一点。人工智能发展之路可谓异常曲折，寒冬总是在人工智能的发展取得大的突破时不期而至，而且每次来临的原因大同小异：除部分关键技术难以攻克以外，均为当时研发机器的智能水平达不到人们的心理预期以及缺乏落地的商业应用成果，技术成果难以转化成为经济产能，所以不得不搁置。这也为正处于

① 技术成熟度曲线（The Hype Cycle），又叫技术循环曲线，或者直接叫作炒作周期，是指新技术、新概念在媒体上的曝光度随时间的变化曲线。技术成熟度曲线诞生于硅谷，是指经过新闻媒体和学术会议的大肆宣传之后，新技术趋势一下子跌到了谷底，而最初依靠这个新技术发展起来的创业公司一下子变得岌岌可危。从 1995 年开始，高德纳咨询公司依其专业分析预测与推论各种新科技的成熟演变速度及要达到成熟所需的时间，将其分成 5 个阶段：科技诞生的促动期（Technology Trigger），在此阶段，随着媒体大肆的报道以及非理性的渲染，产品的知名度无所不在，然而随着这个科技的缺点、问题、限制的出现，失败的案例占比大于成功的案例；过高期望的峰值（Peak of Inflated Expectations），早期公众的过分关注演绎出了一系列成功的故事——当然同时也有众多失败的例子；泡沫化的低谷期（Trough of Disillusionment），在历经前面阶段依然存活的科技经过多方扎实有重点的试验，而对此科技的适用范围及限制有客观并实际的了解，成功并能存活的经营模式逐渐成长；稳步爬升的光明期（Slope of Enlightenment），在此阶段，有一新科技的诞生，在市面上受到主要媒体与业界高度的注意；实质生产的高峰期（Plateau of Productivity），在此阶段，新科技产生的利益与潜力被市场实际接受，实质支援此经营模式的工具、方法论经过数代演进，进入了非常成熟的阶段。

繁荣发展阶段的我们敲响了警钟，即不能仅仅管中窥豹，从业者要有前瞻的目光，主动解决目前行业存在的瓶颈问题。再者，人工智能如其他技术一样，固然具有造福人类的一面，但其带给人类的既可能是福音，也可能是灾难。作为调整性机制的法律特别是刑法，固然需要为人工智能的研发与实用提供坚实的法治保障，但同时也理应排除妨碍人工智能稳健发展的外部干扰和障碍，这样才能使人工智能领域的发展尽可能平稳高效地推进。

时至今日，人工智能的赋能效应已经得到极大显现，在物联网、区块链、电子商务、工业自动化、智能制造、机器人、自动驾驶、金融科技、智能电网、智能医疗、智能军事及其他产业，或灾害防治、瘟疫防控、环境保护、生态多样性维持、可持续发展等不同领域，都能见到人工智能的身影。应当肯定，人工智能技术的发展无疑将促进产品的迭代更新，提高企业经营效率，提升人类生活的便利性。但如同其他具有重大突破的新兴科技一样，人工智能往往伴随一定的科学不确定性及潜在风险，并对当前的人类社会造成全方位的挑战。人工智能乃具有双面性及多用途之科技，如果进一步与生物科技或者基因编辑技术相结合，所产生的生物人工智能、人工智能生物或生物人工智能人等，是否会形成如同希腊神话“人兽合体”一般的生物存疑，这让人深感不安；人工智能所形塑的未来世界，是否会变成如狄更斯所言之“那是最好的时代，也是最坏的时代；那是光明的社会，也是黑暗的社会”，让人忧心忡忡（洪德钦、蔡政宏，2020）。

第二章　人工智能刑事风险的类型化展现

2023年1月，美国国家标准与技术研究院（National Institute of Standards and Technology，NIST）发布《人工智能风险管理框架》（*Artificial Intelligence Risk Management Framework*，AIRMF），提出人工智能分享管理的宗旨在于“人工智能可以帮助解决重大和复杂的社会问题，但不负责任地开发和部署的人工智能可能会伤害个人和社区，并可能侵犯公民自由和宪法权利”。当前经过一甲子的曲折发展，人工智能逐渐走出科幻世界、走出实验室，“飞入寻常百姓家”，深刻而广泛地改变着人们的现实生活，使生活与生产的智能化水平得到空前提升。如同推动人类社会发展的其他科学技术一样，人工智能的应用将人类从纷繁复杂、枯燥单调的工作中解放出来，在推动人类社会完成跨越式变革的同时，其内在的不确定性也衍生出影响人类生存和发展安全的现实及潜在风险，客观上诱发人类对人工智能安全性的极大忧虑。在人工智能及其应用带来的诸多挑战和风险中，“失灵”人工智能系统摆脱人类控制、严重侵犯人类利益的刑事风险激起社会大众的普遍关注和关切。

第一节 刑法研究的类型化分析方法

当人们难以借助抽象性或普遍性的概念及其逻辑体系清晰明白地把握某种生活现象或者意义脉络时，“类型”的思维往往成为解决问题的重要选择。而基于类型化思维所形成的类型化分析方法早已是备受人文社会科学研究者推崇的研究方法，德国学者 Heyde 曾明确表示，“在人文科学的领域内，当前绝对没有一个用语像‘类型’这个词一样受到人们的喜好”①。通常而言，类型思维与抽象（概念）思维是两种相互区别但又互为补充的重要思维方式。德国著名法学家卡尔·拉伦茨相对精辟地解析了类型思维和抽象思维的内在关系，“某种类型不仅应被观察并在内在的直观中被再生产出来，而且某类型中足以区分于其他类型的特征也要被认识到，继而必须由仅仅被直观的类型进展到被思维把握住的类型。这里必须强调的是，类型思维进展的第一个步骤是以与抽象化的思维相同的方式来进行的。它们都是从我们要处理的具体构造物中提取出确定的普遍特征、关系或者比例，并对其进行命名。但不同的是，在抽象概念思维中，这些特征就此被固定为孤立的特征并从这些特征中不断地剔减某些特征，构建出越来越普遍的概念；而在类型思维中，类型的特征保持结合的状态，而且仅为描述作为特征整体的类型这一目的而利用它。类型思维试图以这种方式在由思维进行把握的阶段仍能够保持住直观中获得的图像的整体性”②。

我国台湾地区学者黄建辉（1995）着重探讨了法律阐释与类型思维的内在关联，认为，相对于法律阐释体系之对概念思维的展开，类型思维是立基于法律规定类型范围的掌控。其系以一定观点为基础，就系争案件事实与法律规定的类型

① 吴从周．论法学上之“类型”思维［M］//本书编委会．法理学论丛：纪念杨日然教授．中国台湾：月旦出版股份有限公司，1997：293.

② 卡尔·拉伦茨．法学方法论［M］．黄家镇，译．北京：商务印书馆，2020：579-580.

事实有无类似加以探讨，俾决定可否归整到法律规定的类型事实而予以等同处理。其较概念思维来得活泼开放。[①] 类型思维方式具有较强的层级性、开放性、意义性（类似性）、直观性以及整体性，能够依据特定标准比较完整、直观、系统且准确地概括或描述特定事物，避免抽象性概念思维界定意涵不清不全、挂一漏万的缺憾。“类型的构成要素是以意义为中心而联系在一起的，因此，对于类型意义的探求和理解必须从整体出发，透过各组成要素之间相互的补充和限制来加以确定。”[②] 类型思维适用于法律领域，“可以避免法律概念的过度概括模糊，也能更贴近制度的实际情况，在法律解释方法的运用上，它可以补充概念界定的不足，也能显现制度间脉络关系与同异辨识”[③]。

作为最主要的正式性社会调整机制，法律的社会规制机能不是通过对具体行为或者具体事务的具体性调整来实现的，而是借助对特定领域中的行为或事务进行相当程度的抽象和类型化划定，实现对特定领域统一性、普遍性的调整。对此，当代德国著名刑法学家亚图·考夫曼（1999）指出，“类型便是那些已经存在于立法者与法律形成之前的事物。立法者的任务便是去描述各种类型……法官必须在法律规范所意含的类型性中掌握生活事实”。事实上，在对社会关系的规制中，法律固然需要借由概念描述特定事物，但却只能通过类型化或者概念组合的方式凝练特定行为的本质属性并实际指称特定行为，从而使法律规范的接受者能够对法律规制对象的整体形象和外部边界形成相对明晰的认知，而立法者规制类型化行为所形成的法律规范（规则）乃司法者司法的依据和准绳。司法者必须根据法律规范所描述的具体类型化行为的属性，准确考察和评判待决事实是否符合相应法律规范的描述，唯有待决事实可以客观涵摄于法律规范，方能以此法律规范评价待决事实，并赋予待决事实以法定后果。

---

① 黄建辉．法律阐释与类型思维［J］．台湾月旦法学杂志，1995（5）：65-70.

② 资琳．概念思维与类型思维：刑法立法形式的抉择［J］．暨南学报（哲学社会科学版），2017，39（1）：72-75. 文章同时指出：类型的意义性建构了类型的整体图像，故当我们对某一对象进行类型归属时，必须进行价值判断以确定该对象与所要归属的类型是否具有相同的意义。

③ 邱聪智．恢复原状的规范意义——类型思维举隅之［M］//本书编委会．民事法学新思维之开展——刘春堂教授六秩华诞祝寿论文集．中国台湾：元照出版有限公司，2008.

法律规制社会关系的一般性机理自然也充分体现在刑法对特定行为的规制中。诚如杜宇（2021）所言，“类型在刑法学上的运用可谓历时久远，甚至与刑法学的发展如影随形。……可以毫不夸张地讲，正是类型思维，将犯罪人从古典学派那抽象、混沌的历史存在中唤醒，还以丰富、可感的具体形象。犯罪行为的类型化与犯罪人的类型化，正是类型思维提供给刑法学的最丰富滋养”。他还在相关论文中表示，“任何刑法规范的建构，都是从经验事实中抽象法类型的过程，而任何刑法规范的阐释与运用，都是法类型还原为生活事实的过程，是两者相互靠近乃至形成对接的过程。因此，类型思维隐含于刑法规范形成与适用的始终，指引着刑事立法与司法的内在操作”。以下谨以高空抛物入刑略作说明。

2020 年 6 月 28 日初次提请全国人大常委会审议的《中华人民共和国刑法修正案（十一）（草案）》（以下简称《刑法修正案（十一）（草案）》）拟将“从高空抛掷物品，危及公共安全的”行为犯罪化，[①] 以实现对此种行为的独立刑法规制。该条产生的背景是立法者意识到现实生活中时常发生的从高楼中抛掷烟灰缸、菜刀（水果刀）、玻璃瓶、煤气罐、板砖、铁钉、笔记本电脑等物品的行为对不特定多数人的生命、身体安全（安宁）造成严重威胁，而《中华人民共和国民法典》与《中华人民共和国治安管理处罚法》出于各种原因难以实现对此类行为的有效规制，人民群众呼吁刑法应当及时介入，提升法律规制的力度和强度（曹波，2021）。于是，草案拟写者以“高空”“抛掷”“物品”三个词语概括此类行为的内在特征，实现刑法的类型化规制。其后，立法机关在征求意见过程中，经与有关方面反复研究，考虑到高空抛掷物品行为具有一定的社会危害性，损害人民群众人身、财产安全，为保障人民群众安居乐业，不断增强人民群众幸福感、安全感，促进社会和谐稳定，积极回应社会关切，有必要将高空抛掷物品行为单独规定为犯罪，从而对草案进行修改，即将高空抛物罪由第二章

① 2020 年 6 月 28 日，第十三届全国人大常委会第二十次会议审议的《刑法修正案（十一）（草案）》第一条规定，在《刑法》第一百一十四条中增加两款作为第二款、第三款：“从高空抛掷物品，危及公共安全的，处拘役或者管制，并处或者单处罚金。有前款行为，致人伤亡或者造成其他严重后果，同时构成其他犯罪的，依照处罚较重的规定定罪处罚。”

“危害公共安全罪”移至第六章“妨害社会管理秩序罪”，并将“危及公共安全”修改为“情节严重”（王爱立，2021）。《刑法修正案（十一）》已于2021年3月1日正式施行，[①] 司法者必须结合具体案件的事实，判断待决事实是否满足“高空”的要求，是“抛掷”（故意）还是“自然脱落”（意外事件）、“不小心掉落”（过失），所“抛掷物品”是否足以构成“情节严重”等，从而实现刑法对“悬在城市上空中的痛”由具体化到类型化，再由类型化到具体化的规制。

应当承认，类型化分析乃刑法研究的重要方法，刑法对社会现象的规制必须求诸类型化思维和方法，不仅刑法描述规制行为的构成要件要具有鲜明的类型化特征，而且罪刑法定原则规范下的构成要件描述必须明确。刑法立法时难以期待刑法对某种特定的具体危害行为实现专门性规制；刑法司法时难以想象不将刑法所规定的类型化构成要件适用于具体的待决案件事实中。正因如此，陈兴良（2010）指出，“在刑法的体系性思考中，类型性的思考方法也许是最为重要的”。本书对人工智能刑事风险的展开也将采纳这种最为重要的刑法思维方法：类型化分析。

第二节 人工智能刑事风险的类型化展现

我国学者特别重视类型化分析方法对于人工智能刑事风险研究的意义，普遍依据适当标准将人工智能刑事风险进行类型化分解，并提出有针对性的刑法规制和责任分配方案。

① 2020年12月26日第十三届全国人大常委会第二十四次会议通过的《刑法修正案（十一）》第三十三条规定，在《刑法》第二百九十一条之一后增加一条，作为第二百九十一条之二：“从建筑物或者其他高空抛掷物品，情节严重的，处一年以下有期徒刑、拘役或者管制，并处或者单处罚金。有前款行为，同时构成其他犯罪的，依照处罚较重的规定定罪处罚。”

一、传统刑事风险与新型刑事风险

作为较早将人工智能引入刑法视野并持续关注人工智能涉刑法问题的学者，华东政法大学刘宪权教授将人工智能时代的刑事风险分为三类：一是人工智能可能给部分传统犯罪插上科技的“翅膀”，使部分传统犯罪危害性的广度和深度发生“量变”；二是人工智能的快速发展可能会因新结合点的出现导致新的犯罪形式产生，如与大数据滥用结合产生滥用数据的新刑事风险，与“欺骗”人工智能系统相结合产生不法分子逃避法网等新刑事风险；三是人工智能系统可能脱离人类的控制而实施严重侵害人类法益的行为，即能够深度学习、具有自主意识和意志的强人工智能可能在程序设计之外实施严重危害社会的行为。

针对人工智能带来的这三种刑事风险，刘宪权教授强调，“人工智能产品的研发者或使用者故意利用人工智能技术实施犯罪行为时，人工智能产品只是一种‘智能工具’，刑事责任应由研发者或使用者承担。人工智能的研发者或使用者对于人工智能产品造成的危害结果，可能承担过失犯罪的刑事责任，判断标准则是根据研发或使用当时的人工智能技术发展水平，考察研发者或使用者对危害结果是否负有预见义务”。而对人工智能的第三类刑事风险，则只能通过修正和完善刑法规定，确立人工智能系统刑事责任主体地位，增设滥用人工智能罪、人工智能事故罪，在严格防控人工智能技术被滥用风险的同时，也不妨碍人工智能技术的创新和发展。① 其后，为全面贯彻肯定具有自主意识和意志的人工智能之独立刑事责任主体地位的理论主张，刘宪权教授还建构了与人工智能产品特征相符的删除数据、修改程序、永久销毁等新型刑罚方法，以实际解决人工智能的刑事

① 刘宪权．人工智能时代的刑事风险与刑法应对［J］．法商研究，2018，35（1）：3-11．华东政法大学刘宪权教授及其研究团队持续保持对人工智能涉刑法问题的关注和研究，并以积极主张赋予具有自主意识和意志的人工智能产品以独立刑事责任主体地位并为其建构相应的刑事归责体系和刑罚措施而最为瞩目，其研究视野开阔，基本覆盖人工智能涉刑法的各研究领域，已取得丰硕的研究成果。截至目前，已经在中国内地知名法学期刊上发表相关论文数十篇（恕不一一列举），出版中国首部系统研究人工智能涉刑法问题的著作：《人工智能：刑法的时代挑战》（上海人民出版社 2018 年版）。当然，刘宪权教授及其团队超前性的肯定论研究立场和理论主张也引起刑法学界的反弹、质疑和批判。

责任归属问题（刘宪权，2018c）。

二、工具利用型刑事风险与产品缺陷型刑事风险

与刘宪权教授同时关注弱人工智能和强人工智能的刑事归责不同，我国刑法学界泰斗高铭暄教授则将研究重心置于当前的弱人工智能所带来的技术风险和刑事风险。高铭暄教授强调，“互联网+人工智能”在深刻地改变人们的生活方式和社会秩序的同时，也带来了新的技术风险与刑事风险。我们当下处于并将长期处于弱人工智能发展阶段，立足人工智能刑法的理性视域，人工智能仍然属于“工具”和“产品”的范畴，既有可能出现人工智能产品被行为人用于实施犯罪的“工具利用型”刑事风险，也可能产生人工智能产品自身缺陷（尤其是智能系统运行故障）导致犯罪发生的“产品缺陷型”刑事风险。

在高铭暄教授看来，对于不同类型的刑事风险应区别处理。人工智能产品的设计者、生产者应当履行保障产品安全的法定义务，生产不符合保障人身、财产安全的国家标准、行业标准的人工智能产品，造成严重后果的，可能触犯生产不符合安全标准产品罪。人工智能产品的生产者在知道或应当知道已经投入流通使用的缺陷人工智能产品致人损害后，应当积极履行召回义务，以避免危害结果的进一步扩大，否则对扩大的结果应当承担过失责任。人工智能产品的所有者、使用者应当严格遵守人工智能产品的安全操作、管理规范，未履行合理注意义务、安全管理义务，造成严重后果的，相关责任人还有可能承担相应的刑事责任（高铭暄、王红，2018）。

三、弱人工智能的风险与强人工智能的风险

北京师范大学王志祥教授以历史上发生的三起著名“机器人杀人事件”引出人工智能不容忽视的巨大刑事风险，并强调具有日渐强大独立自主能力的人工智能产品的刑事风险还将进一步加大。在继续肯定人工智能将从广度和深度两个维度增加刑事犯罪社会危害性的基础上，王志祥教授区分缺乏独立意志的弱人工

智能和具备独立意志的强人工智能，指出利用仍属工具的弱人工智能实施故意或过失犯罪仍是当前人工智能犯罪的主流形态。但随着强人工智能技术的发展，不具有自然人的生命权与身体权的强人工智能将拥有自然人才能具有的独立意识，现行刑法不能有效惩治利用强人工智能实施的犯罪，客观上要求刑法增设犯罪类型予以应对。

值得注意的是，王志祥教授不仅否定弱人工智能产品的独立刑事责任主体地位，而且依据现行刑法的具体规定，明确批判了赋予强人工智能以独立刑事责任主体地位的理论主张，“虽然强人工智能机器人拥有独立的意志以及辨认能力、控制能力，但同样不能成为犯罪主体，不承担刑事责任……将强人工智能机器人作为犯罪主体的观点忽视了自然人与智能机器人的本质区别，同时也有悖川法法理，是很难成立的”。进而建议设立“破坏人工智能管理秩序罪”以惩治滥用人工智能技术破坏人工智能管理秩序的情节严重的行为，“刺破强人工智能机器人的面纱”，寻找其背后应当承担刑事责任的犯罪主体。同时建议对强人工智能机器人设定“监管人员”并引入强制保险制度，在“监管人员”懈怠履行防止强人工智能产品犯罪义务的场合，以替代责任的模型追究该“监管人员”的刑事责任，并由保险公司承担赔偿人工智能产品造成的经济损失的责任（王志祥、张圆国，2019）。

四、自动驾驶汽车刑事风险：人工智能系统刑事风险的微观视角

不同于前述学者侧重于对人工智能刑事风险进行宏观分析并分别探讨其刑事归责的具体规定，不少学者结合当前发展相对成熟的人工智能系统——自动驾驶汽车，从微观层面探讨不同发展代际下人工智能系统的刑事风险及归责规则。例如，我国台湾地区的张丽卿教授提出，人工智能的运用中自动驾驶汽车最受关注，也是目前最能凸显人工智能与法律冲突的议题。然而，自动驾驶汽车本身仍然不具有法律上的人格，其行为不具有刑法意义，无须刑法过问；退一步来说，即便承认自动驾驶汽车的法律人格，现有的刑罚制度完全不能用来规制自动驾

驶，而学者提出的删除数据、修改程序等措施不能放在刑法里，“行为刑法是对于‘人’的犯罪行为及其法律效果的法律，而不是对于机器”。自动驾驶汽车造成的伤害应当根据其智能化程度而定：如果自动驾驶已经完全无须人为操作，使用者已属纯粹的乘客，一旦发生事故，使用者不需被归咎，可能被责问的对象是生产者或程序设计者，而程序设计是否适当要使用“容许性风险理论”加以诠释（张丽卿，2019）。

我国刑法学者江溯则结合域外自动驾驶汽车的最新立法，在分析自动驾驶汽车可能涉及的侵权责任和产品责任等民事责任后，依据自动驾驶汽车智能等级的差异提出不同的归责规则：在 L3 等级的自动驾驶汽车的情形中，若驾驶员使随时接管汽车的期待落空，应追究驾驶员的过失犯罪责任，而在 L4、L5 等级的自动驾驶汽车的场合，过失犯罪的刑事责任认定会出现困难。当前强人工智能尚未出现，自动驾驶汽车自身不具备刑法要求的罪责，而自动驾驶汽车的程序设计者和产品制造者因缺乏具体的预见义务，也难以构成过失犯罪，可依据“容许性危险理论”排除刑事归责；未来，在强人工智能出现后，则可以考虑赋予其刑事责任主体地位，追究强人工智能系统自身的刑事责任（江溯，2018）。此外，也有学者提出，“自动驾驶技术的引入，不仅可能成为新型工具引发新犯罪，直接威胁道路交通安全和网络数据安全，还会对传统道德伦理提出挑战”，进而主张，“在现行刑法框架内探寻构建一套‘车辆和企业中心’的刑事责任认定规则，完善执法和事故认定流程，以有效应对自动驾驶的刑事风险，提升社会整体福祉”①。

五、诸说简析暨人工智能刑事风险的具体类型

同推动人类社会发展的其他科学技术一样，人工智能的研发与落地应用将人类从纷繁复杂、枯燥单调的工作中解放出来，推动人类社会完成跨越式变革。不过，在全世界都为正在到来的人工智能革命和人工智能时代感到振奋的同时，人

① 赵司聪．论自动驾驶的刑事风险及应对［J］．北方法学，2022，16（2）：132-142.

工智能内在的不确定性也衍生出影响人类生存和发展安全的现实及潜在风险，客观上诱发人类对人工智能安全性的极大忧虑。“来自未知的力量也让人们有些无所适从，担忧、不安甚至惶恐的情绪，也让人们深受困扰。人们不知道人工智能研究像潘多拉的盒子那样装满了灾难，还是像一部电梯，带着人们通向更高级的人类文明。”① 美国著名人工智能专家卢克·多梅尔（2017）认为，“人工愚蠢（‘人工智能’的反义词，指显得自己不那么聪明的电脑程序）带来的风险可能与真正的人工智能带来的一样大”②。人工智能与犯罪的不期而遇，不仅使传统犯罪“如虎添翼”，极大地便利了传统犯罪的实施、加剧传统犯罪的社会危害性，而且客观上带来诸多新型人工智能犯罪，人工智能蕴含之刑事风险亟待引起必要的重视。

前述四种人工智能系统刑事风险的类型化分析中，高铭暄教授与张丽卿教授均立足于当前弱人工智能的时代特征，从弱人工智能系统刑事风险的具体内容上展开分类或进行类型化探索，研究的客观性和务实性较强；而刘宪权教授、王志祥教授的类型化研究的实质是从人工智能的代际发展视角出发，统合考察弱人工智能和强人工智能的刑事风险并提出应对之策，属于相对鲜明的前瞻式、预言式研究风格。甚至在人工智能的分类上，刘宪权教授都放弃了人工智能技术标准，而选择极富刑法色彩之“独立的辨认能力和控制能力”，旗帜鲜明地提出：智能机器人可以分为在设计和编制的程序范围内实施行为的智能机器人和在设计和编制的程序范围外实施行为的智能机器人，前者不具有独立的辨认能力和控制能力，后者具有独立的辨认能力和控制能力。③ 此外，就人工智能刑事风险的范围界定而言，刘宪权教授和江溯研究员在重点研究人工智能犯罪工具性危险的基础上，还探讨了作为犯罪对象的人工智能系统所具有的刑事风险，提出数据安全及

① 周晓垣．人工智能：开启颠覆性智能时代［M］．北京：台海出版社，2018：26-27.

② 卢克·多梅尔．人工智能：改变世界，重建未来［M］．赛迪研究院专家组，译．北京：中信出版社，2017.

③ 刘宪权，朱彦．人工智能时代对传统刑法理论的挑战［J］．上海政法学院学报（法治论丛），2018，33（2）：44-51.

计算机信息系统安全刑法保护的建言，而其余三位学者更关注前种属于犯罪工具的人工智能系统刑事风险。

毋庸讳言，当前科技界预想的通用人工智能或强人工智能一旦实现，就可以很轻易地获得提高，其能力也会增倍，这是机器能力的根本特质。随着通用人工智能时代的到来，很快便会产生许多强人工智能，后者又开始设计、理解和改进自身，从而很快演变出更广泛的能力，以及更加智能化的人工智能，这个过程会无限循环下去。每个周期不仅会创建一个更智能化的人工智能，而且会比上一次循环花费更少的周期，这是科技发展（或任何进化过程）的本质。前提是一旦实现强人工智能，它会立即成为迅速增长的超级智能，从而失去控制，很快将人类甩在身后（Ray Kurzweil，2020）。

然而，就本书的认识而言，人工智能的发展趋势在科技界尚未达成共识，通用人工智能或强人工智能是否属于人工智能技术研发的目标并不清晰明了，是否具有研发成功并落地应用的操作可行性，以及人类科研伦理规范是否允许超过人类智能的通用人工智能或强人工智能的研发值得怀疑。美国人工智能专家约翰·塞尔（John Searle）是强人工智能的主要反对者之一：他坚决反对计算机程序可以实现人类思维或理性推理。按照塞尔的看法，计算机可以很好地分类材料，但是永远不可能真实地思维（Bruce N. Waller，2016）。澳大利亚著名人工智能专家托比·沃尔什也指出，“人工智能的可能终点之一是，在一项需要智力的具体任务上，制造出一台等于或超过我们能力的机器。这有时被称为弱人工智能。……值得强调的是，人工智能领域的大多数研究都是以弱人工智能为重点的。老实说，我怀疑这个领域里只有极少数的研究人员相信我们最终能实现强人工智能，而且，我们并不需要强人工智能就能享受到思考机器带来的几乎所有的好处。我们只需要能跟人类做得同样出色的机器就够了，这样的机器其实并不拥有思维”①。

① 托比·沃尔什．人工智能会取代人类吗？智能时代的人类未来［M］．闾佳，译．北京：北京联合出版公司，2018.

无独有偶，美国学者 Martin Ford 也认为，“强人工智能什么时候能实现呢？如果你去问这个领域顶尖专家，他们的回答差距会很大。乐观者会说二三十年就有可能实现，而谨慎的人会说至少还需要五十年。当然还有人会告诉你永远不可能实现。有关强人工智能能否实现的讨论已经涉及哲学甚至宗教领域。智能的本质是什么？它是智能算法吗？它可以与自我意识分离吗？世界著名的数学物理学家罗杰·彭罗斯（Roger Penrose），在他写的几本书中都认为真正的人工智能是无法通过传统计算机实现的。因为他认为智能（或至少是意识）是与量子力学有关的”①。鉴于科技界在技术维度尚且对通用人工智能或强人工智能的研发前景存在诸多争议，通用人工智能或强人工智能将如何运行仍有待研究。虽然作为评价性和规制性的法律应当保持适当的前瞻性，但此种前瞻性必须以相应的客观事实或者实现可能性为基础，如果将研究的视角或切入点置于通用人工智能或强人工智能似乎过于超前，有沦为预言式、科幻式法学研究之虞。

既然通用人工智能或强人工智能的实现可能性以及实现时间等均存在高度的不确定性，因此本书将人工智能刑事风险刑法应对（治理）的重点集中于弱人工智能，即专注且只能解决特定领域问题的人工智能，主要分析当前及可预期阶段内弱人工智能可能具有的刑事风险。本书对人工智能刑事风险及其治理逻辑与刑法应对的研究所关涉的核心议题是：如果人工智能系统“变坏”，在应用过程中依循程序或者偏离程序主动或被动严重侵害人类法益，如何在人工智能系统的程序设计者、产品制造者、实际使用者（管理者）乃至人工智能系统本身之间分配刑事责任？即究竟谁应当为人工智能系统的“犯罪”承担刑事责任？特别是对于能够深度学习、具有自主意识和意志的强人工智能系统超出程序设计的范围在其“自主意识和意志”支配下实施的严重危害社会的行为，应当如何进行刑事归责？能否肯定强人工智能刑事责任主体地位，由该人工智能系统自负其刑责？人工智能系统自身安全如何受到刑法保护？

上述议题中的人工智能刑事风险仍限于犯罪工具意义上以及犯罪对象意义上

① Martin Ford. 机器危机［M］. 七印部落，译. 武汉：华中科技大学出版社，2016：213-214.

的人工智能可能附带的风险。具体包括：

（1）人工智能系统程序设计者、产品制造者故意设计、制造专门用于实施犯罪的人工智能系统。

（2）程序设计者、制造者在程序设计和产品制造过程中懈怠相关注意义务，致使所设计或制造的产品具有严重危害社会的危险性。

（3）使用者利用人工智能系统实施犯罪的。

（4）使用者（管理者）未履行对其人工智能系统的合理监管义务，致使人工智能系统严重危害社会的；该四类人工智能系统刑事风险属于纯正的犯罪工具风险。具有自主意识和意志的强人工智能系统偏离程序设计而严重侵犯人类法益，实质是强人工智能系统将其自身作为“犯罪工具”，这属于不纯正的犯罪工具风险（还有可能被视作“犯罪主体”），也是人工智能系统相较于其他高科技产品所特别具有的一类刑事风险。

（5）由于人工智能系统缺乏生命权、身体权、荣誉权和财产权，人工智能一旦作为犯罪对象被其他犯罪主体所攻击，刑法的聚焦点应为人工智能自身的计算机信息系统及其相应数据的安全。此类风险即为人工智能作为犯罪对象意义上所可能带来的刑事风险。

第三节　人工智能刑事风险类型的域外研究

2023 年 3 月 29 日，英国科学、创新与技术部发布白皮书《促进创新的人工智能监管方法》，专门针对人工智能研发和应用推广中的风险进行管理，以期最大程度发挥人工智能带来的社会效益，鼓励人工智能在值得信赖的前提下不断创新发展。该白皮书较为全面详细地评估了人工智能的风险类型及其表现，提出“我们已经对人工智能特有的风险及其造成伤害的可能性进行了初步评估，并在分析中参考了如果不加以解决可能威胁到的价值观。这些价值观包括安全、保障、公平、隐私和代理、人权、社会福利和繁荣。我们对交叉人工智能风险的评估确定了一系列高水平风险，我们的框架将寻求优先考虑这些风险，并通过适当的干预措施来缓解这些风险。例如，安全风险包括对人类和财产的物理损害，以及对心理健康的损害。人工智能给个人、组织和关键基础设施带来了一系列新的安全风险。如果政府不采取行动，人工智能可能会引发并扩大歧视，例如导致司法系统的不公平。同样，如果没有监管监督，人工智能技术可能会对我们的隐私和人类尊严构成风险，可能损害我们的基本自由。我们的监管干预将确保人工智能不会在社会层面造成伤害，威胁民主体制或英国价值观”。同时该报告通过假设情景的方式，较为具体地描述了人工智能可能带来的人权风险①、安全风险②、公平风险③、隐私和代理风险④、社会福利风险⑤以及网络安全风险⑥。

2019 年 2 月，英国伦敦大学学院 Dawes 未来犯罪案件研究中心曾组织召开题为“AI 与未来犯罪”的研讨会，共有来自不同领域且具有专业知识的 31 名代表应邀参加研讨会：14 名来自学术界（安全和犯罪科学、计算机科学、公共政策）；7 名来自私营部门（人工智能技术、金融、零售业，其中包括 iProov、Synerise 和英国零售协会［British Retail Consortium］）；10 名来自公共部门（国防、警察、政府），其中包括内政部、国防科学技术实验室、国家犯罪局、国家网络安全中心和政治学院）。2020 年 8 月，Calde Well 等整理研讨会相关材料，形成

---

① 例如，生成人工智能被用来制作深度伪造的色情视频内容，可能会损害这一主题的声誉、关系和尊严。

② 例如，一个基于 LLM 技术的人工智能助手在没有理解描述活动的网站上下文或沟通的情况下，推荐了它在互联网上发现的危险活动，用户进行这种活动会造成身体伤害。

③ 例如，一种用于评估贷款申请人信用状况的人工智能工具是根据不完整或有偏见的数据进行培训的，这导致公司会根据种族或性别等特征以不同的条件向个人提供贷款。

④ 例如，家中连接的设备可能会不断收集数据，包括对话，这可能会对个人的家庭生活进行近乎完整的描述。访问这些数据的各方主体越多，隐私风险就越大。

⑤ 例如，人工智能产生和传播的虚假信息可能会破坏对可靠信息的获取，不利于建立对民主机构和程序的信任。

⑥ 例如，人工智能工具可以用于自动化、加速和放大高度针对性网络攻击的影响，从而增加恶意行为者威胁的严重性。LLM 的出现使几乎没有技术知识或技能的黑客能够利用恶意软件交付能力生成网络钓鱼活动。

并发布了研究报告——《基于人工智能的未来犯罪》（AI-enabled future crime）。

《基于人工智能的未来犯罪》对基于人工智能的日益普及和强大而产生的潜在犯罪和恐怖威胁进行了分类，并根据预期的受害者伤害、犯罪利润、犯罪可实现性和打击的难度对相关威胁进行了排序，最终对18类威胁进行了识别和评级。该报告指出，人工智能可以多种方式卷入犯罪活动。

首先，最明显的是，人工智能可被用作犯罪工具，利用其能力进行针对现实世界目标的行动：预测人或机构的行为，以便发现和利用与恐怖主义活动的联系；产生虚假内容，用于敲诈勒索或玷污名誉；为危险、身体大小、反应速度等，表现人类无法或不愿做自己的壮举。虽然这些方法很新，但犯罪本身可能是传统类型——盗窃、敲诈勒索、恐吓、恐怖。

其次，人工智能系统本身也可能成为犯罪活动的目标：规避对犯罪构成障碍的保护系统，逃避对所犯罪行的侦查或起诉；使受信任的或关键系统出现故障或行为失常，以造成损害或破坏公众的信任。

最后，人工智能也可以简单地为犯罪提供背景。欺诈活动可能取决于受害者相信某些人工智能的功能是可能的，无论它不可能还是可能，但实际上没有用于欺诈。当然，这些类别并不是相互排斥的。正如关于抓捕小偷的一句老格言一样，对人工智能系统的攻击本身可能需要人工智能系统才能实施。可能存在使用确实存在的其他人工智能方法执行不存在的人工智能功能的欺诈性模拟。

应当承认，《基于人工智能的未来犯罪》基于弱人工智能技术特征和发展前景，通过预测未来15年左右可能发生的犯罪来识别弱点，然后评估每种犯罪构成的威胁的严重性，从而将人工智能刑事风险归结为上述三类，具有较强的科学性和合理性。为充分辨识人工智能可能给人类造成的安全威胁，本书依托《基于人工智能的未来犯罪》类型化地展现人工智能刑事风险。

一、高等人工智能刑事风险

（一）音频/视频模拟（Audio/video impersonation）

人类有强烈的相信自己的眼睛和耳朵的倾向，因此，在传统上，音频和视频证据被赋予了很大的可信度（而且往往具有法律效力），尽管摄影诡计历史悠久。但是，深度学习技术的发展，特别是生成式对抗网络（Generative adversarial network）的使用，大大扩大了产生虚假内容的范围。在固定脚本之后可以创建令人信服的目标模拟，并且预期将遵循交互式模拟。参加研讨会的专家设想了一系列犯罪性质的应用程序，利用这类“深度造假”（Deepfake）技术来获取人们对这些媒体的隐性信任（Koenig and Alexa，2019），包括在通过视频电话获得资金的过程中禁止儿童与父母接触、通过电话请求访问安全系统，以及伪造公众人物说话或行为应受谴责以操纵支持的视频。

在所有被考虑的犯罪类型中，音频/视频模拟被列为最受关注的犯罪类型，在所有的四个方面中得分都很高。虽然研究人员已经证明了一些成功的模拟算法检测，但从长期来看，这可能是难以实现的，假冒材料可以通过许多不受控制的途径传播。因此，改变公民行为可能是唯一有效的防御手段。除欺诈或名誉损害等直接伤害外，这些行为的改变，如普遍不信任视觉证据，可以被认为是由犯罪引起的间接社会伤害。哪怕是一小部分的视觉证据被证明是令人信服的假货，怀疑真实证据就会变得容易得多，这会破坏刑事调查和依赖于可信交流的政治和社会机构的信誉。在围绕“假新闻”的讨论中，这种倾向已经很明显。利润被认为是这类犯罪的最低维度，不是因为需要的投资很高（它不是），而是因为以收购为目的的冒名犯罪可能最容易针对个人而不是机构，而冒名犯罪会对社会产生不确定的影响。

（二）将自动驾驶车辆作为攻击武器（Driverless vehicles as weapons）

长期以来，机动车常被用作炸药的运送工具和动能恐怖武器（kinetic weapons of terror），近几年后者的普及率不断提高，由于在大多数国家车辆比枪支和爆炸物更容易获得。继尼斯（2016）、柏林（2016）、伦敦（2017）、巴塞罗那（2017）和纽约（2017）等西方城市遭受一系列袭击后，这一战术尤为突出。尽管还没有完全由人工智能控制的自动驾驶汽车出现，但许多汽车制造商和技术公司都在竞速制造它们，并在公共道路上进行一些被允许的试验，如辅助停车和车道引导等更有限的自动驾驶功能已经被部署。通过减少对驾驶员的需求，自动驾驶汽车有可能扩大车辆恐怖主义，使单个肇事者能够进行多次袭击，甚至可以一次协调大量车辆。自动驾驶汽车肯定会包含广泛的安全系统，因此自动驾驶攻击将比目前具有更高的准入壁垒，这需要技术技能和组织。但是与会代表将这些攻击定为高度可实现和有害的，并且其得分为在利润方面的中等（以恐怖为目标）。不过，他们容易受到与有人驾驶车辆相同的对策的影响（障碍，交通限制），因此其可破坏性得分较低（意味着相对容易）。

（三）网络钓鱼（Tailored phishing）

网络钓鱼是一种“社会工程”攻击，旨在通过声称是来自受信方（如用户银行）的数字消息来收集安全信息或安装恶意软件。攻击者利用现有信任诱使用户执行他们可能会警惕的操作，例如泄露密码或单击可疑链接。尽管有些攻击可能会针对特定的个人，称为“鱼叉式网络钓鱼”（Spear-phishing），但这种扩展性不是很强。目前，大多数网络钓鱼攻击是相对不加区别的，使用以主要品牌或主题事件为后缀的通用消息纯属偶然，某些用户可能会感兴趣。攻击者依靠发送大量数字消息的简便性将低响应率转换为可观的回报。人工智能可以通过设计看起来更真实的消息（如包括从社交网络收集的信息）或伪造受信任方的样式来提高网络钓鱼攻击的成功率。与其向所有目标发送统一的消息（大多数情况下可能会丢失标记），不如将这些消息量身定制依据针对每个人推断出的特定漏洞进行猎杀，有效地实现了“鱼叉式网络钓鱼”的自动化。此外，人工智能方法可以使用主动学习来发现“有效的方法”，改变消息的详细信息以收集有关如何最大化响应的数据。由于网络钓鱼的犯罪目的通常是经济上的，因此该犯罪被定为仅略高于平均危害潜力，但在获取非法利益、可实现性和可击败性方面被评为高（这意味着很难制止）。

（四）破坏人工智能控制的系统（Disrupting AI-controlled systems）

随着政府、企业和家庭中对人工智能的使用不断增加，并且人工智能系统所扮演的角色变得越来越重要，攻击的机会将会激增。例如，人们担心出现新的犯罪行为，如黑客攻击心脏起搏器和其他由人工智能控制的植入物。加松（Gasson）和科普（Koops）指出："与典型的网络犯罪相比，攻击人体植入物对人类生命和健康的影响要大得多。此外，随着植入技术的进一步发展，人体与技术之间的界限越来越模糊，攻击不仅影响了计算机及数据的保密性、完整性和可用性，还会隐形人体本身的完整性。网络技术与人体的结合，很可能构成网络犯罪演进的阶段，从而在新一代网络犯罪中通过植入物攻击他人。"①

基于自主学习的系统通常是出于效率和便利性而非稳健性的目的而部署的，因此可能不会被先验地视为关键基础架构。可以预见，这种系统的有针对性的破坏，将导致由交通停滞造成的普遍停电以及粮食后勤的崩溃，进而导致许多犯罪和恐怖情况。负责公共安全和安保各个方面的系统，以及监督金融交易的系统，都可能成为关键目标。因此，损益等级较高，可击败性也较高。通常而言，控制系统越复杂，完全防御的难度就越大。对抗性扰动现象凸显了这个问题，表明足够先进的人工智能可能固有地容易受到精心设计的攻击。但是，可实现性的等级较低，原因是此类攻击通常需要详细了解甚至访问所涉及的系统，而这可能很难获得。

（五）大规模敲诈勒索（Large-scale blackmail）

传统的敲诈勒索涉及暴露犯罪或不法行为或使个人信息尴尬等方面的威胁。传统的敲诈勒索的一个限制因素是获取此类证据：只有受害人为压制证据付出的费用比获取费用要多，犯罪才值得。使用人工智能可以进行更大范围的操作，从社交媒体或个人数据集中（如电子邮件日志、浏览器历史记录、硬盘驱动器以及电话内容）收集信息（这些信息本身不构成犯罪证据），然后识别出特定的漏洞，并针对每个目标量身定制威胁消息。人工智能还可以用于生成虚假证据，如当发现的信息暗示着漏洞而没有提供初步证据时。大规模敲诈勒索被认为获利很高：与网络钓鱼一样，规模经济意味着攻击只需要较低的命中率就可以获利。人

① Gasson M N, Koops B-J. Attacking Human Implants: A New Generation of Cybercrime [J]. Law Innov Technol, 2013 (5): 248-277.

们认为可击败性很低，主要原因是在传统上存在问题，即受害者不愿挺身而出并暴露在外。但是，由于犯罪本质上是针对个人的，所以伤害仅被定为平均水平，并且由于对数据的要求高以及必须协调多种不同人工智能技术的结合，可实现性也相对较低。值得注意的是，在当前的网络钓鱼方法中，非常粗糙的非人工智能勒索方法很常见。所谓的“勒索”是指错误地声称损害了用户被黑客入侵的计算机或电话中的视频片段，希望百分之十的受害者会内疚、恐慌并付钱，而不是去敲诈勒索者的虚张声势。与所有这些骗局一样，我们不可能知道点击率是多少，但我们认为它是相当低的。

（六）人工智能创作的假新闻（AI-authored fake news）

虚假新闻旨在通过被视为或看来是从受信任的来源发布来实现信誉的宣传。除了传递虚假信息，足够数量的虚假新闻还会使注意力从真实信息转移开。与会代表认为，人工智能技术可能会产生假新闻内容，以实现更高的效率、状态或特异性。人工智能可以用于生成许多版本的特定内容，使其看起来是从多个来源生成的，以提高其可见性和可信度；并以个性化方式选择内容或其演示，以增强影响力。犯罪在伤害、可实现性和可击败性方面的得分均高于平均水平，在利润方面的得分均低于平均水平。人们认为危害很大，因为它有很大的潜力影响特定的政治事件，例如投票（是否已经这样做），并且由于假新闻媒体破坏或取代了真实新闻的传播，会产生分散的社会影响。研讨会期间出现了重大新闻，强调了其高度可实现性。失败被认为是严格的技术问题，因为虚假新闻与真实新闻之间的界限很模糊。迄今为止，打击假新闻最成功的尝试是通过教育，特别是在芬兰。较低的利润分数反映了从假新闻中获利的困难，尽管在市场操纵中有使用假新闻的可能性，但其后果具有分散的不确定性。

二、中等人工智能刑事风险

（一）军用机器人（Military robots）

与许多技术开发领域一样，尽管在方法上有重叠之处，军方在机器人技术研究中也占有重要地位，其目标可能与民用用户截然不同。可以预测，犯罪分子或恐怖组织可获得的任何军事硬件（如枪支或爆炸物）都将构成严重威胁，而用于战场或防御性部署的自动机器人肯定会遇到这种情况。与会代表认为这种访问可能非常有害且有利可图。但是也须认识到，评级必然是投机性的。军事能力往往是保密的，我们对当前的技术水平和进步速度的了解甚少。

（二）“骗人的万灵油”（Snake oil）

以人工智能为幌子或使用 ML 行话的烟幕来推销欺诈性服务。这种欺诈行为是极其容易实现的，几乎没有技术障碍（因为从定义上来讲，该技术无效）。其潜在的利润很高：有许多臭名昭著的例子，如骗子向大型组织（包括国家政府和军方）出售昂贵的“技术小品”。可以说这不是将人工智能用于犯罪，但是犯罪的成就取决于对所宣称的人工智能能力的目标的相信，而这又取决于人工智能被公众认为是成功的。通过教育和尽职调查可能很容易打败，尽管在这些措施生效之前，存在机会之窗。

（三）数据中毒（Data poisoning）

操纵 ML 训练数据以故意引入特定偏见，或者以其本身为目的（目的是损害商业竞争对手，歪曲政治言论或引起公众不信任），或者以随后进行剥削为目的。例如，使用自动 X 射线威胁检测器对要在飞机上走私的武器不敏感，或者鼓励投资顾问提出意想不到的建议，这些建议会改变相关的市场价值，从而使您拥有可以利用的先验知识。数据源被越广泛使用和信任，它可能造成的破坏就越大。尽管这可能有害且有利可图，但由于可信赖的数据源往往难以更改且（经常被推论）经常受到审查，其可实现性的等级较低。

（四）基于学习的网络攻击（Learning-based cyber attacks）

现有的网络攻击往往复杂且针对特定目标进行量身定制，或者粗糙但自动化程度很高，这取决于大量的数字（如分布式拒绝服务攻击、端口扫描）。人工智能可以使用，强化学习的方法，在同时发起多个攻击之前，并行研究许多系统的弱点，从而提高针对特定攻击和大规模攻击的可能性。尽管与会代表不太确定其可实现性，但这种攻击被认为是有害的和有利可图的。

（五）自主攻击无人机（Autonomous attack drones）

非自治无线电遥控无人机已经被用于将毒品走私到监狱之类的犯罪，并且也造成了重大的运输中断。机载人工智能控制下的无人驾驶飞机有可能实现更大程度的协调和更复杂的攻击，同时使肇事者逃脱无人机发射器范围，这使破案和逮捕变得更加困难。目前，无人机通常不用于暴力犯罪，但是如果目标明确（如进入飞机发动机），其质量和动能可能具有危险，并且还可以装备武器。如果集体组织自发的蜂群，无人机可能会受到特别的威胁。它们在潜在危害方面的评价很高，而在可破坏性方面却评价不高，因为在许多情况下可以使用物理屏障来提供保护。

（六）在线驱逐（Online eviction）

在现代生活中，对于金融、就业、社会活动和公民身份而言，在线活动的首要地位为攻击该人提供了一个新的目标：拒绝访问已成为必不可少的服务的行为可能使人失望。这可以用作勒索威胁，破坏或剥夺用户群体的特权或引起混乱。一些现有的网络钓鱼和网络攻击通过“勒索软件”等手段进行类似尝试，并且准组织的人类行为者有时会从事诸如在社交媒体上大规模误报滥用行为的活动，但人工智能可以使攻击更加细微、谨慎地进行。量身定制的伪造活动旨在使人违反服务条款，为每个人确定特定的漏洞点，并且更具扩展性。驱逐被认为本身就无利可图，而作为其他威胁的辅助手段，则更令人担忧。

（七）欺骗人脸识别（Tricking face recognition）

执行面部识别的人工智能系统越来越多地用于智能手机等设备的身份证明中，并且也正在由警察和安全服务进行测试，以执行诸如在公共场所进行嫌疑人追踪之类的任务，也加快了国际边界的旅客检查。这些系统可能会成为犯罪分子的诱人目标。已经证明了一些成功的攻击，包括使单个照片 ID（例如护照）能够作为多个人通过（并被多个人使用）的“变形”（Morphing）攻击。利润和损害被认为低于平均水平，因为袭击最有可能造成相对较小规模的犯罪。

（八）市场轰炸（Market bombing）

通过有针对性的、可能高频的交易模式操纵金融或股票市场，以损害竞争对手，货币或整个经济体系（而不是直接从交易中获利，尽管这也可能是副作用）进行了讨论。这个想法是人工智能虚构的霍尔斯托梅尔计划（Kholstomer）冷战剧情的增强版，该剧情设想了俄罗斯试图通过由前端公司突然出售大量美元储备来引发金融崩溃。建议将强化学习作为一种发现有效交易策略的方法，可能与基于神经语言程序学（Neuro-Linguistic Programming）的媒体分析和虚假内容生成相关。由于无法准确模拟市场行为的极端困难且从事大规模交易的进入成本非常高，其可实现性等级较低，但是潜在的危害和利润也相应较高。

三、低等人工智能刑事风险

（一）偏见剥削（Bias exploitation）

在被广泛使用或有影响力的算法中发现并利用（现有）学习到的偏差。例如，通过 YouTube 建议来吸引观众进行宣传，或者通过 Google 排名来提高产品知名度或诋毁竞争对手。实际上，这种行为已经很普遍，通常不是非法的（尽管这可能违反了提供商的服务条款），甚至（以搜索引擎优化或 SEO 的形式）被视为合法的（如果是不可靠的）在线商业模式。在 AI 辅助下，它可能更易于使用且难以应对。

（二）防盗机器人（Burglar bots）

小型自治机器人可以通过信箱或猫瓣之类的小型访问点进入房屋，以取回钥匙或打开门，以防盗贼进入。其技术要求受到严格限制，这将使它们比雄心勃勃的自动机器人更容易实现目标。但是，其危害和利润很低，因为它们只能造成非常局部的小规模犯罪，而且可以通过诸如信箱的简单物理手段来相对击败。

（三）逃避人工智能检测（Evading AI detection）

警务和安全性将越来越依赖基于 AI 的分类和自动化来处理通过调查收集的不断增长的数据量。破坏这些过程以消除证据或阻碍发现的攻击对于犯罪分子而言可能越来越具有吸引力。对抗性干扰（如用于从自动检测中隐藏色情内容）提供了一种可行的方法，尽管对系统知识的要求可能令人望而却步。危害和利润被低估，部分原因是“犯罪”的性质和背景没有得到充分定义，而且代表们也没有说服它是可以实现的。但是如果实现了，则将可击败性定为困难，因为犯罪的定义是“逃脱”。

（四）人工智能撰写的虚假评论（AI-authored fake reviews）

自动为诸如 Amazon 或 TripAdvisor 之类的网站生成内容，以给人对产品或服务的错误印象，并带动客户前往或远离某种产品或服务。这种伪造已经由人类特工执行。人工智能可以提高效率，但此类单个活动的收益和损害很可能仍是小规模化和局部化的。

（五）人工智能辅助跟踪（AI-assisted stalking）

使用自主学习系统通过社交媒体或个人设备的数据监视个人的位置和活动。这一行为还被认为涵盖与强迫关系、家庭虐待、瓦斯灯等有关的其他犯罪行为，并涉及与西方科技公司在提供用于实施压制社会的社会规范的应用程序中的同谋共谋的最新新闻。该种行为的危害被定为低级别，不是因为这些罪行没有造成严重破坏，而是因为它们只针对个人，没有大规模行动范围。

（六）伪造（Forgery）

生成诸如艺术或音乐之类的虚假内容，这些虚假内容可能以虚假借口出售其作者身份。从危害和成功的可能性这两个方面来看，这被认为是所有被考虑的威胁中威胁程度最低的。此处的 AI 功能仍然受到严格限制：虽然已经成功地制作了可以模仿伟大画家的视觉风格的数字图像，但这与创建可以在画廊或拍卖行中通过的实际物理对象的主张截然不同。几个世纪以来，艺术界一直在处理伪造品，并且已经采取了广泛的防御措施（如果不总是足够的话），但人工智能却没有尝试解决大多数障碍。

综合而言，能否通过使用人工智能增强这种犯罪行为的多样性在很大程度上取决于它们在计算环境中的嵌入程度：机器人技术正在迅速发展，但是相比酒吧斗殴（pub brawl），人工智能更适合参与银行欺诈（bank fraud）。尽管当今社会非常依赖复杂的计算网络，不仅涉及金融和商业，而且包括各种形式的通信、政治、新闻、工作和社会关系，但对数字世界而非物理世界的偏爱是一个脆弱的防御。现在人们大部分时间都在网上进行生活，大部分信息被收集到那里，他们的在线活动可以建立和破坏声誉。这种趋势很可能在可预见的将来继续。这样的在线环境（其中数据是财产和信息力量）非常适合被基于人工智能的犯罪活动所利用，这可能会对现实世界造成重大后果。此外，与许多传统犯罪不同，数字领域的犯罪通常具有很高的可复制性：一旦发展起来，技术就可以共享，重复甚至出售，从而使犯罪技术市场化（marketisation）或提供“犯罪即服务”（crime as a service）的潜力。这可能会降低技术壁垒，因为犯罪分子能够将其基于人工智能犯罪的更具挑战性的方面外包。

本章小结

在现今社会，人工智能逐渐走出科幻世界、走出实验室，“飞入寻常百姓家”，深刻而广泛地改变着人们的现实生活，使生活与生产的智能化水平得到空前提升。不过，如同推动人类社会发展的其他科学技术一样，人工智能的应用将人类从纷繁复杂、枯燥单调的工作中解放出来，在推动人类社会完成跨越式变革的同时，其内在的不确定性也衍生出影响人类生存和发展安全的现实及潜在风险，客观上诱发人类对人工智能安全性的极大忧虑。

我国学者特别重视类型化分析方法对于人工智能刑事风险研究的内在价值，依据适当标准将人工智能刑事风险进行类型化分解，并提出有针对性的责任分配方案和刑法治理建议。综合而言，学者对人工智能刑事风险的分类可进一步划分为人工智能被作为攻击目标的犯罪对象风险（人工智能产品中智能系统及相应数据安全的风险）与人工智能产品被滥用于犯罪实施的犯罪工具风险两类。英国伦敦大学学院 Dawes 未来犯罪案件研究中心发布的《基于人工智能的未来犯罪》对基于人工智能的日益普及和强大而产生的潜在犯罪与恐怖威胁进行分类，并根据预期的受害者伤害、犯罪利润、犯罪可实现性和打击的难度对相关威胁进行排序，最终对 18 种威胁进行了识别和评级，从而区分出高等人工智能刑事风险、中等人工智能刑事风险与低等人工智能刑事风险三类不同等级的刑事风险，也以此证实人工智能可以以多种方式卷入犯罪活动。

当前刑法学界侧重关注滥用人工智能体实施犯罪或者人工智能体应用中“自主”造成严重危害的刑事归责及其治理问题，而人工智能“主动”或“被动”侵害人类法益的案件或事例不时见诸报端，极大地增强了人工智能刑事风险治理逻辑及其刑法应对研究的现实需要。

第三章　人工智能刑事风险刑法应对的理念困境

人工智能刑事风险刑法应对（治理），是指通过精准识别人工智能研发和应用中可能产生的反制甚至反噬人类（工具性刑事风险）以及人工智能系统自身遭到不法攻击（对象性刑事风险）的刑事风险类型，并借助刑法解释沿用既有刑法规范或者通过刑法立法创制新的刑法规范，对人工智能刑事风险及其现实化危害后果中涉及的犯罪进行恰如其分的刑法评价。人工智能刑事风险刑法治理的目的绝不是期望以最为严厉的刑罚制裁或刑事机制扼杀人工智能的研发热情，绝无任何妨碍人工智能正常创新发展的念头或意图，而是充分运用作为保障法的刑法，最大限度消除人工智能发展可能出现的刑事风险，形塑人工智能研发和应用所需坚持的底限性规则，扫清人工智能稳健发展道路上出现的各种障碍，为人工智能持续快速发展提供必要且坚实的刑事法治保障。理念乃行动之先导，是构建制度、形成规则与实施行动的重要指导。然而，在人工智能刑事风险刑法治理研究的过程中，却出现诸多需要辨明和辨正的理念困境，这些理念困境严重地制约了人工智能刑事风险刑法治理目的和初衷的实现，亟待引起高度重视。

第一节 理念困境一：误认为人工智能的刑事风险是“伪问题”

人工智能突入社会，给社会各界造成不同程度的冲击，人工智能刑事风险刑法治理议题成立之前提，是人工智能的确存在对人类安全等法益造成威胁或危害的可能，并且这种威胁或危害具有需要刑法进行专门规制的相对独立和独特的意义，不似其他既有科技（产品）或者动物等给人类社会造成的客观危险。考虑到人工智能自身具有较强的自主性和不确定性，实际运行过程中存在损害人类利益的情形，早期人工智能法律（刑法）研究者大多强调合理组织法律机制或刑事机制积极主动介入人工智能法律（刑事）风险，甚至主张赋予人工智能以独立刑事责任主体地位，为犯罪人工智能新建刑事归责模式、新增有针对性的刑罚措施（“肯定论”），从而开启“人工智能+刑法”议题的广泛研究，但因相关研究的肯定论研究立场和理论主张具有超前性，早期观点也引起了刑法学界的反弹、质疑和批判。

对于刑法应否介入人工智能刑事风险、人工智能体能否成为刑事责任主体等问题，最近有学者就刑法学界对人工智能的浓厚兴趣提出火药味甚浓的批评，认为人工智能法学研究出现违反人类智力常识的“反智化现象”。例如，时任东南大学法学院院长刘艳红（2019）指出，当前学术界关于人工智能的法学研究其实是以“伪问题”代替“真问题”。学者关于人工智能的“忧患意识”，实则只是依靠无数假想拼凑起来的幻影，只是在用别人的“噱头”吓唬自己；在人工智能法律风险的应对上，当前的研究停留在缺乏教义支持的对策论层面，往往就事论事、毫无体系。主张人工智能可承担刑事责任的观点根本违背人类制定刑法的目的理性，人类对自由刑、死刑的痛苦感来自天然的肉体和心理，机器人没有痛感，在这一点上它连一只有触觉的蚂蚁都不如。对犯罪人工智能产品科处刑罚也违背刑法谦抑性原则，“法学家从来没有考虑过人类是否能够为机器人成功搭建起道德或伦理的规范体系，而只是简单粗暴地动用刑罚，面对人工智能等高端技术时总是如此急不可耐”。冀洋（2019）也认为，肯定人工智能可以作为犯罪主体被刑罚处罚的肯定论尚占据绝对话语主导，但肯定论不自觉地陷入了两个方法论陷阱，所谓的法学思辨针对的可能是伪问题、伪风险、伪挑战。研究人工智能是否需要承担刑事责任不亚于探究“外星人是否需要承担刑事责任”。除此之外，还有论点强调，“人工智能所带来的对刑法的冲击并不是质变，现有体系足以应对人工智能所带来的未知风险，法律的目的是维持秩序而不是创造秩序，创设独立罪名的行为是颠倒法与社会关系的法律人的幻想”。强行赋予人工智能主体资格的行为如同猎狐人规则一样伪善，是极端不正义的体现（郎正午，2019）。

在本书看来，上述批判意见的确为当前相对激进的人工智能刑法学研究提供了理性、冷静反思的契机，有助于刹住人工智能刑法研究激进甚至狂热的研究进程，但断言人工智能刑事风险乃“伪命题”、研究人工智能产品刑事归责或者刑事风险的刑法治理系以“伪问题”替代“真问题”却不足取。因为这类观点有意无意、自觉不自觉地无视人工智能潜在的负面效应给人类带来的危害和危险，犯下从一个极端走向另一个极端的错误。主张赋予人工智能（强人工智能）以法律主体地位或刑事责任主体地位是否属于“反智化研究”与人工智能刑事风险是否是一个“伪命题”属于两个不同维度的问题，上述理论困境的出现很大程度上存在混同该二问题，有错置人工智能刑事风险刑法治理研究对话主题，以及无视人工智能刑事风险刑法治理研究对象与研究意义之嫌。

是否赋予人工智能法律人格或者独立刑事责任主体地位属于人工智能刑事风险刑法治理研究的具体问题，是为了解决后续人工智能运行过程中损害人类法益时可能因其自动性或不确定性特征而导致的无法追究相应自然人或法人主体刑事责任所出现的“责任空白”或“责任漏洞”问题。肯定论显然是一个针对该具体问题提出的学术主张，其妥当与否完全可以在学术争论框架内予以商榷或批判，但以特定的具有较强主观性的学术主张是否妥当为由或为基准否定人工智能是否具有刑事风险这个客观性、事实性议题的真实性，必然有失正当。其实，理论界不乏学者即便不赞同赋予人工智能以独立刑事责任主体地位，仍旧十分关注人工智能的刑事风险，并积极应对人工智能内在的刑事风险（叶良芳、马路瑶，2018；叶良芳，2019；赵运锋，2019）。应当承认，判断人工智能是否具有刑事风险、导致此种刑事风险的因素和机理为何，在相当意义上已经超出了法学研究者的能力范围，而更应该由相关技术领域的专家和学者予以专业性回答，法学研究者径直予以否定可能招致“越俎代庖”的诟病。

应当承认，无视人工智能内在之刑事风险，否定刑法对人工智能刑事风险的规制意义和治理价值，虽然从根本上将人工智能的研发与应用从法律责任的约束中解放出来，有利于人工智能技术与产品的竞相涌现，不过，一旦人工智能系统客观上给人类法益造成损害，如何追究相关主体的法律责任必然成为摆在我们面前的重大难题。也就是说，“如果一个人工智能体伤害任何人或财产，谁将对这种伤害承担刑事责任？是人工智能体本身（如机器人）、制作人/程序员（程序员也可能是为制作人工作的第三方，但是为了理解，我们会认为他们是生产者）、用户（人工智能体的所有者或使用者），还是被认为是上帝的行为？”[①] 肯定人工智能刑事风险的客观存在，剖析人工智能刑事风险的独特性，显然有助于为人工智能刑事风险刑法治理供给必要的理论支撑和智力支持，为准确、精确分配人工智能损害人类法益中涉及的法律责任提供相应的归责方案和治理体系。

① Ankit Kumar Padhy, Amit Kumar Padhy. Criminal Liability of the Artificial Intelligence Entities [J]. Nirma University Law Journal, 2019 (2): 15-20.

第二节 理念困境二：轻易否弃人类中心主义的刑法治理根本立场

人类中心主义可追溯到古希腊哲学家普罗泰戈拉，是他最早阐述了人类中心主义的含义，即只有人才是万物是否存在的决定者。他提出："人是万物的尺度，是存在的事物存在的尺度，也是不存在的事物不存在的尺度。"① 在数千年发展的过程中，人类中心主义的实质内涵虽曾发生变迁，但却始终坚守一个基本立场，即"人为宇宙中心"。在人类中心主义作用于人类社会、赋予人类主体性地位的同时，主张动物权利论或动物解放论的非人类中心主义对人类中心主义发起指责和非难，随着全球环境问题的日益加剧，这种指责和非难越发激烈。其中，深层生态学代表人物福克斯指出，"人类中心主义在经验上是靠不住的、在实践上是错误的、在逻辑上是自相矛盾的、在伦理道德上是应该被排斥的以及与开明的理论观点是大相径庭的，从而对人类中心主义展开了彻底的批判"②。

人工智能系人类创造出来帮助人类从繁重的体力、脑力劳动中解放出来的人造物，但与人类创造的其他机械性物件有所区别，具有深度学习能力的人工智能能够根据对外部运行环境变化的感知进行自我调整，具备其他任何机械性物件所不具有的"自动性"，这种"自动性"与人类之自由意思及主观能动性、随机应变性等智能特质具有较强的相似性（至少在外部观念上），由此也产生了人工智能冲击人类中心主义的主张。"人工智能的发展从两方面对现代人类中心主义带来了根本性的冲击。首先，人工智能研究的结果显示，像思维和意识这样的凸显

① 北京大学哲学系外国哲学史教研室．西方古典哲学原著选辑：古希腊罗马哲学［M］．上海：上海三联书店，1957.

② Warick Fox. Toward a Transpersonal Ecology：Developing new foundations for enviromentalism［M］. New York：Bhambhala Publications Inc.，1990：13-16.

属性可以在人类以外的系统中产生并自行发展，这就动摇了现代人类中心主义的根基——人的智能的独一无二性。其次，人工智能的研究方法及其所包含的哲学观点指出，应用普遍联系变化发展的观念及系统思维方式去重新考虑人在自然中的位置，任何元伦理、元叙事的理论建构的主体都将会被方法论所代替。现代人类中心主义所包含的人在自然中的中心地位永恒不变的思想理论结构被彻底否决。人工智能的发展证明了现代人类中心主义的理论基础是不可靠的。”①

因此，为了解决人工智能自动性运行过程中出现的“责任空白”问题，不少学者坚持应当修正、解构，甚至否弃人类中心主义的立场，在人类之外肯定存在其他类型的法律主体，从而赋予人工智能特别是强人工智能以独立性刑事责任主体地位，肯定人工智能可以实施严重侵害人类法益的犯罪行为并因此应当受到刑罚的谴责和制裁。例如，有观点表示，“人类中心主义的影响力已经深刻地嵌入人工智能与当代刑法之间的纠葛中。对智能时代立法变革的疏远与否定，在不同程度上都体现了人类中心主义过度化、绝对化的身影”。过度推崇人类中心主义立场及其解释能力存在诸多风险，“在智能时代，修正的人类中心主义才是更好的现实选择”，即以人类中心主义与功利主义共同作为人工智能刑法立法的指导思想。② 有论者认为，“人工智能刑事主体性判断，不能忽视其所生存的文化共同体的认同与接纳，而拘泥于个体意志自由本身，需建立‘文化归属、本体意识、规范法益’递进式的认定进路。文化论层面，应当摈弃将人工智能完全视为人的奴仆的‘人类中心主义’文化观，尝试构建一种伙伴型的‘人—机器人’关系”。③ 彭文华教授提出，“自由意志和道德理性是获得犯罪主体资格的条件，乃为确立刑法人类中心主义量身定做的。……赋予人工智能犯罪主体资格必将对

---

① 张华．走入哲学史的塑造论哲学［M］．济南：齐鲁书社，2010.

② 孙道萃．智能时代的刑法立法——人类中心主义与现实功利主义的取舍［J］．学术交流，2020（4）：69-80. 持论者特别指出，过度推崇人类中心主义立场及其解释能力，并不断放大“人”的主导地位在智能时代的影响力，首先可能掩盖“智能技术极可能冲击人的主体性地位”这一根本性危机的存在，同时也有遮蔽“智能技术及其应用的智能程度正在迅猛递增”这一客观事实之缺陷，还有武断地坚守“人的主体性地位在智能技术及其应用过程中的绝对主导与统领地位”这一信条之不足。

③ 商玉玺，刘三洋．文化、本体与规范：论人工智能的刑事主体性［J］．重庆理工大学学报（社会科学版），2020，34（6）：111-120.

刑法人类中心主义造成挑战，……若赋予其犯罪主体资格会对刑法人类中心主义造成彻底颠覆。如果说法人犯罪还可以让刑法人类中心主义‘半遮面’的话，那么人工智能犯罪则完全使之‘颜面无存’”①。彭文华教授的主张，得到了坚定支持赋予强人工智能犯罪主体资格的刘宪权教授的拥趸（刘宪权，2020）。

值得注意的是，还有学者将缓和或否弃人类中心主义基本立场贯彻到整体虚拟世界的法律规制中，强调“传统人类中心主义的法理学对于虚拟世界的理解和法律规制的方法论认为目前大量实施的对于虚拟网络世界的法律规制只具有有限的意义，并没有契合虚拟世界的本质特性。……应在去人类中心主义的多维复合的多中心主义的思维框架下，理解虚拟世界的自适与极化的法律化特征，探索一种从人类中心主义到去人类中心主义的法律机制之转型的可能性路径”。②

在本书看来，通过轻易否弃人类中心主义的基本立场来解决人工智能刑事风险的主张，仍旧停留在绝对人类中心主义或者旧人类中心主义的阶段，混淆了非人类中心主义对人类中心主义批判的对象，实不足取。“虽然‘人类中心主义’特别是狭隘的‘强人类中心主义’，在哲学史上遭受到过广泛的批判。但‘人是万物的尺度’‘人为自然立法’这种基于人的价值和地位的观念，始终是人和人类的尊严所系。”③ 人类中心主义是西方文化在人与自然关系问题的探讨中形成并发展起来的价值取向，是对人的主体性、能动性和创造性的根本体认，是人类

---

① 彭文华. 自由意志、道德代理与智能代理——兼论人工智能犯罪主体资格之生成［J］. 法学，2019（10）：18-33.

② 高全喜. 虚拟世界的法律化问题［J］. 现代法学，2019，41（1）：58-74. 高全喜教授进一步强调，虚拟世界的出现，极为严峻地挑战了人类中心主义和“人类纪”的世界历史观，并且在法律层面上，在制度运行中，对人类中心尤其是人格权利的主体性以及相关的一系列抽象衍生物带来了巨大的冲击。在一个虚拟世界的网络中，传统意义上的法律人格褪色或裂变了，它们不可能再像现实世界人际交往过程中的主体或主格一样出现，也不再具有权利和利益以及价值指归的权重地位，一套非人格的代码或信息符号成为虚拟世界的运行单元。更为严峻的是，这套代码或信息符号并不是唯一的，而是批量的甚至是无穷尽的。难以计算的无限的代码或信息符号以非线性的方式，在一个叠加的多密度的虚拟世界中运行，人类的绝对性彻底消失了，这是一个去中心的或多中心的区块链的世界格局。也就是说，人类中心坍台了，人类至上性消失了，但世界依然在运行，虚拟世界并没有因为现实世界的逻辑失效而虚无殆尽，恰恰相反，虚拟世界正是在破除人类中心主义的过程中，成功创生的一种新的机制模式，是迥异于现实世界的另一种真实世界，这个世界的一个突出特征，就是人类中心主义或任何中心主义的丧失。

③ 王莹. 人工智能法律基础［M］. 西安：西安交通大学出版社，2021：43.

创设规则调整社会关系的重要立场，同时是伴随着人类的发展而不断完善的。不过，虽说人类中心主义一切以人类的利益和价值为出发点，以人的角度去评价和安排整个世界，但这并不是一成不变的，而是随着人类的实践和认知的深入而不断发展的。

在不断反思近代人类中心主义的缺憾与弊端后，新人类中心主义（也称为“现代人类中心主义”“开明的人类中心主义”“弱人类中心主义”）被提出，强调为解决人类所面临的环境生态危机，应立足于人的利益需要及其满足来看待人与自然之间的关系。因此，人类必须保护自然资源环境，做到与大自然和谐相处（陈亮，2017）。换言之，在现代社会中，人类中心主义的实质内容并非追求人的利益和欲望的非理性满足，而应是以“人类的整体、永续的健康发展”为中心，以“有利于人类整体的可持续发展”为尺度来衡量自然，来认识和改造自然（饶品华，2015）。新人类中心主义强调对人工智能发展过程中可能存在的反制与反噬人类之刑事风险的必要关注，防范人工智能的纯粹自动化运行侵损人类法益，这正是出于保障“人类的整体、永续的健康发展”以及“有利于人类整体的可持续发展”的现实考量。

纵观现代法律主体制度的生成经过，现代法律主体的诞生是法律位格的简化和一元化的收缩过程，原本差序结构的法律位格被收窄为世俗化人类中心主义的法律主体（张绍欣，2019）。“在处理人与自然的关系上，不能用伦理学的观点来强调人与其它生物的平等，只注重人与自然和谐的一面而放弃人与自然的斗争，这只是不智的唯心主义的思想。我们应该尊重历史客观事实，利用现代人工智能的力量在相互作用相互联系的过程中，去协调人与自然的关系，达到人与自然的共同发展。……在利用人工智能时我们应认识到发展运用的过程中既有客观必然性，又充满偶然性，人工智能的结论不可能具有高度的准确性和精确性，人类对人工智能技术的探索过程受到时间、空间、自身观念结构、知识结构及表述方式的限制，人既是旁观者，又是参与者。我们即使详尽地知道人工智能发展的初始条件，也很难精确预言它的以后状态，而自然界与人类社会在本质上同处不可逆的世界，不可以舍弃时间坐标，必须考虑人工智能对自然、人类社会产生的影响和后果，必须对之采取历史发展的态度和联系发展的系统方法。”① 肯定人工智能具有法律人格或独立刑事责任主体地位，将作为人类人造物的人工智能与人类自身有限度的等同和并列，有削弱人类的主体性地位和人格尊严价值之虞。

本书认为，非人类中心主义对人类中心主义的指责主要是因为完全贯彻人类中心主义，以人类及人类自身的利益为行动的唯一指针，势必将严重破坏包括动物等在内的自然生态环境，进而威胁到人类自身的可持续发展。非人类中心主义并不是对人类中心主义的根本反动，并非试图否定人类的地位及其利益，而是寄希望于建立人与自然和谐共生的模式，让人类能够更好地生存和延续。对此，有非人类中心主义者明确表示，“我们提出对传统‘人类中心主义’的反思和批判，并非彻底否定它的历史合理性。即使在现代，‘人类中心主义’仍然有它的价值位置，可以说，地球上的任何一个物种包括人在内，他们的一切活动和思想意识都是从有利于自身的生存和发展出发的，这种‘唯我性’的活动方式乃出于一切生命的本能，因而无可厚非。因此，全盘否定‘人类中心主义’的合理性而主张‘自然中心主义’的观点，不过是以另一种方式犯了与‘人类中心主义’一样的错误”②。“从对自然的控制转向对自我的控制，表明传统的价值观的合理性在当代的失效。人类需要一种人与自然的新型关系，即生态中心主义下的人与自然协调发展关系。”③ 主张修正或摒弃人类中心主义而肯定人工智能独立犯罪主体资格的见解，从表面上来看是在现有人类（包括法人）法律主体资格之外，赋予人工智能法律主体资格，以打破人类法律主体资格的一元化格局，因而属于对人类中心主义的否定或弃守。但是，肯定人工智能独立犯罪主体资格实则是为了解决人工智能侵损人类利益时出现的归责疑难问题，是人类利益被人工

---

① 张华．走入哲学史的塑造论哲学［M］．济南：齐鲁书社，2010.

② 左亚文．资源　环境　生态文明：中国特色社会主义生态文明建设［M］．武汉：武汉大学出版社，2014. 论者还认为，我们提出对“人类中心主义”的反思和超越，不是要滑到另一个极端，主张“动物中心主义”“生物中心主义”“大地中心主义”，而是要从这种单维单线的本质主义或本位主义的传统思维中摆脱出来，在人与自然的相互联系中看待和思考人与非人的自然物的关系。

③ 薛晓明．中国“海上文化线路”遗产的环境法保护［M］．青岛：中国海洋大学出版社，2016.

智能侵损后法律机制对人类利益的救济，根本上维护的仍然是人类自身的利益，而非人工智能自身的利益，其更多体现的是人类中心主义而不是持论者所谓的非人类中心主义立场。在人工智能与人类的二元关系中，利益的归属者永远是人类，而不可能是人工智能，毕竟难以想象睿智的人类会创造新的主体来分担人类本就相当稀少的利益和资源。

第三节 理念困境三：不当地以谦抑性为由缓和人工智能刑事风险治理

刑法的谦抑性乃刑法最基础、最独特的属性之一，但却不知从何时开始，在讨论刑法是否应当介入某种新行为或者新领域的规制时，谦抑性总会被提出来作为反对刑法规制的理由，以至于不得不使人产生如下印象：刑法谦抑性乃反对刑法规制的标配性论据，刑法应当始终保持稳定，不应根据社会变迁或者国民的要求而扩张。例如，根据国家治理现代化的现实需要，《刑法修正案（十一）（草案）》将人民群众普遍关注和反应强烈的高空抛物行为、妨害安全驾驶行为、非法催收不受法律保护债务行为等行为犯罪化，并提高与人民群众切身利益密切相关的犯罪的法定刑配置，但却遭到了学者的质疑，“从草案内容来看，在整体上依然遵循了刑法适用范围扩张和重刑化发展的思路。……近年来刑法更新频率和幅度明显加快，已然有在公共情绪支配下刑罚权过度扩张的隐忧，而当前刑事立法强调重刑主义，忽视司法自身的调节能力，也暗含着法律风险”①。也有类似观点认为，“刑法立法和司法中出现的犯罪圈的扩大以及重刑化倾向悖离了刑法谦抑性的基本理念，体现出社会治理对刑法的过度依赖”②。

---

① 韩轶．刑法更新应坚守谦抑性本质——以《刑法修正案（十一）（草案）》为视角［J］．法治研究，2020（5）：49-55.

② 李洁，孔祥参．刑法的扩张对谦抑性的悖离［J］．社会科学辑刊，2020（2）：61-68.

"刑法谦抑主义虽然彰显了古典刑法保障个人权利的理念，但是谦抑性并非一个价值中立、超越时空、至高无上的刑法原则。直面现代社会刑法法益保护与人权保障的内在紧张关系，仅从单一化的谦抑主义维度去评判刑法发展的得失是偏颇的。"① 毋庸讳言，社会治理是牵涉多方面的系统性工程，社会治理能力的现代化需要依托多元合理且科学的社会治理体系，而无论社会治理体系的内容为何，刑法始终是社会治理体系中最后且最有力的制度性机制。如果刑法在社会治理体系中缺位，社会治理缺乏刑法的强力保障，这样的社会治理体系注定是"软绵绵"的、松散乏力的，势必难以有效破解社会治理中的难题，也根本无法满足人民群众对社会治理能力的期待。

在人工智能刑事风险及其刑法治理的研讨中，刑法谦抑性几乎无悬念地成为是否应当肯定人工智能独立刑事责任主体地位以及刑法是否应当介入包括人工智能在内的科技创新领域的论争焦点。部分学者正是以违反刑法谦抑性为由反对赋予人工智能法律人格或者刑事责任主体地位（时方，2018；王殿宇，2019；余德厚，2020），部分学者认为刑法对人工智能刑事风险的规制牺牲了刑法谦抑性（陈叙言，2019；赵秉志、詹奇玮，2019），部分学者以需要遵守刑法谦抑性为据强调刑法治理人工智能刑事风险要坚持补充性或最后性原则（刘艳红，2019；王雅佳，2020），还有学者认为刑法作为制裁性法律对人工智能科技研发与运用的规制应当保持谦抑性，防止刑法规制的范围和力度制约人工智能技术的发展（张全印，2018）。我国有学者表示，人工智能立法应该"避免公权力过早介入人工智能领域而对技术及产业发展造成阻碍，采取包括开放的态度欢迎人工智能时代的到来，容忍人工智能领域的各种争议"②。德国学者 Marauhn 也提出，"使用强制性的法律来限制与人工智能使用相关的风险，亦绝无法穷尽所有的可能性。但也不应该忽视的是，在创新领域行为人需具有创造性且愿意合作。如果适用强制性法律不必要地阻碍了创新空间，则可能适得其反。人工智能的创新发展需要空

① 孙国祥．反思刑法谦抑主义［J］．法商研究，2022，39（1）：85-99.

② 潘铭方．人工智能：从规划迈向立法［J］．电子知识产权，2018（4）：84-87.

间。尽管如此，使用法律手段确保一个适合创新的环境不应成为唯一的目标，还需要明确伴随创新而来的责任”。①

综合来看，刑法谦抑性在人工智能刑事风险刑法治理研讨中扮演的角色既有积极的维度，也有消极的侧面。然而，无论是积极还是消极，学者对刑法谦抑性理念的理解均是在缓和、否定刑法介入人工智能刑事风险规制的意义上展开的，强调人工智能属于新兴科技，刑法前置法以及伦理道德等尚未对人工智能的研发和运用提出为世人公认的、明确的规制标准，人工智能刑事风险的类型及表现仍有待进一步明确，刑法此时介入人工智能刑事风险的规制和治理过于操切。不过，如前文所述，人工智能刑事风险并非都是尚未明了的新兴风险，人工智能刑事风险主要是人工智能被用作于犯罪工具以及被作为犯罪对象的风险，这些风险给人类利益带来的损害丝毫不亚于传统犯罪工具或者传统犯罪。因此，在运用刑法谦抑性对人工智能刑事风险刑法治理进行评判时需要特别慎重，要坚决防止对刑法谦抑性的不准确把握和对人工智能刑事风险的不精确识别，以免导致刑法应当介入却因谦抑性的不正当主张而未介入。

在本书看来，关于刑法谦抑性的内涵及机能，刑法规制的犯罪圈扩张也好，所配置的法定刑加重也罢，其实个中之“扩张”与“加重”均没有一个相对明确或者恒定的标准作为是否“过度”的参照。不宜也不应因为刑法新增某个罪名对某种行为进行规制，或者降低原有入罪标准将原本的违法行为犯罪化，或者提高部分罪名的法定刑，就认为一定或必然抵触或悖离刑法谦抑性，或就将刑法谦抑性搬出来进行一体化的反对或批判。特别是在当前人民群众奋力追求日益增长的美好生活的特殊时期，人民群众对社会治理体系及其效能的发挥提出了更高的要求，刑法不可避免地要积极释放自身内在的治理性功能，出现一定程度的扩张或者重刑化变动有其历史必然性，以谦抑性为由对此现象进行否定性评价应当更为慎重。如下所述，刑法规制范围及力度的变动是否抵触刑法谦抑性的基本标

① 威斯迈耶，拉德马赫．人工智能与法律的对话［M］．韩旭至，李辉，等译．上海：上海人民出版社，2020.

准不在于刑法自身，而在于对特定行为进行规制（治理）的体系是否健全科学，其他非刑事机制规制（治理）效果是否良好等方面。

本章小结

人工智能刑事风险刑法治理的理念困境是在刑法是否应当介入人工智能侵损人类利益的风险规制以及介入的范围和程度方面的抽象认知维度出现的困难，势必严重影响人工智能刑事风险刑法治理的制度建设、规则形成以及实际效果。当前人工智能刑事风险刑法治理面临“三重理念困境”：误认为人工智能的刑事风险是“伪问题”、轻易否弃人类中心主义的根本立场以及不当地以谦抑性为由缓和人工智能刑事风险治理。整体而言，造成刑法治理理念困境的因素必然是系统且多元的，但对人工智能刑事风险的认识不清以及对刑法参与人工智能风险治理的实际价值和应然机能的把握不足，应该属于其中相对重要的原因。

此外，人工智能刑事风险刑法治理的议题必然包含人类与人工智能内在关系和相处模式的论争，因此，是坚持人类中心主义还是非人类中心主义对于人工智能刑事风险刑法治理同样具有基础性影响。人工智能刑事风险刑法治理的良序展开，必须要尽最大可能破除理念困境。在设计刑法治理方案时，理应坚决抵制人工智能刑事风险乃“伪命题”的论断，肯定人工智能刑事风险的真实性和客观性；继续坚守现代人类中心主义的基本立场，切实维护在人类与人工智能共生关系中人类的利益和安全；正确认识刑法谦抑性的实质内涵与机能，鼓励刑法积极发挥在预防和控制人工智能刑事风险中的治理性价值。

第四章　人工智能刑事风险刑法应对的实践困境

如果说理念困境是人工智能刑事风险刑法治理在治理前提、根本立场以及正当根据等相对抽象或宏观层面遭遇到的困难或论争，人工智能刑事风险刑法应对的实践困境毋宁是运用刑法规范和抗制人工智能研发和应用中存在的损害人类利益的行为或安全风险时可能遇到的具体障碍。理念困境系实践困境产生和决定实践困境化解难度的深层原因，实践困境是理念困境在刑法治理路径与方案等具体议题上的具体化和现实化。

刑法治理（应对）是借助刑事评价和制裁机制，将特定危害社会之行为评价为值得刑法非难的犯罪行为，进而通过刑事责任的追究实现惩罚、预防和遏阻此类行为的目的。就治理的基本构造来看，特定行为的刑法治理大致可分为两种模式：一是发生学意义上的治理，即遵循特定行为生成、发展的逻辑顺序与机理阶段，从事前的角度就其中涉及刑法评价的重点方面展开刑法评价；二是制裁学意义上的治理，即立足于危险或危害结果的时点，从已经发生的刑法性后果向前追溯至行为发生源头的回顾性评价。应当说，刑法治理的两种模式各有千秋、难分高下，选择何种模式的刑法治理端视所欲治理的特定行为或特定现象而定。

鉴于人工智能刑事风险刑法治理是以刑法规范和抗制人工智能所附带的刑事风险，而刑事风险本身内含动态性和发展性，具有从比较轻微的抽象危险性到相对严重的具体危险性再到最终现实化为客观危害后果的现实可能性。刑事风险发展恶化的过程实则是人工智能危害人类法益的具体阶段及其表现，更符合发生学意义上刑法规制模式的特征。因此，本书选择第一种刑法治理模式，参考犯罪行为发生和发展的属性，将人工智能“犯罪”解析为“犯罪”人工智能在主观罪过的支配下实施的严重损害人类利益的“行为”，重点剖析此过程中刑法治理面临的实践困境。由于严重损害人类利益之结果性要件的判断相对容易并且往往都已成为客观事实，在实践中不存在特别疑难和困惑，人工智能刑法治理实践困境主要存在于人工智能是否具备独立刑事责任主体地位（犯罪主体资格）、是否能够形成犯罪主观罪过、其侵损人类法益的举动是否具有实行行为性，以及如何判断所发生的危害后果是否具有客观归属性（因果关系）这四个方面。

第一节　实践困境一：人工智能是否具备独立的刑事责任主体地位

综观“人工智能+刑法”的研讨议题，人工智能刑事风险的具体内容及其应对机制向来是学界关注的焦点。甚至可以毫不夸张地说，除部分对人工智能范畴内的数据安全保护等议题的研究外，现有关于人工智能刑事风险刑法治理的研究始终没有也未能够脱离对人工智能是否具备独立刑事责任主体地位进行不同侧面的展开。人工智能是否具备独立刑事责任主体地位，能否直接追究“犯罪”人工智能而非身处人工智能背后之人（自然人或法人）的刑事责任，俨然已经成为人工智能刑事风险治理研究不得不直面的中心议题。诚如刘宪权教授所言，“人工智能机器人是否应具有刑事责任主体地位这一问题已经成为刑法学者必须解决、不能回避的问题，这是因为这一问题是从根本层面对以自然人为主要刑事责任主体的传统刑法格局提出的质问和挑战”①。不过兴许正因如此，关于人工智能是否具备独立的刑事责任主体地位，理论界形成了纷繁的学术主张。

一、是否应肯定人工智能刑事责任主体地位论争的基本主张

从横向来看，是否赋予人工智能刑事责任主体地位形成肯定论与否定论的激烈交锋。在人工智能刑事风险刑法治理研究的初始阶段，马治国教授曾尝试将人工智能的智能化程度作为判断人工智能是否具备刑事责任的指标依据，提出：智能化程度较低的人工智能相当于完全无刑事责任者，无须对其所实施的不法行为承担刑事责任；智能化程度较高的人工智能根据智能化程度的完整性，可以分别等同于相对有刑事责任者或者完全有刑事责任者，前者对应《中华人民共和国刑法》第十七条第二款规定的八种法定犯罪行为承担刑事责任，后者对所有不法行为承担刑事责任；间接性系统异常或者中病毒的人工智能则相当于间接性精神病人或酗酒的人，属于特殊刑事责任者，不对其实施的不法行为承担刑事责任（马治国、田小楚，2018）。

本书注意到，马治国教授的上述主张遭到学术界部分学者的猛烈批评：“主张形式上貌似合理，但从实质上来看这一观点存在明显的漏洞”，“上述观点的方案似乎较为随意，且破坏了刑法的严肃性”。② 尽管本书对马治国教授就人工智能与既有刑事责任主体所展开的类比感到无比惊叹，但却无意对此种类比的科学性和合理性进行评述，仅想表明持论者的此种主张的潜在之意：无论是缺乏自主意识的弱人工智能抑或是具有自主意识的强人工智能都应肯定其刑事责任主体

---

① 刘宪权．人工智能时代的刑法观［M］．上海：上海人民出版社，2019.

② 李立丰，王俊松．人工智能嵌入刑法体系的障碍与定位——兼论刑法教义学体系下风险社会理论的反思［J］．法治研究，2023（1）：133-146。持论者提出，马治国教授将技术评价标准引入到刑法规范中的主张不存在正当性的依据，毕竟技术规范与刑事责任认定标准的出身不同，也即两者的制定主体与制定程序都有着很大的差别。比如，刑法在对未成年人刑事责任年龄的划分上，一贯以未成年人利益最佳原则为根据，考虑因素既有未成年的双面角色，也有长远利益发展的追求。但是，反观人工智能刑事责任年龄的划分，其对无刑事责任年龄或者相对负刑事责任年龄阶段的划分并未提供可靠依据，仅技术标准和智能程度高低支撑着人工智能刑事责任能力的划分。将人工智能间接性中病毒或者系统异常的情形类比为间接性精神病人的观点更是站不住脚，因为人工智能所谓的“发病”原理与精神病人并不相同，而且这一主张忽视了人工智能可被及时修复的情况。

地位，是否具有自主意识（智能化程度高低）不影响人工智能是否具有独立刑事责任主体地位，真正影响的是作为犯罪主体的人工智能的刑事责任能力是否完全。全面肯定人工智能刑事责任主体地位的观点，即便是在主张赋予人工智能独立刑事责任主体地位的肯定论中也属于少数者学说。肯定论者普遍承认具有自主意识和意志、能够自主行为的强人工智能应当通过拟制的方式被赋予独立刑事责任主体地位，而对于弱人工智能则仍应由身处人工智能背后的研发者、制造者、管理者或使用者（所有者）等自然人或法人承担刑事责任，即反对赋予弱人工智能刑事责任主体地位，强调弱人工智能仍属于犯罪工具的范畴（卢勤忠、何鑫，2018；刘宪权，2019g；刘宪权、张俊英，2019；何鑫，2019；姜涛、柏雪淳，2019；何涛、魏俊斌，2019；刘晓梅、刘雪枫，2019；吴高臣，2020）。否定论者对肯定论者的持论依据进行系统商榷，并根据当前人工智能发展的代际特征以及对人工智能技术发展趋势的把握，强调即便是具有自主意识和意志、能够自主行为的强人工智能也应当拒绝授予其独立刑事责任主体地位，“人工智能犯罪并非‘人工智能’本身的犯罪，而是指对人工智能设计、开发、制造、利用过程中‘人’的犯罪”①。

从纵向来看，人工智能刑事主体地位是否独立化的学术争议呈现出明显的阶段性特征，并表现出从早期狂热激进到当前理性审慎的积极转向。早期刑法学界对人工智能所附带的刑事风险保持高度警惕，同时认为具有自主性的人工智能特别是强人工智能将在实际运行中因其自主性而损及人类法益，但此种自主性特征使得人工智能对人类法益的侵损难以有效归属于既有法律主体之自然人或法人，因此早期研究者积极主张赋予人工智能以独立刑事责任主体地位，由人工智能自

① 王利宾．人工智能犯罪的主体属性及罪刑改革［J］．福建警察学院学报，2020，34（3）：35-44．类似观点参见董玉庭．人工智能与刑法发展关系论——基于真实与想象所做的分析［J］．现代法学，2019，41（5）：120-134；朴宗根，杨玥．人工智能法律主体资格之刑法评判［J］．南宁师范大学学报（哲学社会科学版），2019，40（5）：168-173；胡莎．对人工智能体作为刑事责任主体的反思［J］．广州大学学报（社会科学版），2019，18（2）：109-115；张成东．强人工智能体刑事主体地位之否定［J］．时代法学，2019，17（5）：54-62；陈伟，熊波．人工智能刑事风险的治理逻辑与刑法转向——基于人工智能犯罪与网络犯罪的类型差异［J］．学术界，2018（9）：74-91．

身承担其侵损人类法益的刑事责任。其后，随着对人工智能领域相关技术原理的深入关注，尤其是注意到即便具有自主性的人工智能也难以与人类匹敌，有学者提出肯定人工智能具有刑事责任主体地位的主张未充分认识到作为刑事责任主体的自然人（包括法人）与人工智能之间的固有区别，无论人工智能技术如何发展，人工智能都是人类创造出来服务于人类的“工具”或“物”，其虽可感知周围环境的变化，却无法真正对人类所独有的爱憎离合等人类情感“感同身受”。

在否定论者看来，即便在世纪性的“人机大战”中，以人工智能为技术基础的 AlphaGo 或 AlphaGo Zero 在大败人类顶尖棋手之后也不会感受到丝毫胜利的喜悦或激动，自然同样无法感知到刑事机制就其实施严重损及人类法益行为给予的“刑罚”所蕴含的非难和谴责。再者，在伦理道德、民事法律和行政法律等均就是否应该赋予人工智能以法律人格等达成共识之前，刑法贸然赋予人工智能独立刑事责任主体地位，将使对人工智能刑事风险的刑法治理建立于极为脆弱的基础之上，仍不足取。

诚然，否定论反对赋予人工智能独立刑事责任主体地位，但否定论者并非对人工智能发展过程中可能出现的刑事风险置若罔闻，而是主张通过运用现有刑法规范或者创制新的刑法规范来规制人工智能的研发和应用，使法律责任依旧归属于人工智能背后的人类，防止人类不当研发或者运用人工智能。对于人工智能完全超出人类程序设计或者预见可能性所造成的侵害人类法益的问题，不通过法律归责予以解决，而试图通过强制保险制度或者储备金制度等社会性风险分摊机制，给予受害人相应的保险补偿。如曾担任美国消费者保护局局长的人工智能专家大卫·C. 弗拉德克在研讨“复杂事故中有关负责人缺失的机器和责任规则”时提出，“在无人驾驶汽车发生故障并对人员或财产造成损害时，将故障归咎于车辆的制造或设计师是不合理的。法律需要制定最符合受影响集体利益的应对措施”，并建议“建立严格的责任制度，完全脱离这一组案件的过失概念。在这里，严格的赔偿责任制度不能基于车辆是‘极端危险的’或‘不合理的危险’这样的论点，原因很简单，即无人驾驶汽车的危险或风险可能远远低于它们所取代的产品。事实上，正是因为这些技术非常先进，我们才期望它们不会失败。因此，应当建立一个不诉诸风险效用测试或重新制定疏忽标准的真正严格赔偿责任制度，因为这些测试即使可能，也很难被受害方证明。在这种情况下，严格赔偿责任制度实际上将试行法院强制的保险制度，以解决侵权法不足以解决可能超越科学和技术前沿的赔偿责任问题”。为强调要以强制保险制度或者严格赔偿责任制度解决具有高度或完全智能化、自动化的人工智能侵害人类法益时的归责难题，他提出四点具有较强说服力的政策理由：一是为自身没有过错而受伤的人提供救助本身就是一个重要价值；二是有必要建立严格的赔偿责任制度，与受害方相比，车辆的创造者能够承担成本，也可以通过定价决策广泛分担来自损失的负担；三是严格的赔偿责任制度将使所有有关方面免除巨额交易成本，如果当事方必须提起涉及无法建立故障的无人驾驶汽车的责任问题，将会花费巨大的交易成本；四是一个可预测的责任制度可能比一个不太可能预测的系统能更好地刺激创新，这个系统依赖于一个不切实际的搜索，然后分配过错。①

从本书写作时所掌握文献来看，在是否赋予人工智能独立刑事责任主体地位的争论上，虽不宜断言肯定论已式微，但否定论超越肯定论成为主流见解的势态却已属明了（白海娟，2020；江国强、裴长利，2020；李本灿，2020；朱艺浩，2020；骆多、林星成，2020；赵文龙、张郁，2020）。这是对人工智能刑事风险属性和内容的准确认知，是对刑法介入科技创新领域所应坚持之根本理念和基础立场的忠实遵循，也得到了上述主张通过强制保险制度或严格赔偿责任制度解决完全自动化、智能化人工智能造成人类法益损害时责任分配问题的学者的呼应和印证。

二、是否应肯定人工智能刑事责任主体地位论争的主要理据

整合肯定论和否定论对各自主张提出的理据来看，在是否应当赋予人工智能

① C. 弗拉德克. 负责人缺失的机器：责任规则与人工智能［M］//赵万一，侯东德. 法律的人工智能时代. 北京：法律出版社，2020.

独立刑事责任主体地位上，两论的争议焦点主要集中于以下几点。当然本书后述之人工智能刑事风险刑法治理实践困境二与困境三也是两论争议的焦点，但基于行文逻辑安排的特殊考量笔者将其于后单列予以展开。

（一）人工智能实质属性

当前世界各国对“人形机器人”的开发正如火如荼地进行，而人形机器人很难从外表跟真人区分开来，机器人专家尽一切可能来实现机器人外形和动作上跟真人的一致性，并且随着人形机器人技术水平的不断提高，可以想象现在以及不久的将来人形机器人会变成我们的家用电器甚至是我们的陪伴者，它们既可以替代人类执行高难度的、危险性的工作，也可能造成人类的恐惧和厌恶。人工智能在部分刑法学者的讨论中都以“人工人”或者“智能机器人”的形式出现（刘宪权、胡荷佳，2018），似乎以“X 人”指称人工智能，再加上人工智能可以人形外观出现，人工智能就具备了与人类的可比性或者拟制性，就有被作为刑事责任主体对待的可能。对此，反对论者刺破了人工智能的面纱，破除人工智能的“人形”面相，将支撑人工智能运行的算法、程序代码作为人工智能的实质属性，“人工智能产品的代码属性决定其不能具备刑事主体资格。某一主体能够独立承担刑事责任的必要前提是该主体是独立的和可辨识的，这样刑罚才能最终得以落实”①。既然人工智能的实质乃算法或者程序代码，“算法的刑法规制是解决人工智能犯罪问题的核心点”，自然不可能承认算法或者程序代码的刑事责任主体地位（于冲，2019b）。

（二）关于犯罪能力方面

犯罪能力是犯罪个体能够实行犯罪并将犯罪实行完成所需要具有的本领。实施任何犯罪行为，除借助必要的外部条件外，行为人个体上还必须具备完成犯罪活动的行为技能以及个性心理。肯定论者认为人工智能拥有犯罪能力，不仅可以在程序设定范围内实施犯罪，还可以超逸程序设定实施其他犯罪；不仅能够独立

① 江国强，裴长利．人工智能体刑事主体资格的冷思考［J］．华北水利水电大学学报（社会科学版），2020，36（4）：77-82.

实施犯罪，还可与其他犯罪主体共同实施犯罪；不仅能够实施常规危害程度的犯罪，还可能实施倍增性危害程度的犯罪。而否定论者强调，人工智能虽然具有协助或替代人类从事某些工作的能力，但人工智能研发中存在著名的“莫拉维克悖论”，即“让计算机在智力测验中或在下跳棋时表现出成人水平相对容易一些，而让计算机在知觉和移动性方面达到一岁小孩的水平是十分困难甚至是不可能的”。心理学家史蒂芬·平克同样认为，“人工智能研究的前35年得出的主要教训是，困难的问题容易解决，容易解决的问题很难解决”[①]。受制于制造人工智能的硬件材料以及模仿人类知觉与感觉方面的技术，人工智能缺乏人类心智和情绪能力，即便能够感知外部客观世界物理性特征的细微变动，也不能像人类一样能够善于感受其他同类个体的情绪波动或者精神变化，并采取灵活多变的应对方法（叶良芳，2019）。因此，人工智能虽然在实际应用中可能造成某些损害性后果，但其是否能够“主动实施”某种犯罪则不无疑问，毕竟损害性后果不等同于犯罪。

（三）关于责任能力方面

责任能力是犯罪主体拥有的自由意志能力，包括认识自己行为危害性的意识能力和控制自己外部行为的意志能力，特定主体必须能够基于对自己行为危害性的认识自由选择实施该危害行为，始能肯定该主体具备责任能力。肯定论者为证成（强）人工智能的刑事责任主体地位必然要肯定人工智能如同人类一般具有自由意志。例如，刘宪权援引卡普兰关于物质实体的大脑以及大脑所获取的外部信息乃自由意志产生的两大条件的提法，指出人工智能专家在研发人工智能之初即是围绕如何让机器思考展开的（假定机器可以思维），人工智能内在的程序和算法是对人类大脑的替代，人工智能的智能化程度不仅会接近而且会全面超越人类大脑，而大数据以及深度学习技术的发展使人工智能可以极快的速度获取、提炼、归纳、整理外界的海量信息，以而全部齐备自由意志所需的两个条件。[②]

---

① 多梅尔．人工智能：改变世界，重建未来［M］．赛迪研究院专家组，译．北京：中信出版集团，2017.

② 刘宪权．人工智能时代的刑法观［M］．上海：上海人民出版社，2019：117-118.

对自由意志的上述解构思路也在以色列著名人工智能刑法学者 Gabriel Hallevy 的研究中得到体现。Gabriel Hallevy（2019）认为，自由意志能力包括意识和意图两个层面，要认定自然人意识到某些事实数据需要同时满足两个条件：通过感官吸收事实数据与在大脑中创建关于该数据的总体印象。人类五种器官吸收事实数据的能力，人工智能技术通过相应设备同样都能够具有，并且要比人类高级得多；虽然大多数人工智能技术都不拥有生物大脑，但它们拥有人工大脑，不仅能够通过分析事实数据来创建相应的总体印象，而且能够比自然人更准确、更快速、更好地工作，因此"人工智能技术有能力满足刑法中的意识要求"。关于意图的判断，Gabriel Hallevy（2019）提出，证明自然人意图必须能够推定出两个条件：结果的发生必须是极有可能预见到的以及行为必须是在完全具有意识的情况下实施的。强人工智能有为决策目的而评估事实事件发生概率并据此作出行为的高级能力，故"人工智能技术可以满足刑法中的意图要求"。此外，他还强调，每当决策者是人工智能时，决策过程都会受到相应的监控，因此故意的意志层面的所有组成部分都适用于人工智能，并且可以在法庭上予以证明。

本书注意到，有肯定论者结合依托量子力学兴起的现代泛心论，提出"合成物粒子含有自由意志属性"，认为未能自主创设算法的弱人工智能不具备责任能力的两大要素，无法成为刑事主体。而强人工智能具备相应程度的深度学习能力与理性能力，拥有刑法评价意义上的自由意志，具备成为刑事主体的关键要件（王耀彬，2019）。

然而在否定论者看来，自由意志是"人所独有的精神实体"，人工智能专家或脑神经专家至今仍未完全明确人类大脑的复杂结构以及意识的形成机理，肯定论者"证明人工智能具有自由意志的方案，均存在着无法超越自由意志这一人所特有的精神实体的藩篱"。同时，肯定论者"编程范围以内与以外犯罪"的提法，实际上是对智能机器人的行为表现与其自由意志的简单混同，并造成了辨认能力与控制能力的概念的虚化，其明确区分强、弱人工智能的差别实则表明其已经意识到在肯定人工智能具有自主意志方面仍存在必须攻克的重大技术难关（陈文、姜督，2020）。

（四）关于刑罚感受方面

赋予人工智能独立刑事责任主体地位的当然后果是，作为刑事责任主体的人工智能所实施的严重损及人类利益的行为将被评价为犯罪，并最终给予刑罚制裁。显然针对自然人和法人的既有刑罚方法难以适用于犯罪人工智能，因而必须按照刑罚性质与刑罚目的予以专门性建构。肯定论者必须根据其所预想的人工智能犯罪中主体、行为以及制裁根据与目的的特殊性，建构新型刑罚方法体系，当然这也是建立在肯定论者认可人工智能具有自由意志，能够感受到刑罚带来的非难和谴责，并且认为对犯罪人工智能施以刑罚能够实现刑罚剥夺再犯能力的特殊预防目的以及威胁或者教育其他具有犯罪之虞的人工智能不敢或不愿犯罪的一般预防目的的基础上的（刘宪权，2018）。

但是，否定论者对肯定论者为犯罪人工智能建立的刑罚体系的价值和目的提出了强烈质疑。除坚持人工智能缺乏刑法所要求的意识能力和控制能力而无法感受到刑罚带来的否定性评价外，否定论者还提出肯定论者所建构的删除数据等所谓的刑罚方法缺乏刑罚应有的惩罚属性，拥有“钢铁之躯”的犯罪人工智能也无法感受到此种惩罚所带来的痛苦情感。再者，肯定论者认为强人工智能是因为脱离人类控制而实施犯罪，但人类却又用所谓的刑罚措施“改造”犯罪人工智能，只要肯定此种改造具有成效性，那么也就说明即便是犯罪的强人工智能依然处于人类控制之中，从而出现前提和结论之间的矛盾。毕竟强人工智能之所以“强”正是因为其可以在算法支配和深度学习的影响下，根据它所接收的不同外部资讯自主行动，而此种自主行动原本已经超出人类的操控和支配，属于人类看来“不确定性”的事项。

正是考虑到以上可能，否定论者强调，“即使是完美的刑罚体系，对人工智能产品来说都没有意义”①。“肯定论为了强化结论的正当性，将所有刑罚目的如

① 王殿宇．人工智能刑事主体资格之否定及其进路［J］．广西大学学报（哲学社会科学版），2019，41（5）：94-101.

报应论、一般预防论、特殊预防论等汇集一体，但这种论证基本苍白无力，因为任何所谓的刑罚都可以借助于既有刑罚目的论被重新表述一番，从而相关论述仅仅是套用了一个叙述模板而已。”①

（五）法人主体身份演绎

除上述理由外，有个别学者还援引动物曾经作为犯罪主体被审判或者《德国民法典》赋予动物以有限法律人格来肯定应该赋予人工智能刑事责任主体地位或法律人格（余成峰，2017；徐慧丽，2020）。同时，更多的肯定论者选择通过演绎法人刑事责任主体身份来说明生命及基于生命产生的“灵心灵性”并非刑事责任主体所必需。既然与自然人差别重大的法人都可以被拟制为刑事责任主体，没有理由否认人工智能成立刑事责任主体的可能性，毕竟二者都是自然人意志的体现或延伸。对此，否定论者强调，虽然法人背后存在自然人，法人意志由自然人意志汇集，法人的意志能力和行为能力由自然人代为行使，但这并非说明法人缺乏独立意志。现代法人制度存在一套完善的法人独立意志形成以及实现机制，“人工智能作为人造物与法人这种自然人组织体存在本质区别，它没有自己的意志能力，无法行使权利，承担义务和责任，所以两者的类比无法成立”。②

第二节　实践困境二：人工智能能否形成犯罪成立所需的主观罪过

根据主客观相统一的原则，犯罪的成立除要求刑事责任主体实施了严重侵害法益的不法行为外，还要求该主体主观上必须具备对该不法行为产生之危害后果的犯罪故意或过失。即便客观上造成了法律不期待的危害后果，只要该后果是超

① 冀洋．人工智能时代的刑事责任体系不必重构［J］．比较法研究，2019（4）：123-137.

② 王艳慧．人工智能民事主体地位的论证进路及其批判［J］．华东政法大学学报，2020，23（4）：83-92.

出主体预见可能性的意志以外的原因所致的（意外事件）或者主体虽然预见到该后果的发生却因为不可能抗拒的原因而未能防止结果发生（不可抗力），仍旧不能肯定犯罪的成立。[①] 通常而言，犯罪成立所需的主观罪过不仅要求行为人对自己实施的行为或所造成的后果的客观事实特征进行认知和控制，还要求行为人认识到自己所实施的行为或所造成的后果的规范属性存在值得刑法非难的过错，此即规范性责任的主观维度。“故意和过失不能不成为一种评价性概念，而不仅仅是对行为人心理事实的如实描述。”[②]

具体来说，规范的犯罪故意不仅不是日常生活中的故意概念，也不是纯粹心理层面认识到结果的发生，而是指从规范立场出发的行为人应当对未认识到结果发生负责任的状态。对此，冯军（2009）曾精辟地指出，“故意不是一个心理概念，而是一个规范概念，问题不在于没有认识结果的发生，而在于没有认识结果的发生是否具有理性的根据，社会是否应该对没有认识结果的发生表示宽恕，而社会是否应该表示宽恕则取决于一个理性的社会能够自己承担后果而无须由行为人承担后果的范围和程度”[③]。而在规范视阈中的犯罪过失，则系以结果的预见可能性为要件，其成立必须肯定在行为的时点上行为是危险的，最终行为人由于懈怠注意义务以致未能预见结果发生或者未能回避犯罪事实。结果预见可能性是行为与结果之间存在关系的前提条件，在此前提下可以对行为人赋予回避危险行为的义务。正如日本刑法学者高桥则夫所言，“过失意味着不注意，而不注意指的是违反注意义务，也即违反应当为了回避犯罪事实的实现而小心谨慎的义务。根据不注意这一概念要素，过失与无过失得以区别。具体而言，无过失是指不存在不注意的情形，因此即使存在法益侵害，这也是因为不可抗力造成的事故或偶

① 高永明．论刑事责任的生成［M］．北京：知识产权出版社，2018；作者强调，犯罪成立的过程体现了责任的成立，如果说犯罪成立是对行为人的客观事实行为进行的规范评价的话，那么在犯罪成立等于责任成立的条件下，责任无疑是对犯罪人的规范评价。

② 周铭川．风险刑法理论研究［M］．上海：上海人民出版社，2017.

③ 冯军．刑法问题的规范理解［M］．北京：北京大学出版社，2009；冯军教授还强调，不能心理地把故意仅仅视为“已经知道”的问题，而是要规范地把故意也视为“应该知道”的问题，即把故意视为“对不知道负责”的问题。

然的事故，并不能对其作出违反规范的评价”①。

如果要求犯罪成立必须具备规范的主观罪过，人工智能刑事风险的刑法治理特别是肯定人工智能独立刑事责任主体地位的立场势必要解决人工智能的规范意识和规范能力难题。人工智能固然可以凭借强大的感知设备和数字处理设备，搜集并处理外部客观世界的变化信息，根据预先设计的程序或通过深度学习形成的程序，输出相应的反应，但这种对外部事实信息的搜集、识别和处理更多是针对作用对象的客观事实特征，并不包含其价值意涵及规范特质。既然人工智能缺乏相应的规范识别能力和规范处理能力，那便不可能期待人工智能能够真正认识到自己的“行为”侵害人类法益的规范性质，自然也不可能要求人工智能在认识到自己的“行为”侵害人类法益时自动停止或放弃。

值得注意的是，为了解决人工智能刑事归责的这一难题，有肯定论者大胆地提出，大可效仿学校教授学生法律法规或者借鉴法律工作者进行普法宣传的经验，由人工智能设计者在程序设计之初便径直将人工智能所需要的法律规范属性编入人工智能的算法，以此赋予人工智能规范识别和处理能力，而人工智能的记忆力远胜于人类，其对法律规范的接受能力和接受效果也必定强于人类。② 这种“创见”姑且不论技术上的可行性，因其内含对人类主体性价值的贬低，毋庸置疑地遭到了反对论者的猛烈批判，“将编程过程中机械地录入法条内容等同于自然人的法律研习经历，不仅未能看到法律学习背后深层次的认知学习机理，同时也是对人作为社会主体的不尊重”③。在本书看来，规范识别和处理能力要求对法律内容以及其深层意涵有深入理解和认知，并且最终表现为透过法学方法的妥善运用而将法律规范的意涵真正用于解决法律纠纷，这绝非人工智能纯粹通过所谓直接植入法律规范模块或者一般性的感知和处理信息能力能够胜任的。

---

① 高桥则夫．刑法总论［M］．李世阳，译．北京：中国政法大学出版社，2020.

② 陈叙言．人工智能刑事责任主体问题之初探［J］．社会科学，2019（3）：110-118.

③ 张成东．强人工智能体刑事主体地位之否定［J］．时代法学，2019，17（5）：54-62.

人工智能缺乏人类所具有的跨领域推理能力，无法根据已经认识到的事物将其他相互关联的事物有机联系起来，以致其无法在系统中完整地审视所认识和控制之事物或行为的整体意义。“人和今天的AI相比，有一个明显的智慧优势，就是举一反三、触类旁通的能力。……从表象入手，推导并认识背后规律的能力，是计算机目前还远远不能及的。利用这种能力，人类可以在日常生活、工作中解决非常复杂的具体问题。”① 即便连人工智能专家对人工智能对人类大脑以及意识形成过程的模拟也缺乏乐观的预计，“人脑是一个丰富的相互关联的信息的载体，它的许多内容是连续变化的，然而机器却不具有这个特性，它们的智能依靠我们通过内省似的类比得到非常有限的体现。……在理解了产生意识的机制以前，我们不大可能设计一个恰当形式的人造机器，也不能得出关于意识的正确结论。人类必将探索新的非图灵机概念来尝试解决当前这一代人工智能所面临的更深层的问题，从而摆脱人工智能在理论和实践上的困境”②。

事实上，德国当代著名哲学家韩炳哲（2023）在详尽剖析人工智能与人类思维的特点后，提出人类思维与人工智能的根本性区别，强调“人工智能不进行思维，因为它从来不是在自身之外”。在他看来，“（人类大脑）思维在更深的层面上是一种已经被规定好的模拟（analog）进程。在思维用概念来把握世界之前，它已经被世界感动（ergriffen），更确切地说，被世界激发。激发式的东西最适合人的思维。思维最初的形象比喻就是起鸡皮疙瘩。人工智能不能进行思维，这是因为它不会起鸡皮疙瘩。它缺少激发和模拟的维度、缺少感动（ergriffenheit），数据和信息无法提供感动”，“人工智能从过去出发来进行学习。它计算出来的未来不是本真意义上的未来。它看不到事件的发生（erreignisblind）。但是思维具有事件发生的特点。思维将某种完全他性的东西放置到世界中。人工智能恰好缺

① 李开复，王咏刚．人工智能［M］．北京：文化发展出版社，2017：129-130.

② 马兆远．人工智能之不能［M］．北京：中信出版社，2020：251-252；作者提出，解决人类智能的极限和人工智能的极限问题，除了与哥德尔不完备定理有关外，还需要对大脑和计算机更精细的模型做更大胆的研究，而且还需要将学习、问题求解、对策理论与实数论、概率论和几何学知识结合在一起，探索其如何对问题的解决起实质性作用。

乏那种让重要意义上的新事物得以开始的断裂的否定性。它延续的终究是相同的东西。智能的含义是在某些东西中作出选择（inter-legere）。它只涉及一种在预先给定的选项之间所作的选择，归根结底是在 1 和 0 之间作出选择。它的运转不超出预先给定的东西，不进入不可通行之地（das Unbegangene）。”①

概而言之，人工智能对人类智能和智慧的模拟永无止境。在人类对自己的大脑构造和意识形成机制作出明确了解前，不仅当前研发的人工智能缺乏产生意识的机能，未来研发的人工智能也会在意识和思维这一点上与人类天差地别。因此，不能简单地将人工智能对外部世界的客观感知认定为类似于人类的意识（辨认）和意志（控制）能力。

再者，人工智能刑事风险刑法治理在主观罪过方面的实践困境还体现在人类（司法者）难以真正透视人工智能特别是强人工智能的深度学习经过，这使在人类滥用具有自主性的人工智能实施犯罪时难以准确判断滥用者的主观罪过，甚至对于人类是否有可能真正滥用具有自主性的强人工智能实施犯罪仍未可知。事实上，既然肯定论者肯定人工智能可能脱离人类控制侵害人类，或者肯定人工智能可能超出编程范围实施犯罪，那么对于已经脱离人类控制的或者已经超出编程范围的人工智能，又将如何判断其是否具有犯罪故意或犯罪过失呢？当然，为回避这一判断难题，肯定论者又提出引入严格责任理论，只要人工智能客观上发生侵害人类法益的事实，无论其主观上是否有过错，均依照严格责任理论追究其严格责任（刘宪权，2020b）。不过，严格责任理论有其严密逻辑体系，在人工智能刑事风险刑法治理面临主观过错认定难题的具体场合，就提出引入严格责任理论既明显存在“头痛医头、脚痛医脚”之弊，也忽视了严格责任理论与我国刑事责任体系之间客观存在的区隔，还容易混同在人工智能致人损伤时的民事责任与刑事责任，消弭民事追责和刑事追究本质上的差异。

---

① 韩炳哲．非物生活世界的变革［M］．谢晓川，译．上海：东方出版中心，2023.

第三节 实践困境三：人工智能侵损法益的举动能否被评价为实行行为

“行为概念是犯罪的基底，没有行为则无法想象犯罪的存在。”① 作为现代行为主义刑法的基础，实行行为是犯罪成立必不可少的核心要件，即便行为人主观上具有实施犯罪的意图，只要缺乏实行行为即不能进行归责或归罪。某种举止是否能够被认定为实行行为，必须满足有意性、有体性和有害性三个特征，即实行行为是在行为人主观意思支配下所实施的对社会有害的外部举止。人工智能侵损法益的举动能否被评价为实行行为也是人工智能刑事风险刑法治理必须明确回答的问题，是人工智能刑事风险刑法治理所面临的重要挑战。

对于上述问题，倡导赋予人工智能刑事责任主体地位的学者提出，人工智能时代的到来，在对融入弱智能机器人能动性的行为性质的认定和对强智能机器人自主实施的行为性质的认定两个方面，使传统刑法中行为的内涵面临冲击。融入弱智能机器人能动性的行为仍属在人的意识支配下实施的行为；强智能机器人自主实施的行为与自然人在意识支配下实施的行为都是行为主体自由意志的体现（刘宪权，2019c）。否定论者提出，人工智能表现于外的举止是在既定编程下作出的固有举动，而非其基于自身对外部世界的感知而自我选择实施的自愿性举动；其所实施的外部动作并非其基于自主意识“有选择地”实施，而是机械地“执行”既定编程程序（张成东，2019）。

应当承认，上述否定论者关于人工智能外部举止的评判更符合人工智能的运行原理。“计算机程序纯粹是按照语法规则来定义的，而语法本身不足以担

① 黄明儒．刑法总则思与辨［M］．湘潭：湘潭大学出版社，2018.

保新的意向性和语义的呈现，程序的运行只具有在机器运行时产生下一步形式化的能力，只有那些使用计算机并给计算机一定输入，同时还能解释输出的人才具有意义。意义性是人类智能的功能，智能的本质绝不能被程序化，也就是说，智能的本质不是算法的。”[①] 正如俄罗斯学者所言，人工智能的法律人格不能等同于自然人或法人的法律人格，自然人具有法律人格，其行为具有主观意志，法人的行为也由自然人负责，如果没有自然人，法人就不可能有行为，“但人工智能的独立行为不具有意志”。[②] 显然，人工智能是在程序和算法支配下运行的人造物，其呈现于外的举止无论是符合程序设定的常规举止还是偏离程序设定的自主性举止，实则都是其程序运行的结果，绝非人工智能基于“自由意志”自主选择的自愿行为，人工智能也不能准确理解到此种举止的真正意义。

当代著名哲学家李泽厚（2019）在论及“自由意志”的伦理议题时表示，“一个人杀人和自杀或任何善恶行为，包括属于法律范畴的各种犯罪，都有其原因，都由因果律所支配。当然，因果律并不能等同于决定论，其中包含着更多的偶然性、概率性、循环性，等等，在现象上则呈现为‘选择性’。尽管人的行为的各种不同和对立的选择都可以找出其先天或后天的原因，但在当时，这个‘选择’却具有重大的伦理学意义，即必须厘定这个行为对社会群体的生存延续所带来的或产生的正负价值的效应，这些效应是由不同的自觉选择所作出的，从而‘自觉选择’便成了意志自律，即‘自由意志’的核心”[③]。人工智能技术与其根据所接收的反馈进行调整适应的能力相关联，这使得在解决问题和处理超出人工智能编程时所预定义的问询和指令等情况下，人工智能可以“决定”如何应对前所未有的情景，并“选择”如何驾驭新情况以成功实现某些目标。然而，由于人工智能缺乏基本的作为意志自律的“自由意志”，其外部表现或“举止”更

① 马兆远．人工智能之不能［M］．北京：中信出版社，2020.

② 鲁斯塔莫维奇，伊尔杜佐夫娜．从理论和实践角度分析人工智能的刑事责任［M］//张海斌．人工智能、区块链与法治：国别区域科技与法律动态．北京：法律出版社，2020.

③ 李泽厚．伦理学新说述要［M］．北京：世界图书出版公司，2019.

多受相关预定程序或者自主学习所产生程序的驱动。即便其外部表现或“举止”具有一定的自动性或不确定性（类似于人类的“随机应变性”），也很难认定人工智能的外在表现或“举止”是“自由意志”的外化，更难以真正厘定其外部表现或“举止”对社会群体的生存延续所带来的或产生的正负价值的效应，难以肯定其具有“伦理学的意义”。

在目前的发展状态及伦理观念下，人工智能的“举止”似乎很难被归入行为的范畴，毕竟人的行为向来作为人之自由意志的外在表现，直接或间接地表现人内在之伦理价值取向。申言之，即使把行为的“身体”维度排除在考察因素之外，关于行为的定义也永远都不适用于人工智能：人工智能的外部表现或“举止”既不能被视为“与社会相关”（社会行为论），也不能被视为刑法意义上的“自愿”（因果行为论）。社会相关性可能基于特定的历史背景，但它是通过社会动力和观念的演变而逐渐建立起来的，而人工智能系统仍然“太年轻”，无法聚集起如此具有社会意义和重要性的“临界质量”。换句话说，没有人会认为人工智能在无意中撞到桌子时改变路线的选择是自愿的，只要人工智能仅仅遵循一种算法，无论该算法多么复杂，它都会在遇到物理障碍时改变路线——或者更简单地说，只要人工智能像它希望的那样没有选择地继续撞向障碍物，即使该选择是唯一合理的，并且对人工智能实现其目标的“好处”也是如此。①

① Lima D. Could AI Agents Be Held Criminally Liable：Artificial Intelligence and the Challenges for Criminal Law［J］. South Carolina Law Review，2018（3）；Dafni Lima 还对人工智能举止的“自愿性”进行研究，她认为，至于自愿性，乍一看可以归因于任何根据给定事实进行“选择”的智能体，因此即使计算机根据输入和设定目标选择两个可用选项之一也可以说是选择。但在更深层次上，即使在身体运动中，自愿性也基于判断能力和自由意志。这就是为什么，一个人的梦游或者是作为条件反射时的身体运动在刑法中不能算作自愿的原因，而这种对判断能力的强调在责任和惩罚的情况下得到了进一步的反映。从这个意义上来说，自愿性意味着“他行为能力”，而一个被编程在遇到 B 时选择 A 的智能体不一定被视为做出了选择。因此，人工智能似乎还没有完全独立，甚至是具有做出自我毁灭决定的潜力。

第四节　实践困境四：人工智能侵损法益的后果是否具有客观归属性

犯罪成立除要求法定危害结果可以主观归责以外，还要求该危害结果能够客观归属于行为人。犯罪的客观归属性强调法定犯罪结果是由行为人所实施行为之内在危险客观现实化所致的，而该危害结果可以在规范上被认定为行为人的“作品”。判断某种法益侵害后果是否具有客观归属性应该坚持两个步骤：一是事实归因，即肯定危害行为与危害结果之间的因果关系；二是规范归责，即在肯定行为与结果之因果关系的基础上，进一步判断危害结果在规范上的可归属性，排除那些原本未创设法益侵害风险，虽然创设但却未实现法益侵害风险（法益侵害在规范上是由其他行为或原因所导致）或者不在犯罪构成效力射程之内的法益侵害结果的客观归属性。

尽管肯定论者阐释了人工智能犯罪中涉及的归因与归责问题，提出人工智能犯罪中客观归因问题系犯罪行为与危害后果之间纯客观的因果关系，而归责则需要对人工智能主观罪过等要件进行判断。持论者主张，人工智能犯罪的归因应当结合人工智能犯罪特殊性，在既有因果关系条件说的基础上吸收客观归责理论的合理成分，形成“双重筛选的条件说”，以此作为人工智能犯罪因果关系的认定（刘宪权，2020h）。应当肯定，在既有教义学范畴内结合人工智能犯罪的特殊性探求人工智能犯罪因果关系的认定标准，至少具有方法论上的正当性和科学性。但需要指出的是，持论者明显混淆了归因与归责的关系，将经过客观归责理论之规范维度筛选后的“因果关系”认定是“归因”，而将人工智能犯罪的主观罪过又扩展性地认定为“归责”，其关于“归因”与“归责”内涵的理解明显偏离了理论界的通常界定（陈兴良，2006）。受此两点影响，持论者对人工智能犯罪中因果关系认定真正难点的把握也有待考证，自然其提出的关于归因与归责的判断规则与方案也值得进一步研究。

俄罗斯人工智能法学研究者提出，自主的人工智能具有独立意识，能自我完善、自我保护和自我创造，它的应用会带来更多的问题，其中因果关系的认定正是其中的重要且首先需要破解的难题。“主要困难在于确定行为（包括作为与不作为）与结果之间存在因果关系。在使用人工智能导致严重错误的时候，我们应该首先解决一个问题：是什么因素导致了这个结果？是初级程序具有复杂性，还是编程和算法的错误？谁应该为具有自主学习能力并构成作为或不作为犯的人工智能负责？”[①] 我国学者也有针对性地提出，“在利用人工智能过程中过失导致损害的情况下，难以确定危害结果是由利用者的过失行为造成，还是由所利用的人工智能的技术失误、故意实施等自身风险造成的。无论是现有的条件说、原因说、相当因果关系说还是客观归责理论，均难以清晰地对上述问题做出准确解答，需要刑法另行设定因果关系的认定规则加以处理”[②]。

事实上，在人工智能侵损人类法益是否构成犯罪的研讨中，犯罪行为与危害后果之间的因果关系也好，危害后果的客观可归属性也罢，其判断的基准均需要演绎相关刑法教义学原理，准确把握人工智能侵损人类法益的客观机理。而无论是关于客观可归属性的教义学原理，还是人工智能侵损人类法益的客观机理，均存在司法判断的重大疑难，以致对人工智能刑事风险刑法治理的具体展开造成严重的实践困境。由于人工智能的自动性以及自主性能力来自深度学习技术，而人工智能呈现于外部的举止乃其自动性及自主性能力运行结果的表现，人工智能的自动性及自主性对人类而言仍属于尚未探明的“黑箱”状态。“人工智能通过深度学习进行思考的过程，其实是一个黑箱，即使它能带来生产力的极大提升，我们却无法理解或推测这个回答是经过怎样的过程获得的。这个答案究竟是不是最

① 鲁斯塔莫维奇，伊尔杜佐夫娜．从理论和实践角度分析人工智能的刑事责任［M］//张海斌．人工智能、区块链与法治：国别区域科技与法律动态．北京：法律出版社，2020.

② 冯子轩．人工智能与法律［M］．北京：法律出版社，2020.

好的，还需要我们再进行分析才行。”① 因之，相应后果究竟是人工智能程序运行导致的人类法益侵损，还是属于人工智能程序不可避免且必然会产生的损害后果，如何在人工智能及相关自然人与法人之间合理分配人工智能侵损人类利益的法律责任，即区分人工智能侵损人类法益系意外事件还是可归责的举动，还存在巨大障碍。

对于上述主张，美国人工智能专家弗兰克·韦弗表示，“对人工智能提起诉讼的复杂性也令受伤的原告望而生畏。准确地判断谁该承担责任可能会耗费很多时间，也存在技术上的困难。损害是由监督人工智能的人类行为造成的吗？是由人工智能的设计缺陷造成的吗？是制造上的错误造成的吗？人工智能受到了损害？是人工智能正常操作中本身的行为吗？原告需要专家证人，但找到这样的专家证人十分困难”②。虽然韦弗教授系在人类因遭受人工智能侵损提起民事赔偿诉讼上谈到上述司法困境，但相较于纯粹解决损害恢复的民事诉讼而言，追求罚当其罪、实现正义的刑事司法对确定法益侵损后果究竟应由何种主体负责更为重视，当然也就更为困难。

最后需要注意的是，人工智能侵损人类法益的举止是否可以被认定为刑法意义上的实行行为，也与其法益侵损后果的客观可归属性密切相关。如果人工智能系统仅仅是人类手中的诸如棍棒、刀子、枪支、石头等这样的无生命工具，那么答案很简单。但是，当我们认为人工智能技术复杂到能够感知某种情况并继续采取行动时，事情就会变得相对复杂。或者在它本可以采取行动的时候却没有采取行动，从而导致有害结果的产生，此时人工智能的举止是否会中断人类行为与危害后果的客观可归属性，以及人类行为或者其他主体的行为能否中断人工智能举止与危害后果的客观归属性，均会面临实践操作困境。

---

① 羽生善治，日本 NHK 特别采访组．人工智能不会做什么 100 亿人类与 100 亿机器人共存的未来［M］．王鹤，译．成都：四川人民出版社，2019.

② 韦弗．机器人是人吗？［M］．刘海安，徐铁英，向秦，译．上海：上海人民出版社，2018.

本章小结

人工智能刑事风险刑法应对（治理）的实践困境是运用刑法规范和抗制人工智能研发和应用中存在的损害人类利益或安全等刑事风险时所可能遇到的具体障碍。理念困境系实践困境产生和决定实践困境化解难度的深层原因，实践困境是理念困境在刑法治理路径与方案等具体议题上的具体化和现实化。

人工智能的技术原理及其对人类法益的侵损均属于当前刑法学界普遍关注的新现象和新问题，如何在既有刑法教义学或者刑法规范体系内实现对人工智能侵损人类法益的精准评价和恰当处理，正极大地考验着刑法理论研究的智慧。具备深度学习能力的人工智能可以根据外部环境的变化而自动调适自身并作出自动性或自主性举止，这些具有自主性的举止固然能够在相当意义上协助人类处理诸多事务，但同时也带来了侵害人类法益的担忧和现实。于是，准确评价人工智能侵损人类法益中具有刑法意义的要点成为必须解决的议题。

在解决上述议题的刑法方案中，赋予人工智能以独立刑事责任主体地位的主张（肯定论）分外夺目，吸引了理论界和实务界甚至社会公众的大量关注，然而若将人工智能侵损人类法益的行为评价为犯罪进而对犯罪人工智能施以刑罚方法（即便具有针对性和独特性），势必面临人工智能是否具有独立刑事责任主体地位、人工智能能否形成犯罪成立所需的主观罪过、人工智能侵损法益举动能否被评价为实行行为、人工智能侵损法益的后果是否具有客观归属性这“四重实践困境”。当然，这四种实践困境已经在肯定论和否定论的论争中得到有意义的展开，同时也为本书关于人工智能刑事风险治理逻辑与刑法应对的内在理念及具体方案的建构提供了难能可贵的思路和启发。

本书注意到，意大利都灵大学法学教授乌戈·帕加罗（2018）曾对人工智能侵损人类法益的刑法治理发表过精辟且深为本书赞同的“洞见”。兹摘录如下并作为本章的结束语：

赞扬和处罚确实能够用于电脑和拟人或拟动物机器人的合作闯关游戏中，从而使加分或减分能够纠正并完善人和机器双方的行为。然而根据目前科技和法哲学的发展情况，在法庭上争论机器人的犯意是毫无意义的。这些机器不必为它们的行为承担责任，因为不存在所谓机器人犯罪意图这种东西。机器人缺乏承担刑事责任的前提，例如自我意识、自由意志和道德自主性，因此很难想象法庭因机器人的恶行而宣告其有罪。尽管这些机器可以作为人类审查的一个有意义的目标，也可以成为法律中惩罚性制裁的主体，但是现代刑法中施以惩罚的正当性很难适用于今天的自动化机器。回到报应论以及特殊和一般威慑论，机器人应当向社会承担责任的意义何在？我们能纠正自动化机器的道德品质从而使它完全明白为什么不能再重复恶行？惩罚机器人从而威慑人类和其他机器人不再犯下类似罪行的意义是什么？不仅如此，为了讨论的必要，我们要承认新一代机器人拥有与人类相似的性质，例如自由意志、自主性或具象化的道德感。在这种案件中，法律学者必须准备好接纳一整套新的犯罪，例如机器人革命、叛乱、抢劫等。一旦我们接受了机器人的可责性，即它的犯意来自能产生同情心或某种自主性的机器的人造意识，并采取了意向性行动，传统的例如盗窃、暴乱或杀人的概念很可能会因此而改变。这些法律概念的内容将会如何改变，这个问题似乎最好由科幻小说家的想象力而非法学专家的分析来确定。

第五章　人工智能刑事风险刑法治理的宏观理念

美国当代哲学家唐纳德·帕尔默（2016）在谈及“理念”时指出，“理念是存在于可见世界中万事万物的原型。它们超越时空而存在。它们不是物质的，也不是精神的。也就是说，它们并不只是作为观念存在于人们的思维中。由于它们不是物质的，它们不能够被感觉所捕捉；但即便它们不是精神的，却恰恰能够被超越感官世界的理智来把握”①。作为对事物本质和规律的理性认知，理念是推动事物发展的永续不断的强大动力。人工智能作为人类特别制造的“人造物”在造福人类社会的同时，也附带威胁人类安全的负面影响。作为对人工智能研发和应用中侵损人类法益风险的底限性保障机制，人工智能刑事风险刑法治理的实质展开必然需要以科学的内在理念作为指引，遵循人工智能运行的基本规律，最大限度彰显人工智能对人类的积极面相，并且通过建构系统、合理且科学的人工智能风险防控体系，将人工智能可能的风险降到人类可以接受的程度。人工智能刑事风险治理并非以刑法粗暴地干涉人工智能研发和应用，而是意图通过排解人工智能可能附带的刑事风险，使人工智能尽可能呈现积极增进人类利益的属性，遏阻其对人类利益的威胁与侵害。

① 唐纳德·帕尔默．看，这是哲学Ⅱ——永恒不变的哲学大问题［M］．何小嫄，译．北京：北京联合出版公司，2016.

第一节 正视人工智能刑事风险的“真问题”属性

人工智能所内在的侵损人类法益的刑事风险是人工智能刑法治理的前提和必要，如果人工智能对人类只有造福的一面而无危害的一面，所谓的刑法治理就必然属于无稽之谈。人工智能是否具有刑事风险不是法学学者的臆想或者断言，也绝非危言耸听，而必须有技术专家以及人工智能运行的实际情况予以证实。

人工智能系统内在的不安全性、不稳定性以及具备深度学习能力的强人工智能系统脱离人类程序控制侵犯人类、反噬人类的可能性和危险性都是得到认可的。例如，人工智能专家埃隆·马斯克在声援霍金的人工智能威胁论时指出：“人工智能是人类生存最大的威胁”，“人类在未来将沦为超级机器人的宠物”。[①] 英国萨塞斯大学认知和计算机科学学院前院长、有着“人工智能领域的女性牛人”之称的当代著名认知科学家玛格丽特·博登教授也表示，“人工智能已经引起了人们的担心。未来的进步肯定会带来更多问题，所以对人工智能长期安全的焦虑也是非常必要的。更重要的是，它的短期影响也不容忽视”[②]。2015 年，人类未来研究所的研究人员发表了一篇题为《威胁人类文明的 12 个风险》的报告，引起舆论的广泛关注。在这篇报告里，人工智能的崛起与核战争、巨大火山喷发并列，被称作人类未来的威胁之一。研究员安德斯·桑德伯格（Anders Sandberg）先生对于自律性人工智能被当作杀人武器使用的危险性提出：如果这支军队是由人组成的，那么当政府的命令有错误的时候，他们可以拒绝执行。但是，机器人对于命令太过忠实了。“问题并不在于机器讨厌我们，而是在于机器对我们没有

① 荣楚欧．斯蒂芬·霍金传：一个伟大物理学家的生命传奇［M］．北京：现代出版社，2016.

② 玛格丽特·博登．人工智能的本质与未来［M］．孙诗惠，译．北京：中国人民大学出版社，2018.

任何的兴趣。……人工智能也许会在无意中用非常大的力量把我们踩扁。”① 国内也有学者强调，“人工智能已经不是科幻小说和电影讨论的话题了，现实马上就在眼前。我们必须要把可能的危机与机遇摆在人类的面前，这是人类的权利、科学家职责，我们不能因对未来的恐惧而回避，也无法回避，也不能为了眼前看得见的利益而忘命”②。“人在发展人工智能的同时，必须在技术手段上时刻加强风险把控，既要防止坏人利用人工智能来‘被动犯罪’，也要防止机器人自己的‘主动犯罪’。”③

再者，在人工智能的研发和应用中，曾发生过多起智能机器人因程序故障而致人死伤的事例。2015 年，德国一名大众汽车厂员工在工作中被机器人抓住并压死在金属板上，这一事件被称为“智能机器人杀人事件”；同年，中国发生利用人工智能技术破解互联网验证码策略的在打码平台非法获取公民信息的“全国首例利用人工智能犯罪案”；2016 年，装载自动驾驶系统的特斯拉汽车因出现误认而造成全世界首宗自动驾驶系统致人死亡的车祸，特斯拉 CEO 伊隆-马斯克也明确强调“人工智能是人类文明生存的根本风险”，并呼吁政府迅速而坚决地进行干预、监督人工智能技术的发展；④ 2018 年，美国亚利桑那州发生优步自动驾驶车撞死行人的事故。此外，以人工智能深度学习为技术支撑的深度伪造（DeepFake）已带来严重的社会风险，尤其是针对公众人物的深度伪造，有对社会秩序和国家安全造成严重冲击与损害的可能（李怀胜，2020；吴雪冬、刘彬、王子杰，2023）。由此可见，即便人工智能侵害人类的事例尚未普遍发生，也充分说明能够跟随外部环境变化而自我调整的人工智能系统内含失去人类控制而侵损人类法益的危险，这绝非主观臆断、危言耸听，而是确有其事、客观真实的存在。

① 羽生善治，日本 NHK 特别采访组．人工智能不会做什么 100 亿人类与 100 亿机器人共存的未来［M］．王鹤，译．成都：四川人民出版社，2019.

② 谢淳，许慧．第四纪思维与认知［M］．天津：天津科学技术出版社，2017.

③ 仇德辉．情感机器人：人工情感的逻辑框图与深度算法［M］．北京：台海出版社，2018.

④ 王心馨．人工智能威胁人类生存？马斯克又就这个问题和别人吵架了［EB/OL］．［2020-05-15］. http：//m. thepaper. cn/wifiKey_detail. jsp？contid = 7409929&from = wifiKey#.

如赵万一和侯东德（2020）所言，“面对以机器人为代表的种类繁多的新兴技术给人类造成的挑战，我们绝不能等闲视之，而应进行必要的干预，防止其对人类生存可能带来的毁灭性威胁。我们必须以客观冷静的态度积极洞悉人工智能的发展趋势并给予理性指导，既充分肯定人工智能对解放人类所产生的重大作用，同时也应该清醒地认识到人工智能对传统的社会机构、社会关系、人伦关系带来的颠覆性影响，必须以安全、可靠、可控、健康为基本政策取向，对那些有可能影响人类伦理的技术进行严格的管控和必要的限制，防止机器人成为既独立于人类之外又具备戕害人类能力的脱缰生命体”。俄罗斯人工智能法学专家也提出，据内部文件透露，2018 年夏天，由世界上最大的硬件软件制造商和供应商之一 IBM 公司开发的“沃森健康医疗人工智能”系统，被应用于全球 230 家医院中，治疗了 84000 名患者的 13 种癌症，但该系统却推荐了可能导致患者死亡的错误疗法，造成了严重的医疗事故。在这种情况下，有必要考虑刑事法规的适用问题。他们进一步提出，在人工智能应用过程中，有四种可能的情形需要刑法加以规范：“①在创建人工智能系统时产生了可能导致犯罪的错误；②未经授权进入人工智能系统，致使其功能受到损害或被修改，从而导致犯罪；③具有自主学习能力的人工智能已决定实施作为或不作为的犯罪行为；④人工智能由犯罪分子创造并用于犯罪。”① 我国台湾地区学者也表示，“涉及人工智慧的法律争端，难与刑法毫无瓜葛。因为人工智慧的应用，确实存有侵害他人生命、身体、自由、财产等法益的风险；若意外发生，刑法上宜如何论断，就有可能成为问题”②。既然人工智能内在的危险性以及刑法规制的必要性客观存在，那么如何妥善应对人工智能的这种内在危险或威胁，科学分配人工智能系统侵害人类法益的法律责任，无疑是包括刑法在内的法规范体系必须给予认真对待的“真问题”，至于采取何种刑法措施（刑罚或保安处分），则是刑法关于人工智能刑事风险应对措施之争，属解决问题的具体方式，不涉及对人工智能刑事风险是否为

① 鲁斯塔莫维奇，伊尔杜佐夫娜．从理论和实践角度分析人工智能的刑事责任［M］//张海斌．人工智能、区块链与法治：国别区域科技与法律动态．北京：法律出版社，2020：29.

② 王纪轩．自主型人工智慧事故的刑法评价［J］．台湾高大法学论丛，2021（2）：215-256.

“真问题”的评判。

批评者关于人工智能刑事风险属于“伪命题”的看法既无视了人工智能已经带给人类损害这一客观事实，还因其反对授予人工智能刑事责任主体地位的主张而错误理解了人工智能刑事风险的具体内容。诚然，人工智能自身是否会像人类一样实施侵犯法益的行为可能存在一定的争议（因为评价性原因，即关于此种现象是否可被刑法评价为“犯罪”存在不同主张），但人工智能卷入犯罪而被作为犯罪工具予以滥用或者作为犯罪对象被攻击均属可能。正如刘宪权教授回应批评者时所称，“并非在当今的弱人工智能时代不存在刑事风险，而是批判者为批判或否定别人的观点才对弱人工智能时代的风险采取熟视无睹的态度。就此而言，人工智能技术带来的刑事风险不是法学研究者‘依靠无数假想拼凑起来的幻影’，而认为人工智能技术没有带来刑事风险似乎才是批判者闭目塞听所造成的‘幻觉’”①。由此看来，批评者在一定意义上错置了人工智能刑事风险的内容和意涵。

详言之，人工智能是否具有刑事风险，可以拆解为两个更为具体的问题：一是人工智能是否客观上完全缺乏损害人类法益的危险性（可能性）；二是人工智能如果具有损害人类法益的危险性，此种危险性是否具有需要刑法予以专门规制的独特性。当人工智能果真只是一个完全造福于人类而不可能损害人类法益的高端科技产品时，对人工智能的任何规制，无论伦理道德，抑或法律都将毫无必要，人类只需要竭尽所能奋力开发即可，不过这种绝对的情形仅仅为一种美好的愿望。任何事物都具有正反两面性，事物的反面属性固然会阻碍事物的发展，而事物的正面属性也可能因用之不善而异化为负面特征，事物正是在此种正与反的相互作用下呈现出曲折式发展的样态。主张人工智能刑事风险是“伪命题”的学者大多强调积极运用既有刑法教义学原理在现行刑法的体系框架下处理人工智能运行中损害法益行为的刑事责任分配问题，这其实已经直接肯定了人工智能内含损害人类法益的可能，只是认为此种可能性不需要刑法专门予以新的规制或者

① 刘宪权．对人工智能法学研究“伪批判”的回应［J］．法学，2020（1）：3-14.

特别关注。

然而，不需要刑法予以特别关注的结论并非不言自明，是批判者在对人工智能损害人类风险的客观展现、人工智能风险与既有之客观物存在的风险是否具有异同性、现有刑法对人工智能风险的规制方案等进行学术评判后得出的主张，姑且搁置不同学者对此类议题的不同主张，单就批判论者的研究进路观之，批判论者实则已经对人工智能风险进行学术研讨，这无疑证成了人工智能刑事风险绝非“伪命题”，而是需要刑法予以正视的“真命题”。

另外，否定人工智能自身具有刑事风险还极有可能导致自然人或法人主体承担不应当由其承担的法律责任。人工智能对人类智能和智慧的模拟使人工智能具有自动运行和自主调适的能力和可能，而其自动运行和自主调适能力极有可能超出使用者或管理者的预见可能性，进而侵损人类利益，此种情形下如果不承认人工智能刑事风险的客观性和真实性，那将由使用者或管理者代替人工智能承担刑事责任，以至于无限扩充使用者或管理者承担刑事责任的范围和可能，从而实质地抵触刑法责任主义。

第二节　坚持把人类中心主义作为刑法治理根本立场

法律乃人类制定或认可的用于规范人的行为、调整人与人之间社会关系的国家正式制度，刑法通过惩罚严重侵害法益的犯罪行为，调整作为个体的自然人或单位与国家、社会之间的关系。作为主体性存在，人类始终是刑法的中心和主体，包括刑法机制在内的所有法律机制存在的根本目的和价值都在于借助积极的激励性机制或者消极的惩罚性机制，维护并拓展人类利益，最大限度地实现人类价值，促进人类的自由全面发展。从当前刑法对人类法益的保护种类来看，刑法明确保护关于人类自身的生命权、身体权、民主权、人格权、财产权等种种个人性法益，同时刑法也强调对国家安全、公共安全、经济秩序、社会秩序等国家性法益和社会性法益进行专门保护，这似乎说明刑法不仅保护人类自身的法益，还保护作为抽象存在的国家和社会的利益。

然而，根据刑法理论界的主流理解，国家法益与社会法益等超个人法益并无自身的独特价值，国家法益与社会法益要获得刑法的保护必须能够回归或者分解到个人法益上。同时，刑法保护国家法益与社会法益的规范目的不是保护国家与社会自身的利益，而是希望通过加强国家与社会利益的保护来最终保护个人的利益，亦即刑法保护国家和社会利益是保护个人利益的工具或者中介。

例如，刑法惩罚经济犯罪以保护经济秩序，也是为了保护经济秩序内含之个人利益。我国台湾地区刑法学者古承宗教授正确地分析道："面对当前社会不断出现各种新式且难以预估的风险，例如环境污染、食安问题、金融危机等，刑法的规制策略不再固守最后手段的节制要求，转为强调如何更有效率地抗制风险，以此确保社会成员的生存自由。按照立法者的想象，无论是实害犯具体危险犯等传统的社会控制手段，显然皆已无法符合更有效率的刑事政策思维，取而代之的抽象危险犯变成当前刑事立法的首要选择。维持，立法者'创造'众多新式的超个人法益，例如电脑安全、食品安全、国家追诉机关的有效侦查，或如经济刑法之于经济制度的顺畅运作与秩序等，并且作为刑罚权扩张的依据。我们推测其中更为深层的理由在于，立法者技巧性地将利益侵害或危险观察重点聚焦在'个人利益隐没于大规模的或整体性的利益结构'。所以因为犯罪行为而遭受危害的对象不再是传统犯罪所预设的单一个体，反而转向于抽象的社会系统本身。换句话说，随着立法者改变理解被害对象的方式，以及为此透过抽象危险犯的立法模式扩张刑法的规制范围，技术上只要创造出新型的超个人法益即可说明立法需求的迫切性，根本无需进一步探究真正需要保护的个人法益到底为何。延续这样的思考，既然经济刑法的犯罪类型设定以抽象危险犯为主，那么只要特定的行为方式对于经济系统的运作产生一定程度的干扰，国家即可动用刑事制裁手段予以回应，由此确保该系统本身的稳定，至于个案中是否有个人或组织体因此直接或间接遭受财产损害，均非所问。……保护复数法益的立法技术看似连接了个人法益与超个人法益的保护需要，其实是把超个人法益视为一种‘附随性质的中间法益’（Midiatisierte Zwischenrechtsgüter），终还是指向多数参与经济活动之人的财产利益。”① 大陆地区也不乏学者从坚持罪刑法定原则、避免“口袋法益”的角度，提倡刑法中的管理秩序法益应当还原为实体性法益（李文吉，2020）。这都是刑法中严格坚守人类中心主义根本立场的忠实体现。

本书认为，赋予人工智能刑事责任主体地位将冲击人类中心主义的根本立场。例如，霍金曾强调，人工智能发展的最新进展包括欧洲议会呼吁起草一套管理创造机器人和AI的法规。令人惊讶的是，这是电子人格的一种形式，旨在确保最有能力和最先进的AI的权利和责任。一位欧洲议会发言人评论说，随着我们日常生活中越来越多的领域受到机器人的影响，我们需要确保机器人正在并将继续为人类服务。一份提交给议会的报告宣称世界正处于新的工业机器人革命的前沿。它审查是否允许赋予机器人电子人身份，使其具有与公司人格的法律定义同等的合法权利，但它强调在任何时候研究人员和设计师都应确保所有机器人设计配有一个终结开关。② 在我国，也有学者敏锐地发现人工智能与人类的本质区别，进而不失尖锐地指出，“由于机器人是按照预先设计的程序对其行为形式和行为后果进行精确规划且批量生产出来的，因此机器人就其本质来说具有可预知性、可复制性。机器人的出现不但颠覆了基于偶然性而发生的生命体诞生的概率，将人的生命作为设计对象，使生命不阻碍具有偶然性和不可复制下，个体不再具有唯一性，而且使生命的周期和生存的质量不再取决于自然禀赋和后天的努力，而是取决于科学技术的水平。这将使传统的建构在个体生命神圣基础之上的人本主义立法理念受到严重质疑，使人本身的生命不再具有终极价值。如果放任人工智能的肆意发展，甚至赋予其与自然人相同的法律地位，不但会从根本上动摇人的中心地位，而且会使人本主义让位于物本主义，人类理性让位于技术霸

① 古承宗．经济刑法的保护法益与抽象危险［J］．台湾刑事政策与犯罪防治研究，2020（2）：1–44.
② 史蒂芬·霍金．十问：霍金沉思录［M］．吴忠超，译．长沙：湖南科学技术出版社，2019.

权，这是我们绝对不能接受的”①。

应当看到，为了防止人工智能技术威胁人类利益、侵蚀人类中心主义的根本立场，人工智能研发和应用领域纷纷形成关于贯彻人类中心根本立场的伦理规则。主要从事人工智能研究及相关计算机科学及工程人才培育的电机电子工程协会（Insistute of Electrical and Electronics Engineers，IEEE）在2017年公布的人工智能设计的伦理准则白皮书《伦理准则设计：人工智能和自动化系统将以人类福祉为优先之愿景（第二版）》中，提出若要符合伦理地设计、发展及应用AI/AS技术，这些技术就必须满足尊重人权（指技术的设计、发展及应用）、福祉优先（指技术的设计者及使用者）、当责（指技术的设计及操作者）、透明（指技术的操作）、慎用（指最小化技术误用的风险）这五项一般性原则，要求人工智能技术应当以增进人类福祉为依归，且系统设计不是价值中立，而是从设计之初就应内建社会的道德规范及价值，而这些规范及价值尤其得将应用人工智能的主要目标群体纳入考量。

联合国教育科学及文化组织（以下简称联合国教科文组织）下设之世界科学知识与技术伦理委员会（World Commission on the Ethics of Scientific Knowledge and Technology）也在2017年公布《机器人伦理报告》，指出机器人无论能否自主做出决策，或决策的自主程度有多大，人类永远都是最终的责任承担者。且机器人越能自主决策，所需承担责任的人员范围就越广，设计、制造、贩卖、使用者，皆有可能承担责任，并且需要将人性尊严、自主、隐私等抽象的价值或原则植入人工智能伦理。欧盟执行委员会下设的人工智能高阶专家组（High-Level Expert Group on Artificial Intelligence，AI HLEG）于2019年发布《值得信赖的人工智能伦理准则》，明确值得信赖的人工智能架构应同时包含合法的（遵守各地区、各国及国际相关法规）、伦理的（遵守伦理原则及价值）、健全的（从技术和社会的角度来看必须避免良善的研发却意外造成伤害）这三个要素，

① 赵万一，侯东德．法律的人工智能时代［M］．北京：法律出版社，2020.

要求值得信赖的人工智能必须建立在欧盟基本人权及国际人权法案所支持的尊重人类自主性、预防伤害、公平、可清楚解释等伦理原则上。强调若要使人工智能值得信赖，从设计研发、使用、监测及分析，直到改良再研发等，人工智能整个系统的生命周期都需要符合人类主体性及被监控（基于尊重人类自主性原则）、有健全且安全的技术（基于伤害预防原则）、重视隐私及资料管理（基于伤害预防原则）、多元包容、不歧视与公平（基于公平原则）、能增进社会福祉和环境友善（基于伤害预防原则及公平原则）、愿承担责任（基于公平原则）这七项要求。

2019 年 3 月，日本内阁发布《以人为本的人工智能社会原则》，将人工智能视为未来的关键科技，但强调在研发应用上必须以联合国的永续发展目标为基础，以落实日本“超智能社会”为准则，其基本理念是“Dignity”“Diversity & Inclusion”“Sustainability”，目标是建构“尊重人类尊严”“不同背景的大众皆能追求幸福”及“永续性”的社会（李世晖，2019）。2019 年，二十国集团（Group of 20，G20）贸易和数字经济部长会议确定了“G20AI 原则”，指出五条需遵守的 AI 原则（Principles for responsible stewardship of trustworthy AI）：①包容性增长、可持续发展及福祉；②以人为本的价值观及公平性；③透明度和可解释性；④稳健性、安全性和保障性；⑤问责制。2024 年 3 月，欧洲议会通过的《欧盟人工智能法案》也明确采用“以人为本”（human-centric）的价值理念，明确强调“作为一项先决条件，人工智能应当是一项以人为中心的技术。人工智能应当成为人的工具，最终目的是增进人类福祉”，并在法案第 1 条直接将“促进以人为中心和可信赖的人工智能的采用”作为该法案的目的。[①] 2023 年我国发出的《全球人工智能治理倡议》开宗明义地呼吁，“发展人工智能应坚持‘以人为本’理念，以增进人类共同福祉为目标，以保障社会安全、尊重人类权益为前提，确保人工智能始终朝着有利于人类文明进步的方向发展”。

---

① 《欧盟人工智能法案》第一条：本法案的目的是改善内部市场的功能，促进以人为中心和可信赖的人工智能的采用，同时确保健康、安全和《基本权利宪章》所载的基本权利，包括民主、法治和环境保护得到高度保护，使其免受欧盟人工智能系统的有害影响，并支持创新。

为有效贯彻人类中心主义根本立场，近年来有关人工智能伦理的讨论急剧增多，截至2019年上半年就至少有83份人工智能伦理准则发布。对此，我国台湾地区学者表示，“目前AI的设计伦理多采取人类为中心，除义务论式的人权的规范之外，也纳入后果论式伦理规范。在这个人类中心伦理思路下，人类在开发AI时应遵守相应的规范，并且应担负相应的责任。……那些主张将道德规范整合进AI系统者的动机与理由，不在于AI应该被赋予与人类相同的道德地位及做道德判断，而在于尽可能避免AI作恶，以降低拥有自主性的AI带来难以预期的威胁或伤害”①。我国台湾地区AI法律国际研究基金会执行长张丽卿教授也指出，“AI发展应遵循以人为本的价值。每个人有权决定自我，实现自己的意思，AI的研发与运用应当确保人类的自主权利。AI不得以不合理的方式，威胁、欺骗、操纵人类。AI仅能作为增强、补充人类的认知、社会和文化技能。AI的发展，应以人为中心，确保可以受到人类的监督。即使AI可能改变人类的工作环境，但应该在工作环境中支持人类，并致力于创造有意义的工作。以人为本的社会，应由人类支配AI，为了让人类发展自我，AI系统应该是辅助人类实现自我。AI应该支持人类自治和决策，而非取代人类，甚至成为人类的主宰”②。

2021年7月28日，科技部向社会公开发布《关于加强科技伦理治理的指导意见（征求意见稿）》，明确将“增进人类福祉”作为首要科技伦理规则，要求“科技活动应有利于促进经济发展、社会进步、民生改善和生态环境保护，坚持以人民为中心的思想，不断增强人民的获得感、幸福感、安全感，促进人类社会和平发展和可持续发展”。2022年3月，中共中央办公厅、国务院办公厅联合下发的《关于加强科技伦理治理的意见》完全采纳这一“增进人类福祉”的科技伦理原则。由此看来，坚持人类中心主义的根本立场已经成为人工智能界的共识，人工智能研发与应用必须以人为本，以追求并扩大人类福祉为宗旨，而这种立场自然也应当成为人工智能刑事风险治理所必须坚守的。

---

① 甘侦蓉，许汉．AI伦理的两面性初探——人类研发AI的伦理与AI伦理［J］．台湾欧美研究，2020（2）：231-292.

② 张丽卿．AI伦理准则及其对台湾法制的影响［J］．台湾月旦法学杂志，2020（6）：97-117.

在讨论如何有效应对人工智能“反噬”人类的刑事风险的过程中，主张直接赋予人工智能系统独立刑事责任主体地位的肯定论者，提出应当修正、解构甚至否定人类中心主义的立场，在人类之外肯定其他类型法律主体的存在，赋予人工智能系统特别是强人工智能系统以独立性刑事责任主体地位（商玉玺、刘三洋，2020），认为“在智能时代，修正的人类中心主义才是更好的现实选择”①，以此破解人工智能系统刑事风险现实化过程中可能出现的“责任空白”难题。然而，人类中心主义是人类所建构的各种规范性制度取得最终实效的基本保障和内在缘由，肯定论者缓和或修正人类中心主义的主张在相当程度上弱化了人类的主体性地位和价值，是对人类价值与人格尊严的不当放弃，得不偿失，非明智之举。

事实上，人类的存在以及人之生命具有特殊的宝贵价值，而正是这些特殊宝贵价值的存在使人类中心主义获得更为牢实的立论基础。著名维也纳第三心理治疗学派代表人物、意义疗法创始人维克多·E. 弗兰克尔在其享誉全球的《活出生命的意义》一书中结合自身经历对人类生命之意义提出诸多发人深省的洞见。在弗兰克尔看来，“生命的意义在于每个人、每一天、每一刻都是不同的，所以重要的不是生命之意义的普遍性，而是在特定时刻每个人特殊的生命意义”。他强调，“每个人都有自己独特的使命。这个使命他人无法替代的，并且你的生命也不可能重来一次。这样，每个人生命的任务就是特定的，完成这些任务的机会也是特定的”。“我们一定不能忘记，即使在看似毫无希望的境地，即使面对无可改变的厄运，人们也能找到生命之意义。那时重要的是，能够见证人类潜能之极致，即人能够将个人的灾难转化为胜利，将个人的厄运转化为人类之成就。当我们无法改变客观现实时——比如患了不可治愈的癌症——我们就面临着自我转变的挑战。”“人需要做的，不是像某些存在主义哲学家所教导的那样去忍受生命的无意义，而是忍受自己不能以合理的方式去把握生命之无限意义。意义比逻

① 孙道萃．智能时代的刑法立法——人类中心主义与现实功利主义的取舍［J］．学术交流，2020（4）：69-80.

辑要深刻得多。”并进一步提出，“人不是完全受到限制和决定的。人是自己做出了是屈服于环境和条件还是勇敢挑战那些环境和条件的决定，换句话说，人最终决定着自己的命运。人不是简单地活着，而是时时需要对自己的前途做出判断，决定下一刻自己会成为什么样的人。……但是，仅说人有自由还不够。自由只是故事的一半，真理的一面。自由是人的生命消极的一面，而其积极的一面就是责任。实际上，如果人不能负责任地生活，那自由会堕落为放任。这也是为什么我要说东海岸的自由女神像应该配上西海岸的责任女神像的原因”。①

显然，作为机器实体，即便人工智能能够在深度学习能力的驱动下，根据外部信息环境刺激的变化而做出一定的自动性举动，因为缺乏对这些自动性举动之价值意涵的深刻理解，人工智能不可能真正作为一个可以自主负责的主体存在于世，从而展现出与人类之间的质的差异性。更为重要的是，人类在面对挫折、困境和厄运时，能够通过主观能动性的正确运用，做出勇敢挑战环境和条件的决定，克服挫折、破解困难、渡过厄运，在实现自身生命之特定和无限意义的同时，也推动着人类社会的延续和发展。脱离对人类中心主义基本立场的应有坚持，人类自身存在的价值抑或人的生命意义也将荡然无存，人工智能刑事风险治理的探讨也将根本地失去意义。

兴许正是充分地意识到人类自身价值的突出性和根本性地位，当前坚持人类中心主义立场已成为人工智能界的普遍共识，即人工智能研发与应用必须以人为本，以追求并扩大人类福祉为宗旨。人工智能系统脱离人类控制严重侵害人类法益的归责方案理应继续坚守人类中心主义的立场，坚持人工智能系统的工具理性，意识到人工智能系统缺乏人心人性，其外部行动建立于对外部世界客观事实的感知而非价值意涵的理解，是深度学习能力及算法系统驱动下的自动性反应，与人际交往、社会交往存在明显区别。同理，人工智能系统对人类法益的侵害既非人工智能系统自由意志的外部表现，也不是在能够避免侵害的情况下有责任地违反规范，而是算法系统运行的必然结果，缺乏被刑罚非难的主体适格性。

① 维克多·E. 弗兰克尔. 活出生命的意义［M］. 吕娜，译. 北京：华夏出版社，2018.

在本书看来，人类中心主义根本立场是当前人类所建构的各种规范性制度取得最终实效的基本保障和内在缘由，至于弃守人类中心主义以赋予人工智能以独立刑事责任主体地位，进而实现对人工智能刑事风险刑法治理的理论主张，在相当程度上弱化了人类的主体性地位和价值，是对人类价值与人格尊严的不当（部分地）放弃，显然得不偿失，实非明智之举。人工智能刑事风险刑法治理是指对人工智能研发和应用各个阶段可能出现的侵犯人类利益的各类风险进行识别，并组织适当且科学的风险应对机制予以消除，以防止人工智能的内在风险客观现实化为对人类利益的真正损害。这种强调人类利益保护的主张正是人类中心主义根本立场的现实写照，也是人类中心主义根本立场的基本要求，需要得到继续坚守并在刑法治理的具体方案设计中得到应有的展现。

第三节　辩正刑法谦抑性在刑法规制中的实然价值

刑事机制无疑最具严厉性且规制成本最高，因而总是在民事侵权责任机制及行政处罚机制难以达到规制效果时，才动用刑事机制介入特定行为，以实现保护人民群众人身财产安全等法益的目的。“保护法益的手段多数存在，刑罚是制裁手段中最严厉的，而且其社会成本也大（常被比喻成副作用强的药），因此，使用刑罚应该限于其他制裁手段不充分的场合。”① 刑法具有谦抑性的内在品格，是辅助性的法益保护法，不追求规制任何形式、任何程度侵害法益的行为，但这绝不意味着刑法对社会生活的介入广度和深度越小越好，也不意味着刑法应对人工智能的客观危险熟视无睹、置若罔闻。“刑法的谦抑性原则应当遵循，但也不能无视当今科学技术的高速发展给人类社会所带来的完全不同于以往的冲击。人工智能技术的发展特别是未来可能到来的强人工智能，人类如果对其应对稍有不

① 佐伯仁志．刑法总论的思之道·乐之道［M］．于佳佳，译．北京：中国政法大学出版社，2017.

慎即可能遭遇灭顶之灾。”① 在相当意义上，刑法谦抑性的要旨在于规范国家刑罚权的行使，防止国家刑罚权过分或不当侵入公民社会生活，从而实现在不同社会调整机制或者不同法律部门之间的合理分工。以下仅以曾经引起社会关注《刑法修正案（十一）（草案）》关于将高空抛物犯罪化的讨论，证成这一点。

长期以来，运用民事侵权责任机制要求抛物者赔偿高空抛物造成的人身财产损失，成为域内外高空抛物法律规制模式的优先选项和通行做法。诸如法国、德国、意大利等国家的民法典规定以及司法实践都认为高空抛物行为属于一般的侵权行为，② 而埃塞俄比亚则在其民法典中明确规定，建筑物的所有权人，对于从其建筑物上坠落的物品造成的任何损害，都应当承担赔偿责任。我国 2009 年颁布的侵权责任法规定了规制从建筑物中抛掷物品致人损害行为的建筑物致人损害责任认定规则，民法典在延续这一规则的基础上，特别明确“禁止从建筑物中抛掷物品”的禁止性义务规定，从而为公权力介入高空抛物案件、查明实际侵权人，甚至是刑事责任的依法追究提供了相应的实体法依据，使得查明客观真实、平衡被害人救济与建筑物使用人保护，以及惩罚与预防危及公共安全的高空抛物行为等多重价值追求得以和谐共融并圆满实现。

“如果从规范论的视角出发，刑罚与损害赔偿在于制裁规范的层面上是不同的，因此在制裁规范的层面上可以区分刑法与民法。在行为规范的层面上民法与刑法具有相同的内容，通过刑法科赋刑罚的行为规范就成为刑法上的行为规范，通过民法赋予损害赔偿的行为规范就成为民法上的规范，因此，刑罚与损害赔偿都是为了维持社会中的行为规范而存在的，但存在违反该行为规范的行为时，刑罚与损害赔偿就都共同服务于恢复被违反的行为规范。”③ 然而，高空抛物的民事追究与刑事追责的规范目的与规范意涵存在根本差异，单纯的民事追究无法完整涵摄刑事追责的具体情形，也无法充分实现刑事追责的特殊价值。其一，民事

---

① 陈叙言．人工智能刑事责任主体问题之初探［J］．社会科学，2019（3）：110-118.

② 克雷斯蒂安．冯．巴尔．欧洲比较侵权行为法（上卷）［M］．张新宝，译．北京：法律出版社，2004.

③ 高桥则夫．刑法总论［M］．李世阳，译．北京：中国政法大学出版社，2020.

追究通过调整平等主体之间的人身财产关系、平衡权利义务主体之间的利益关系，使受害人恢复到没有受到损害时的同等状态，而刑事追责是国家或社会公众依托国家刑罚权对违反刑事禁令的个体给予规范性非难，并以刑事制裁的方式预防再犯罪，实质是特殊公法关系的体现。“刑事责任的认定应当被看作有关谴责和强制的运用。惩罚的威胁不仅是一种带有痛苦的、有条件的威胁，它还是对不同类型被判断的作为或不作为消极程度的官方表态”。[①] 高空抛物的刑事追责旨在通过对危及公共安全的高空抛物者施加与其罪责程度相应的刑事制裁，预防社会公众及犯罪人将来实施高空抛物的危害行为，传递出对行为人实施危及公共安全之高空抛物行为的强烈谴责和否定性评价，而高空抛物的民事追究意在弥合被害人因高空抛物遭受的财产损失和精神损害，基本不涉及对高空抛物者的专门非难。其二，高空抛物的民事追究只能针对高空抛物造成他人损害的情形，对虽具有相当危险性却未造成他人损害后果的高空抛物行为抑或行为人在主观故意支配下实施了尚未造成严重后果但已危及公共安全的高空抛物行为，民事追究显然无用武之地。其三，高空抛物的民事追究既可以针对侵权人有过错地造成他人损害的情形，追究侵权者过错赔偿责任，也能够在严格限制下基于公平原则的考虑，要求无过错的建筑物使用者履行公平补偿义务；但是受到责任主义约束的刑法只能对有过错地实施严重危害社会行为者施以规范报应，且刑事制裁应当限制于其规范报应的程度范围之内，绝不能对缺乏规范报应必要性的无过错者追究刑事责任，也不能追究超逸其规范报应程度的刑事责任。此外，按照刑事诉讼疑罪从无原则的要求，追究行为人高空抛物的刑事责任必须达到证据确实充分的证明要求，对没有证据证实实施高空抛物行为的人，只宜也只应做无罪处理。

“若感觉民事上的救济是不充分的话，为了覆盖这样的问题，犯罪化的领域就会得以扩张。”[②] 对造成他人损害后果的高空抛物行为，应根据行为人主观过错类型以及危害后果表现形式，依法追究行为人的刑事责任。自不待言的是，对

① 杰瑞米·侯德．阿什沃斯刑法原理［M］．时延安，史蔚，译．北京：中国法制出版社，2019：22.
② 山口厚．刑法总论［M］．付立庆，译．北京：中国人民大学出版社，2018：6.

高空抛掷物品造成他人损害（经济损失）的高空抛物者，除依法进行刑事追责外，还须根据《中华人民共和国刑法》第三十六条以及《中华人民共和国民法典》的相关规定判处赔偿经济损失，这是高空抛物民事追究与刑事追责衔接与融合的表现。不过，对虽未造成他人损害后果但却具有内在高度风险的高空抛物行为，作为法益保护机制的法律不应当视若无睹、置若罔闻，而需根据不同法律机制的特殊性给予适当的有效应对。刑法是以预防再犯为旨归的法益保护法，将危及公共安全之高空抛物行为进行必要的犯罪化，既是完善涉高空抛物的刑事罪名体系的内在需要，也是破解高空抛物事件民事救济不足困境的客观要求，是强化高空抛物法律规制体系刑民衔接的直接体现。事实上，频发的高空抛物事件有力地证实，纯粹的民事侵权责任机制难以有效遏阻高空抛物事件，难以有效保障人民群众“头顶上的安全”，刑法介入高空抛物正是刑事追责机制弥补民事侵权责任机制不足的真切表现，是对刑法谦抑性理念的忠实遵循。

因此，合理划分不同法律部门调整特定行为的具体分工，实现特定行为法律规制系统内的协调性与互补性才是刑法谦抑性的实质内涵。限定刑法规制范围并非刑法谦抑性的必然要求，刑法规制范围也并非越窄越好。“尽管刑法谦抑主义特征仍然需要予以重视，但这并不等于说，刑法就是消极的，甚至是无为的。对于社会生活中的重大利益，比如关系人身安全、公共安全的重大利益，刑法还是应该积极介入的。”① “立法者只要不是将反伦理或者停留在思想领域、私人之间的行为犯罪化，就原则上不存在违反刑法谦抑性的问题。”② 当特定行为具备值得刑法规制的必要性和可行性时，刑法应当果断地介入该行为的规制，以发挥刑法有效且有力的社会规制机能。如果特定危险客观存在并严重威胁公民的社会生产和生活，适当扩充刑法规制范围以及时介入该危险的防控和治理，正是刑法作为保护人类法益的最后一道防线的题中之义。

诚如学者所言，“尽管人工智能犯罪刑法规制的完善应以刑法谦抑性为基础，

---

① 付立庆．积极主义刑法观及其展开［M］．北京：中国人民大学出版社，2020：20.

② 周光权．转型时期刑法立法的思路与方法［J］．中国社会科学，2016（3）：123-146+207.

但不应采取以刑法绝对谦抑为基础的不予规制立场。作为一个独立的法律部门，刑法在社会治理中不仅具有自己的一席之地，也为其他法律规范的实施提供着保障。无论是从发挥刑法的社会治理功能角度，还是从发挥刑法的后置保障功能角度而言，刑法均应对人工智能犯罪的规制给予关注”①。人工智能刑事风险客观存在，运用刑法应对人工智能刑事风险是刑法切实承担保护法益任务的表现，不会抵触刑法的谦抑性理念。毕竟合理地介入社会生活，充分发挥刑法在调整社会关系中有效且有力的治理价值是刑法难以推卸的使命和担当。

第四节 充分发挥既有刑法教义学原理的解释张力

当代中国正处在经济社会飞速发展阶段，新经济形式的发展与旧经济形式的洗牌并驾齐驱，中国特色社会主义进入新时代。在经济、社会双重交互推动下，刑事法治面临极大挑战，既要坚守罪刑法定原则，防止国家刑罚权的恣意行使，又要有效应对经济社会条件变化带来的安全危机，这对我国犯罪治理体系提出两个层次的要求。一是刑法作为犯罪治理核心机制须保持相对灵活性和动态性，能及时应对社会变化带来的安全问题。由此我国刑事法律规范进入频繁变动时期，通过刑法教义学方法将特定行为纳入刑法规制范围的司法犯罪化，与直接制定新的罪刑规范规制特定行为的立法犯罪化作为弥合法律与社会脱节的主要方式进入公众视野。二是解决法律滞后性的同时应当保证法律的稳定性，即在考虑刑法应变性时不能忽略对罪刑法定原则的恪守。刑法属于法律系统的基底性组成部分，始终面临如何应对系统环境的变化而进行自我调适的问题。犯罪化是风险社会调适的必要手段，立法犯罪化与司法犯罪化在“激扰—应变”的过程中起着不同的作用，而外部社会环境的激扰可以作为刑法内部调适的风向标，避免固定的刑

① 冯子轩．人工智能与法律［M］．北京：法律出版社，2020：211.

法条文脱离社会发展的内在规范需求（曹波、方雅琦，2021）。

人工智能作为人类社会变迁中出现的新技术，其对人类法益的侵害无疑为前所未有的新问题，刑法学研究须秉持应有的开放态度和前瞻理念，对当前人工智能刑事风险的具体内容和样态进行必要的预测，提出包括完善刑法立法在内的风险应对之策，以推动人工智能风险刑法和防控体系的建立健全。制度建构和立法完善无疑是人工智能刑事风险刑法治理的治本之策，但由于立法时间跨度大，在实践层面几乎不存在使立法快速回应实践需求的空间，仅寄托于刑法修正圆满及时地处理实践中出现的新问题的可行度不高。

就人工智能侵害法益的刑事风险及其治理问题来看，现有刑法教义学资源能够基本解决自主性较弱的弱人工智能系统侵害人类法益的刑法应对问题，但对具有较强（或完全）自主性、具备独立意识和意志的强人工智能侵害法益的行为，现有框架难以给予适当的刑法评价和处置，亟须建构性的“立法论”或“对策论”研究，需要通过引进新型归责模式来解决其刑事责任分配问题。就此而论，人工智能刑法学研究必然为批判者所谓的“对策论”，只不过该“对策论”绝非纯粹的“对策论”，而是建立在新“教义学”基础上的“对策论”，是对现有“教义学”的必要补充和有益发展。

诚然，批判论者希冀完全依靠既有的刑法教义学范式在现有刑法体系内充分解决人工智能刑事风险刑法应对问题，明显夸大了刑法教义学的功能，割裂了刑法教义学与刑法立法论之间应有的联系，缺乏方法论的妥当性和实践的可行性。因此遭到学者的质疑，“‘伪问题论’通过质疑将来而回避问题本身的论说思路可能并不可取，看不到或者忽视‘将来’的思考也无益于问题的有效解决，因而‘伪问题论’自身的问题意识也存在合理性疑问”①。但是，放弃对既有刑法教义学资源的合理利用而完全求诸立法路径以解决人工智能刑事风险刑法治理问题，将面临大量的成本耗费，且缺乏相应的实操性。

具体而言，人工智能刑事风险刑法治理方式中的立法路径与司法路径的时间

① 魏东．人工智能犯罪的可归责主体探究［J］．理论探索，2019（5）：5-13.

成本不同，立法权的行使所经历的过程烦琐，耗时较长。如《中华人民共和国刑法修正案（十）》于2017年11月4日经第十二届全国人大常委会第三十次会议审议通过，2020年6月28日《中华人民共和国刑法修正案（十一）（草案）》才向第十三届全国人大常委会第二十次会议提请审议，两次修正中间间隔近3年。由于立法程序的繁复，立法犯罪化耗时长，且立法路径难以及时回应社会热点问题，而司法路径的时间成本较之立法路径则少得多。再者，立法路径与司法路径的社会成本不同，“对于当下庞杂的国家法律体系而言，任何一部法律案的制定、实施、修改、解释，都将产生‘牵一发而动全身’的效果”①。为避免“破窗效应”、满足人们“体感治安”的需要，② 国家必须通过制定刑法规范以达抑制犯罪、惩治犯罪的效果。然而，不能不考虑立法路径与司法路径的社会成本差异，如果二者能达到同样的结果，舍司法路径、取立法路径则不具备合理性。

更何况，实践中存在这样一种现象：对于某一具有极大社会危害性的异常行为，当现有刑法不能进行合理应对时，出于节约刑事司法资源的考虑，也不应对该异常行为进行立法路径处理，而应在司法路径范围内尽力地通过各种解释手段加以解决。加之，“犯罪投入总资源”不变时，“犯罪圈”的扩大会使用于“防控新增设的犯罪”的“司法资源”的投入亦随之扩大，故这种增设的行为不仅使“刑法资源分散”，还会影响刑法对传统犯罪的打击力度（姚万勤，2019b）。

除此之外，摆脱由刑法过度扩张所导致的“尾大不掉”“刑法肥大”的质疑，需要严守刑法的“谦抑性”，不能对任何侵害行为皆寻求刑事立法。同时刑事立法永远不能达到完备与科学的完美程度，在立法所不能及之处，立法理应让渡部分权责予司法，司法路径对立法路径具有补充作用。许多领域对刑法缺位的批判并不精准，立法者需在正确释法和设立新法之间进行权衡与取舍，在没有立法犯罪化时可善用解释论方法在罪刑法定原则内解释刑法规范以实现对特定行为

① 蒋银华．立法成本收益评估的发展困境［J］．法学评论，2017，35（5）：95-106.

② 大谷实．刑事政策学［M］．黎宏，译．北京：中国人民大学出版社，2009：27；“体感治安”意指在犯罪数值或者资料之外的、国民对治安的想象或者所感受到的治安水准。和英美所说的“fear of crime”相当。

的刑法规制。司法路径通过刑法教义学分析范式弥补立法路径在效率上的缺失以及立法上的滞后与保守，在保障自由与民主的同时又实现刑法的谦抑性，能够极大地推动刑法研究向前发展。

如张明楷（2020）所言，“当下经过了一段解释论之后的刑事立法论，可以避免不合理的立法建议，从而对刑事立法起到更好的指导作用”。刑法教义学与刑法立法论衔接互补的研究范式已经在当前刑法学界对人工智能刑事风险及其治理的研究中得到体现。此外，主张通过新增罪名规制人工智能风险的学者必定也采纳以刑法教义学推动刑法立法论和以刑法立法论补充刑法教义学的双向互动研究范式（王肃之，2018）。魏东（2020）也试图在传统教义学阐述路径和新兴立法路径之外探寻人工智能刑事风险治理的第三条道路，他创造性地提出，“将当下弱人工智能犯罪和将来（超）强人工智能犯罪的共同特征抽象为‘算法安全犯罪’，将当下视角和将来视角进行‘视域融合’，融合为‘算法安全犯罪’规范一体的研究视角（立场）来展开人工智能犯罪研究，力求借鉴吸纳当下视角的刑法教义学智识以及将来视角的刑法规范进化发展论思考，提出并解决一些非常务实、可操作、符合规范刑法学特质的‘真问题’”。

由此可见，人工智能刑事风险刑法治理研究应当继续充分释放既有刑法教义学资源的解释张力，在现有刑法规范体系内规范评价人工智能损及人类法益行为的不法与罪责，避免不必要的刑法条文扩张。以此为基础，对超逸刑法教义学作用范围的人工智能刑事风险及其危害，应当制定新的罪刑规范予以有效治理，促进人工智能刑事风险治理司法路径与立法路径的衔接与互补。有鉴于此，人工智能刑事风险刑法治理首先应当继续坚持司法路径，最大限度释放既有刑法教义学的解释张力，在现有刑法规范体系内解决人工智能损及人类法益行为的规范评价，防止不必要的刑法条文扩张。当然，作为对刑法教义学评价和司法路径的补充，对于现有刑法难以准确、全面评价的人工智能刑事风险及其危害，应当通过制定相应的新罪刑规范予以有效治理，从而实现人工智能刑事风险刑法治理司法路径与立法路径的衔接与互动。

本章小结

理念是行动的先导，理念的科学先进程度在相当程度上决定行动的合理性和实效性。人工智能刑事风险刑法应对的理念困境内在地决定人工智能刑事风险刑法应对的实践困境，并根本地决定人工智能刑事风险的刑法治理实效。既然人工智能刑事风险刑法治理是对人工智能研发和应用中侵损人类法益风险的防控，其实质展开必然需要以科学的内在理念作为指引，遵循人工智能运行的基本规律，最大限度地彰显人工智能对人类的积极面相，并且通过建构系统、合理且科学的人工智能风险防控体系，将人工智能可能的风险降到人类可以接受的程度。

尽管“人工智能威胁论”尚未真正在实践中显现，但人工智能研发和运行中可能存在之侵损人类法益的刑事风险绝非危言耸听，已经得到人工智能专家和人工智能技术运行实践的证实。正视人工智能刑事风险的“真问题”属性是有序开展人工智能刑事风险刑法治理的首要前提。既然以增进人类福祉为实质内涵的人类中心主义不仅是研发人工智能、将人类从繁重反复危险的劳动中解放出来的内在指引，而且是开展人工智能刑事风险刑法治理的最终目标，那么就应当坚持把人类中心主义作为刑法治理根本立场。兴许刑法谦抑性曾在历史上作为限制国家刑罚权、防止刑法扩张的有力武器，但作为法律体系的基底性和后盾性保障机制，刑法理应对社会中存在的严重危险和风险保持足够的关注甚至警惕，积极参与对严重侵害人类法益的各类风险的社会治理。既然人工智能内含侵害人类法益刑事风险确系“真问题”，在明确各部门法对风险规制的不同分工基础上，刑法有序介入其刑事风险的治理，不仅有助于保障人类法益不被人工智能侵害，而且能够推动人工智能有序健康持续发展，这也是刑法谦抑性精神实质的真正彰显。

人工智能刑事风险虽然系新兴技术风险，需要建构新的法律机制予以治理，但却并未完全超逸现行法律框架和现行刑法的规制范围。因此，理应运用刑法教义学研究范式，充分发挥既有刑法教义学原理的解释张力，尽可能在现行法律框架下和法理范畴内实现对人工智能刑事风险的有效治理。这既是立足当前人工智能代际发展特征的现实考虑和理性选择，也是发挥法律调整机制内在价值的必然要求，将极大地推动人工智能可能附带的刑事风险的排解，使人工智能尽可能呈现积极增进人类利益的属性而遏阻其对人类利益的威胁与侵害。

第六章　人工智能刑事风险刑法应对的具体方案

消除或抑制人工智能侵损人类利益的刑事风险，需要在科学理念的指导下，根据人工智能刑事风险的独特属性、具体内容并结合刑法的性质任务以及运行机制，形成涵盖司法和立法的治理方案，在充分保护人类利益和福祉的前提下，推动人工智能技术健康有序发展。考虑到人工智能系统被作为犯罪对象进行攻击，或者侵害人工智能系统中的数据安全的情形，已经能够在当前刑法罪名体系中得到较好解决，本书对人工智能刑事风险刑法应对的具体方案的建构主要针对人工智能被作为犯罪工具的纯正工具性风险和不纯正工具性风险。

第一节　人工智能纯正犯罪工具风险的刑法治理

对人工智能技术及产品的合理应用，固然会带来更多行业的重大变革，促进社会的深度和快速发展，推动经济社会各领域从数字化、网络化向智能化加速跃升（ITpro and Nikkei Computer，2018）。相应地，如果人工智能系统被别有用心的人滥用，作为实现犯罪意图的工具，犯罪的智能化水平也将得到显著提升，从而给社会安全稳定带来新的严重威胁，同时给人工智能刑事风险及其刑法治理带来新的挑战。

一、故意设计、制造专门用于严重侵害法益的人工智能系统

美国著名惊险小说家 R. L. 斯坦的小说《我的怪兽世界·怪物克隆狗》讲述了一个与本部分研讨主题密切相关的故事：科学家维克多暗自在自己的实验室里制造复制自己的机器人，其后维克多与其复制品以及复制品之间彼此指责对方是“复制品”，要将对方关进“失败之屋”。“我制造了他，然后他把我锁了起来，掌管了我的生活。我把他制造得太过聪明了。他一直在独立制造机器人，一支邪恶的机器人军队。他正在把他们散布得到处都是。”“骗子！我真不应该制造这个我自己的复制品。他是最最先进的，但是他是危险的，我们必须把他关进失败之屋里去。”① 这两句话即科学家维克多与维克多的复制品向女主人公小姑娘凯特指责彼此的片段。假使科学家维克多并非复制自己，而是在实验室设计制造专门实施严重侵害人类法益的邪恶智能机器人，其后该邪恶智能机器人如其程序设计一样致力于严重侵犯为刑法所保护的人类法益（著作权），维克多应否承担刑事责任?

答案无疑是肯定的。故意设计、制造专门或只能用于严重侵害法益的邪恶人工智能系统，实则是直接将所设计或制造的人工智能系统作为犯罪工具，等同于设计者或制造者通过该邪恶人工智能系统自己实施犯罪行为，设计者或制造者必须为该邪恶人工智能系统每一次严重侵害法益的行为承担故意犯罪的刑事责任，即便该人工智能系统因故障而偏离程序，实施程序设定以外的侵害行为，也不应例外。在此种情形下，可借鉴美国“索尼诉环球影业案”所创立的“实质性非侵权用途规则”：若所设计或制造的人工智能系统仅能严重侵害人类法益，该人工智能系统缺乏实质性非侵权用途，应当由设计者或制造者为该人工智能系统所造成的侵害承担刑事责任。

人工智能技术应用可能带来不可回避的道德选择问题。2016 年初，麻省理工学院发起一次关于“汽车道德”的大规模试验，创建了一个专门的网站，为使用无人驾驶汽车的用户模拟不同的场景，并提供在紧急情况下的选择。研究人

---

① 斯坦．我的怪兽世界·怪物克隆狗［M］．宋沈黎，译．北京：接力出版社，2016：253.

员对 230 万人进行分析后发现，当悲剧不可避免时，被调查者往往更倾向于拯救人类而非动物，优先救助年轻人而非老年人。研究也显示，潜在受害者的性别和被调查者的宗教偏好也会影响选择：男性很少将生存的机会留给女性，而宗教人士往往更倾向于拯救人类而非动物。德国汽车公司梅赛德斯-奔驰的代表则表示，他们的汽车将优先考虑乘客；而德国交通部门立即回应称，这种基于多重标准的选择是违法的，而且制造商无论如何都要对此负责。① 由此可见，在人工智能技术的运用中内含亟待引起重视的“道德风险”，而此种“道德风险”极易转变为“法律风险”，甚至是“刑事风险”。

值得注意的是，在人工智能系统程序设计中要善于运用客观归责理论排除归责。例如，程序设计员为自动驾驶汽车设计如下程序：当自动驾驶汽车遭遇“电车难题”的特殊情况时，将以保护多数生命法益为优先选择，“牺牲少数挽救多数”；抑或在自动驾驶汽车要么撞向行人要么牺牲车内人生命的“两难困境”下，将车内人员生命作为优先保护对象（毕竟以保护行人生命法益为优先，完全不符合汽车市场需求）。对此，德国学者塔提亚娜·霍恩勒与瑞士学者沃尔夫冈·沃勒斯基于“应优先保护遵守交通规则的人”之理念，将优先保护中做决定的时间转移到程序设计阶段，并提出八种可能的优先规则：优先规则 1，由违反交通规则的交通参与者承担两难处境的不利后果；优先规则 2，由以其他方式违法的交通参与者来解决两难的处境；优先规则 3，优先照顾自动驾驶汽车内的乘客；优先规则 4，优先照顾自动或全自动驾驶汽车外的其他交通参与者；优先规则 5，优先照顾儿童；优先规则 6，拯救危险共同体中的多数人；优先规则七，其他拯救多数人的情况；以及可能的兜底规则，即不改变行车路线。他们通过对优先规则进行“簇化”（Cluster），绘出不同情形下的优先规则。②

应当承认，从程序设计上避免“电车难题”的出现具有治本性的价值，但在

① 鲁斯塔莫维奇，伊尔杜佐夫娜．从理论和实践角度分析人工智能的刑事责任［M］//张海斌．人工智能、区块链与法治：国别区域科技与法律动态．北京：法律出版社，2020：28.

② 霍恩勒，沃勒斯．电车难题再现——自动驾驶汽车面对生命的两难问题时如何设计程序？［J］．刑事法评论，2020，43（1）：102-129.

此种程序设计尚未完成之时甚至在此种程序设计已经付诸实践的场合，上述两难场景中的程序设计均可能存在选择以牺牲生命法益为代价的情形，从而缺乏优越利益的保护，难以根据紧急避险阻却违法，但仍不应追究设计者的刑事责任。既然自动驾驶汽车已经按照既定程序做了其应该做的事，面对无法避免的事故，自动驾驶汽车选择了结果可能最好的应对方式，这是一种“电车难题”中保护多数人生命法益的程序设定，保护了多数个体的生命，属于把高度（多数）危险降低（减少）为低度（少数）危险，可依据客观归责理论中“降低风险法理”排除归责。正如德国学者弗兰克·彼得·舒斯特教授所言，“在自动驾驶中，如果最大多数的人得到了优待且遵守规则的行为会得到奖励时，从事前的角度来看，社会中的每一个人都能从中获益，而事故和死亡人数的总体减少最终降低了人们自己成为事故牺牲者的概率。如果一个编程人员降低了每个个体成为受害者的风险，而这种风险在之前就已经被人们所接受，且实际上也不存在其他更好的选择时，他实际上没有制造任何被法律所禁止的危险”①。对于“两难困境”，大可援引“容许性风险法理”，即只要该程序设定满足概括性的利益衡量和有立法设定的注意义务，牺牲行人保护车内人员生命就属于“容许性危险”，排除归责（储陈城，2018b）。

二、懈怠注意义务设计、制造具有严重瑕疵的人工智能系统

2018 年 3 月，Uber 开发的全自动驾驶汽车在测试过程中造成一名行人死亡，其测试计划也被迫中断，从而引发人们对有瑕疵或不成熟人工智能系统造成严重损害后责任承担问题的广泛思考（建峰、罗杰，2018）。② 懈怠注意义务设计、制造有瑕疵的人工智能系统是因疏忽大意或者过于自信而懈怠注意人工智能系统研发应当注意的事项，导致所设计、生产的人工智能系统是具有高度危险的严重

① 舒斯特．自动驾驶中的应急算法——一个对刑法学的挑战［J］．张正昕，译．中国政法大学学报，2021（5）：296-304.

② 2020 年 9 月 15 日，美国亚利桑那州陪审团以过失杀人罪起诉当时 Uber 自动驾驶汽车前安全驾驶员 Rafaela Vasquez，建议判处该安全员 2.5 年有期徒刑。本案检察官认为：“当驾驶员操作汽车方向盘时，他们有责任以遵守法律的方式安全地控制和操作汽车。”

瑕疵产品并因此造成严重社会危害。

“研发者设计以实施非犯罪行为为主要目的的智能机器人时，对于智能机器人造成的严重危害社会的结果，当研发者违反了注意义务且有刑法明文规定时，其主观罪过应被认定为犯罪过失。”① 懈怠注意义务的设计者或制造者理应构成过失型产品犯罪。没有专门规定产品刑事责任的德国和日本基本以相应的过失犯罪来处理，如德国著名的“皮革喷雾剂案”最终即认定涉案企业负责人成立过失伤害罪，在日本三菱汽车公司隐瞒汽车质量问题致人死亡案中，三菱汽车公司时任总经理何添克彦等6人被判处“业务过失致死罪”。中国刑法分则专节也规定了产品刑事责任，即刑法分则第三章第一节“生产、销售伪劣商品罪”，然而，该节罪名的处罚对象均为故意生产、销售伪劣商品的犯罪行为，无法用于规制过失生产、销售严重瑕疵产品的行为。②

不过，鉴于当前人工智能产品的智能系统并不完全安全、可靠、值得信赖，人工智能系统的设计者和制造者须在生产阶段切实担负保障人工智能系统安全的法定义务，在人工智能系统被投入市场后应对其安全性进行持续跟踪观察，一旦主动或被动发现人工智能系统存在严重瑕疵，应当立即采取警示、召回等必要措施，若因未警示或不召回而致损害结果扩大致人死伤的，则应承担过失犯罪的刑事责任。此外，日本学者冈部雅人教授结合自动驾驶汽车事故中的刑事责任分配问题，提出“关于与自动驾驶技术有关产品事故，应该在实行行为的主体特定化的基础上，根据不同层级的自动驾驶技术区别和事故原因，确定刑事责任的类型”。在由具有较高智能化水平的人工智能系统导致的事故中（比如第三、第四层次的完全自动驾驶汽车），基于人工智能系统原因而诱发的责任，应当追究制造者的刑事产品责任；在由智能化水平较低的人工智能系统导致的事故中（比如

① 刘宪权．涉人工智能犯罪中研发者主观罪过的认定［J］．比较法研究，2019（4）：101-110.

② 事实上，在美国曾发生过类似案例。2019年，一辆特斯拉 Model 3 撞树起火，并造成驾驶司机死亡和乘客受伤。事后，两名受伤乘客认为特斯拉在出售汽车时知道其自动驾驶系统 Autopilot 有缺陷并提起诉讼。2023年9月，美国加州地方法院陪审团认为车辆没有制造缺陷，特斯拉方面称该案件由驾驶员人为因素导致。

第二层次的自动驾驶汽车），需要考虑对于消费者的说明责任情况，对于制造者违反说明义务而导致消费者误认为该汽车为具有较高智能化水平的自动驾驶汽车的，考虑追究制造者业务过失类犯罪的刑事责任，对于消费者过度信任自动驾驶系统而导致事故时，应当将责任归属于消费者自身（冈部雅人，2021）。这为我们建构与人工智能系统关联刑事风险及其现实化的法律责任体系具有较强的参考和启发意义。

应当承认，当前人工智能的技术发展和产业化应用尚处于发展期，人工智能系统设计与制造的伦理道德规范以及技术准则并不成熟，要求人工智能系统的设计与制造严格遵守各类注意性规范并不现实，设计者和制造者也往往难以预见所设计和制造的人工智能系统会否严重侵害利益，特别是随着智能化水平的提升，部分人工智能系统已经具有自主适应环境并作出程序设定以外的行为，如众所周知的 Alpha Go、AlphaGo Zero。但无论如何，人工智能的研发都必须恪守不侵犯人类利益的底线，尽可能保证所设计和制造的人工智能系统是安全、可靠、值得信赖的。

事实上，人工智能技术研发的日渐成熟将促使人工智能系统设计与制造的道德准则、伦理规范以及技术标准的建立和健全。① 例如，欧盟在 2019 年 4 月委托专家委员会提出《可信赖的人工智能伦理准则》（Ethics Guidelines for Trustworthy AI），说明 4 项伦理原则和 7 项要求（风险控制、透明、个资及隐私保护、社会

① 如 2017 年，美国信息技术产业委员会（Information Technology Industry Council，ITI）发布了 14 条人工智能政策准则，其后美国国会提出两党议案《人工智能未来法案》，重申“更好地理解人工智能、促进人工智能以最有利于社会的方式发展”。2018 年 IBM Watson 提出 IBMAI 开发的三大原则：信任、尊重与隐私保护。微软公司也提出公平、可靠和安全、隐私和保障、包容、透明、负责六大原则。腾讯公司提出“可知、可控、可用和可靠”的“四可”人工智能研发原则。2019 年 2 月，白宫发布了《美国人工智能倡议》，该倡议是继欧盟、日本等国家和地区后推出的第 19 个国家级人工智能战略计划。同步发布的还有《加速美国在人工智能领域的领导地位》等文件。2019 年 7 月，致力于打造服务各商业领域的 AIoT 操作系统的北京旷视科技有限公司也发布了《人工智能应用准则》，强调“技术应该是一种正面的力量”，“人工智能不应该超越人的自主性”。我国台湾地区也推出“AI 科研发展指引”。2021 年 7 月 28 日，科技部向社会公开发布了《关于加强科技伦理治理的指导意见（征求意见稿）》，提出“伦理先行、敏捷治理、立足国情、开放合作”的基本要求，明确规定“增进人类福祉”“尊重生命权利”“坚持公平公正”“合理控制风险”“保持公开透明”五项科技伦理规则，为我国人工智能法律规制提供了相应的指引。

责任、增进人类福祉、问责制、无偏见歧视)，并表示 AI 发展到自主决策时，传统民事归责理论可能有所不足，针对“严格责任”之适用进行评估，可能会修订欧盟法律，且会考虑是否需要订立新的法规。2020 年 2 月，欧盟执行委员会发布《人工智能白皮书》(*White Paper on Artificial Intelligence*) 以及《欧盟资料策略》(*A European Strategy for Data*)，提出人工智能与大数据相关产业的发展，从最开始大量原始资料的取得，到后续转化为向公众提供产品或服务，在这个过程中法规管制是不可避免的议题，进而基于把“以风险为基础的方法”(risk-based approach) 作为日后法规管理框架，强调人工智能在高风险领域的应用原则受法律较高度的监管，以确保政府监理干预合乎比例。2021 年 4 月 21 日，欧盟委员会提出了人工智能的立法规范 (Artificial Intelligence Act)，强调为了保障人的权利及其他安全和基本权利，对人工智能的实行、创新等做出规制，要求在人们可以信任的状态下在各个领域运用人工智能。2020 年 1 月，美国白宫科技政策办公室 (Office of Science and Technology Policy, OSTP) 发布《AI 应用管制指引》(*Guidance and Regulation of Artificial Intelligence Application*)，为美国政府机关起草人工智能政策法律规范并进行规制提供指引，清楚地罗列了 10 项人工智能原则要求各单位遵守 (陈建佑，2021)。未来人工智能系统的研发设计制造违反相应准则、规范和标准，相关人员滥用技术恶意研发设计或制造邪恶或者有瑕疵的人工智能系统，造成严重后果的，应当依据其行为特征和罪过形式，分别以故意犯罪或过失犯罪归责。

三、使用者滥用人工智能系统实施犯罪：中国首例滥用人工智能犯罪案

在人工智能技术尚处于非全自动化运行的发展阶段时，人工智能系统依然能够为人类所控制或者操纵 (当然这种控制和操纵与人类操纵那些毫无自动化或者智能化水平的工具存在较大区别，极易出现人工智能系统“挣脱”人类控制和操纵的现象)，能够成为人类实施违法犯罪的工具或者“帮凶”，辅助人类实施

危害社会的行为或者拓展人类危害社会行为的危害后果。① “在人类研制机器人的自主操作背景下，重新审查责任规则是没有必要的。在开发机器人过程中发挥作用并辅助编制机器人自主操作程序的任何人（包括具有从事人身属性事业的实体公司，如签订合同、雇佣工人等），都有可能承担因过失或故意的不法行为而导致的责任。……它们是自然人、法人或其他非法人组织等法律主体的代理或工具，依法由相关法律主体对其行为负责。”②

2019 年 8 月 6 日，腾讯公司发布《电信网络诈骗治理研究报告（2019 年上半年）》，报告揭示，人工智能技术成为新型诈骗工具，被不法分子用于实施电信网络诈骗，“在电信网络诈骗实施过程中，人工智能开始被用于群聊群控场景，诈骗行为人制作聊天机器人程序，配合人工操作，将被害人引入迷局”。腾讯公司曾于 2017 年协助浙江警方成功侦破“全国首例利用人工智能侵犯公民个人信息大案”，案情如下：

2015 年初开始，被告人李某创建“快啊答题”平台，后与提供图文验证码人工智能识别技术的被告人杨某合作，合伙有偿为他人提供批量图文验证码识别服务。被告人张某等众多软件开发作者在编译出具有批量登录腾讯 QQ 账号功能的软件后，将软件接入“快啊答题”平台的对外端口，利用该打码平台快速、批量实现对腾讯公司服务器下发的图文验证码的识别，以顺利完成腾讯 QQ 账密的验证及账号的登录。曾某等众多软件用户以向“快啊答题”平台充值的形式有偿使用上述程序工具，并通过运行上述程序工具侵入腾讯公司服务器，批量验证腾讯 QQ 账密的一致性，登录账号获取账号内信息。据查，仅 2017 年第一季度，“快啊答题”平台就破解验证码 259 亿次，累计破解验证码 1204 亿次，介入

① 例如，2023 年 2 月 28 日至 3 月 2 日的三天内，加拿大至少有 8 名老人因为利用深度伪造内容实施的诈骗损失大量资金。犯罪分子利用人工智能技术，快速克隆声音、图片等，并结合详细的个人信息，使受害者产生错误判断，按犯罪分子要求支付费用。此种把人工智能作为诈骗工具，误用、滥用人工智能技术生成假视频、图片、声音以实施的诈骗，在电信网络诈骗形势依然严峻的我国也存在大量的案例。

② 弗拉德克．负责人缺失的机器：责任规则与人工智能［M］//赵万一，侯东德．法律的人工智能时代．北京：法律出版社，2020.

该平台提供验证码识别服务的软件共100多款，接入平台的用户达1.1万人。①

本案中打码平台利用人工智能技术破解了互联网验证码，是使用者滥用人工智能系统实施犯罪的典型案例，反映出使用者滥用人工智能系统实施犯罪的严重社会危害性和新特征：不仅使犯罪实施的技术水平和侦破难度显著提高，而且极大地降低了犯罪成本、提升了犯罪效率、增加了犯罪收益。对于使用者滥用人工智能系统实施犯罪的行为，应当根据其所实施的具体犯罪进行具体认定。本案中，运用人工智能技术的“快啊答题”打码平台借助深度学习框架，创建神经网络，通过下载几乎全世界的所有字体，对神经网络进行训练，使其能够像培养儿童一样自主学习，不断强化其图文转换能力，再将这种神经网络与具有图像接收和处理结果返回功能的服务端进行网络连接，构成自动识别和反馈验证码的应用系统（最高人民检察院法律政策研究室，2018）。曾某等正是在利用应用系统对非法获取的数据进行账密匹配后，进一步非法获取海量深层次的公民信息，其行为依法构成侵犯公民个人信息罪。

四、使用者（管理者）未尽监管义务致使人工智能系统严重侵害法益

通常而言，如果特定人工智能系统蕴含侵害法益的较高潜在风险，则需为该人工智能系统设定类似“监护人”的主体：使用者或专门管理者。由使用者（管理者）履行防止人工智能系统内在危险现实化为客观危害的监管义务，而在使用者（管理者）未尽该监管义务致使人工智能系统严重侵害法益或者扩大法益侵害后果时，应当根据情况追究使用者（管理者）过失犯罪或不作为故意犯罪的刑事责任。

例如，一个人工智能外科医生正在对病人进行手术，要给病人安装新的髋关节，手术过程中人工智能却出现机械性的误差。负责监控手术的人类医生没能尽

① 参见浙江省绍兴市越城区人民法院（2018）浙0602刑初101号刑事判决书。

职地监控手术进程，并且未在中途介入以完成髋关节置换术，导致手术不得不提早结束，迫使患者必须进行第二次髋关节置换手术。[①] 在该事例中，人类医生原本只要履行监管义务即可阻断人工智能体内在危险的现实化进程，却懈怠监管义务，未能及时发现机械性误差并中途介入完成手术，客观上造成患者髋关节置换不当并需要进行第二次手术，具有业务上的严重过失，可追究人类医生过失犯罪的刑事责任。

然而，“过失意味着不注意，而不注意指的是违反注意义务，也即违反应当为了回避犯罪事实的实现而小心谨慎的义务”[②]。过失犯罪刑事归责的前提要素是具备结果回避可能性，即行为人小心谨慎地履行注意义务，采取回避措施即能够有效地回避法定危害后果的发生，将过失犯罪的刑事归责适用于缺乏结果回避可能性的场合将背离刑法责任主义。据此，如果人类医生尽职地履行监控义务，仍来不及中途介入手术进程，或者即便人类医生中途介入手术进程，仍不能避免人工智能体机械性误差的可能后果，应当以缺乏结果回避可能性为由，将患者因人类医生懈怠尽职监控义务而必须进行第二次置换术的后果认定为不可抗力造成的事故或偶然事件，进而否定对人类医生过失犯罪的刑事归责。当然，在此种情形中，人类医生懈怠尽职监控义务符合医疗侵权的构成要件的，不排除考虑从民事侵权的角度追究人类医生的赔偿责任。此外，如果人类医生履行监管职责，及时发现机械性误差并中途介入正确地完成髋关节置换术，即使用者（管理者）一旦履行监管义务即可介入并阻断人工智能系统内在危险现实化的进程、避免严重危害后果的发生，未尽监管义务的人类医生极有可能符合不作为故意伤害犯罪的构成要件。

不过，需要注意的是，并非任何人工智能都需要配备监管主体。设计初衷在于优化人类工作的人工智能系统，固然需要其使用者（管理者）正确地履行监管义务，如上述人工智能外科医生并不会增加人类的自由时间，也不会使生活更

① 韦弗．机器人是人吗？［M］．刘海安，等译．上海：上海人民出版社，2018.
② 高桥则夫．刑法总论［M］．李世阳，译．北京：中国政法大学出版社，2020.

方便，其目的在于改善并提高人类手术效果。但是，那些设计目的主要在于方便人类，将人从烦琐、单调工作中解放出来的人工智能系统，往往不需要监管主体，也无须对该人工智能系统的运行进行监管，其典型如“完全自动驾驶汽车”。自动驾驶汽车是当前人工智能应用相对成熟的产品，而汽车的自动化和智能化过程是人工智能系统不断进化的缩影。在自动驾驶汽车采用“完全自动化系统”后，真正的无人驾驶将得以实现，彼时交通事故发生率、交通拥堵率以及交通成本都将明显降低，但这些目标却非研发自动驾驶汽车的根本目标，“自动驾驶汽车研制的目标是通过改变汽车的基本使用方式，将人们从大量的驾车时间中解放出来，人们可以将原本驾驶汽车的时间用来休闲娱乐或进行其他工作”①。既然此类具有完全自动化运行能力的人工智能系统无须监管者，相应地，其使用者也无须为其侵犯人类法益的行为承担刑事责任，那么应当如何分配其侵犯人类法益时的法律责任呢？何种主体应该为这类人工智能系统的侵害后果“买单”？这就涉及下文将讨论的人工智能不纯正工具性刑事风险刑法治理问题，即是否需要赋予人工智能以独立刑事责任主体地位，将人工智能侵害人类法益的举止评价为犯罪，进而以相应的刑事制裁机制予以处置和治理。

第二节　不宜肯定人工智能系统的刑事责任主体地位②

一、肯定人工智能系统刑事责任主体地位的基本主张

现代责任主义的要旨在于，刑事责任的发动必须具有正当化根据，任何人只能因自己可被非难、实施有罪责的行为承担刑事责任，“一般来说，当‘行为人

① 田春霞，高元伟，魏彤光．汽车文化［M］．北京：北京理工大学出版社，2014．

② 刘仁文，曹波．人工智能体的刑事风险及其归责［J］．江西社会科学，2021（8）：143-155+256．

尽管能够实施其他的行为，竟然还是实施了犯罪行为（有他行为可能性）时’，具有非难的可能”①。较之前述人工智能系统纯正犯罪工具刑事归责中设计者、制造者和使用者（管理者）因自己可被非难或谴责的行为承担刑事责任不同，不纯正工具性刑事危险是拥有自主意识和意志的人工智能系统在其深度学习能力的指引下，在改变自己以适应环境变化的过程中“自主地”“不被预见地”犯下严重侵害人类法益的“罪行”的可能性。在这种场合下，人工智能系统研发和应用中的各个人类主体都勤勉尽责，其所设计和所制造的人工智能系统达到所有合理的产品责任标准，他们与人工智能系统的恶行虽有关联但无因果，更无法具体预见人工智能系统会严重侵损人类法益。如果仍由人类主体承担人工智能系统侵害法益的刑事责任，无疑将直接且根本抵触现代责任主义。为填补不纯正工具性刑事危险中可能出现的“责任空白”，前已述及的肯定人工智能系统刑事责任主体地位的主张应运而生。

以色列著名人工智能刑法学者加布里埃尔·哈利维是肯定论的大力提倡者和积极开拓者。他凝练出承担刑事责任的核心因素并推演至人工智能系统，提出“当自然人或法人同时满足刑事责任的外部因素（犯行）和内部因素（犯意）时，就要承担刑事责任。如果人工智能系统能够同时满足承担刑事责任所需的外部因素和内部因素要求，而且事实上它的确满足这些要求，那么就没有任何理由防止对该人工智能系统施加刑事责任”②。哈利维的肯定论主张也获得我国不少学者的拥趸。在他们看来，人工智能系统可能脱离人类控制，给人类带来灾难性损害，刑法应重视前瞻预防和风险防控，并强调人工智能正深刻动摇传统刑法归责体系及其基础，应从刑事责任能力出发，根据人工智能系统的学习能力和发展代际，肯定具有自主学习能力的智能机器人为“第三类人”或“人工人”，赋予其独立刑事责任主体地位，增设删除数据、修改程序、永久销毁等新型刑罚方法，妥善解决人工智能系统不纯正工具性刑事危险中的刑事责任归属问题（刘宪权、

---

① 前田雅英．刑法总论讲义［M］．曾文科，译．北京：北京大学出版社，2017：28-29.

② Hallevy G. The Criminal Liability of Artificial Intelligence Entities - from Science Fiction to Legal Social Control［J］. Akron Intellectual Property Journal, 2010（2）：171-201.

胡荷佳，2018；蔡婷婷，2018；李振林，2018；王燕玲，2019；王肃之，2020）。

必须承认，主张通过赋予人工智能系统刑事责任主体地位、建构新型“刑罚”方法来应对人工智能系统严重侵害或威胁人类法益的肯定论者心系人类安危和命运的研究初衷和情怀值得称道，其对现代科技所带来的刑事风险保持高度警惕并对风险防范进行前瞻性展开也无可厚非，其重构刑事责任理论模型及刑罚措施的主张也对完善现行刑事责任理论与刑事制裁体系具有启发意义。然而，正所谓“过犹不及”，过分超越当前人工智能的发展阶段，强行借用强人工智能的话语体系，恣意附会既有刑法概念，在革新传统刑法体系的大旗下对传统刑法体系进行颠覆式的解构和改造，究竟仍属肯定论者“前瞻性研究”，还是应归入预言式、科幻式研究？是否有把刚走出科幻世界不久的人工智能重新带入科幻世界的危险？

二、肯定人工智能系统刑事责任主体地位的论证偏误

在本书看来，蕴含强烈规范性谴责和非难的刑罚乃犯罪之最基本、最主要且最核心的法律后果，建构新型“刑罚”以实现对人工智能系统自动化运行可能侵害人类法益的刑事风险进行刑事归责似乎是最直接、最当然的选择。不过，主张赋予人工智能系统（特别是强人工智能系统）以刑事责任主体地位，运用刑罚非难、制裁“犯罪”人工智能系统以规制强人工智能系统刑事风险的肯定论归责方案，虽对现代科技所带来的刑事风险保持了值得肯定的高度警惕，其重构刑事责任理论模型及刑罚措施的设想对完善现行刑事责任理论与刑事制裁体系也具有启发意义，但却存在持论依据及论证路径方面的诸多误区。在人工智能系统脱离人类控制而严重侵害人类法益的归责判断中，赋予人工智能系统以刑事责任主体地位的肯定说存在诸多误区，理应继续坚持人工智能系统的工具理性，不宜肯定人工智能系统的刑事责任主体地位。

（一）过度夸大人工智能系统侵害人类法益的刑事风险

“每枚硬币都有正反两面”，科学技术之于人类社会发展的“双刃剑”属性

也在人工智能上得到淋漓尽致的印证和体现。人工智能系统可以毫不疲倦地在混乱而复杂多变的环境中完成种类庞杂的工作，改善人类工作环境，提升人类工作的效率和效益，使人类拥有更多的时间和精力从事其他很多富有成效且能创造更多价值和财富的工作，但人工智能系统有内在的不确定性、不稳定性、不安全性，具备深度学习能力的强人工智能系统存在脱离人类程序控制侵犯人类法益、反噬人类的可能性，这客观上带来明确或完善人工智能系统严重侵害法益的刑事归责体系的现实需要。然而，肯定论者对于强人工智能时代的到来的预测却过于乐观了，在史蒂芬·霍金等世界顶级物理学家关于"人工智能技术，未来必将对人类构成威胁"，"完美人工智能的开发，便意味着人类的终结!"① 的警告以及部分媒体对"机器人终将叛变人类"等危言耸听的科幻式报道的刺激下，错误界定人工智能系统刑事风险的性质和类别，过度夸大了人工智能系统侵害人类法益的可能性和严重性。

强人工智能（或"通用人工智能"）具备根据设定的逻辑系统输出真正意义上的推理、演算、解决问题和不断自我学习的能力，能够完成任何认知任务，并且完成得至少和人类一样好。它们被认为将不再仅仅是被人类利用的工具角色，而是拥有自我意识和自由意志的生命体（原研哉，2016）。不过，达到或超越人类智能的强人工智能是否会出现，至今仍是人工智能研发中争论不休的问题。即便退一步承认，强人工智能将被研发并落地实用，其实施难度和所需时间仍难预测。正如澳大利亚科学院院士、国际人工智能学会会士 Toby Walsh 教授所言，"我并不是预测人工智能永远不能达到或超越人类智能。我的意见是，不会出现有些人所说的那种失控性指数增长。更大的可能是，我们要靠自己给思考机器的大部分智能编程。这将需要大量的科学和工程工作。我们不会在某天早上醒来，发现机器一夜之间就自我改进了，人类不再是地球上最聪明的生物"②。国际机器人联合会执行委员会委员帕克在回答《瞭望东方周刊》记者问过程中也

① 韦康博．人工智能：比你想象的更具颠覆性的智能革命［M］. 北京：现代出版社，2016.

② 沃尔什．人工智能会取代人类吗？——智能时代的人类未来［M］. 闾佳，译．北京：北京联合出版公司，2018.

提出，“有很多人支持人工智能，当然也有很多人反对人工智能，这都可以理解。虽然说人工智能是人类智慧的一个产物，但它跟人类的智力是不能相提并论的，因为它的很多程序都是人类预设的，它本身不可能主动去适应环境的变化，主动去做出反应。所以误认为，人工智能要想赶上真正的人类，达到跟人类平起平坐的程度，甚至像很多科幻电影里演的那样可以跟人类进行情感交流，这是不可能的。说到底，人工智能是软件的问题，而不是硬件的问题”①。

如果说肯定论者以强人工智能为依托的论证显然过于操切、立论基础过于薄弱，其对人工智能风险性质的判断失误则是至为严重的。“人工智能机器能够渐进地在它们所处环境的刺激下学习，并从它们自己的行为中获取知识和技能，因此不仅对于使用者，同样对于它们的设计者而言，机器人会逐渐地变得不可预测。”② 而变得不可测的人工智能系统所带来的危险是人类逐渐失去对人工智能系统的控制权，并非邪恶机器人拥有将人类赶尽杀绝的强大力量，人类将要被人工智能消灭，否则人工智能不可能得以持续推进。“在现有条件下，（人工智能系统）还不会失控，以后真失控了的话，与飞机高铁大炮火箭核能之类的失控基本属同类性质。无论是谷歌的无人驾驶技术，还是如今的阿尔法围棋这个下棋程序，或者更早前的微软小冰，这些智能机器的发明，复杂程度日益提升、智能日趋强大，但与人们惊呼的‘人类将要被机器消灭’之间，并不存在什么客观的联系。”③ 肯定论者对人工智能危险的严重担忧和恐惧更多源自混同人工智能系统失控的危险与人工智能系统直接侵害人类的危险，但人工智能系统失控并不必然导致侵害人类法益的后果，人工智能失控所带来的风险与当前科学技术所附带的风险实无二致，均属科学技术发展过程中不可避免的常规风险，理应正常待之。

（二）误将刑事责任能力视为刑事责任主体地位的充分条件

肯定论者普遍认为，如果人工智能系统具有“独立意志”“辨认能力和控制

① 严梧．距离与美［M］．上海：学林出版社，2017.
② 帕加罗．谁为机器人的行为负责？［M］．张卉林，王黎黎，译．上海：上海人民出版社，2018.
③ 杜维新，张志强．围棋人机大战［M］．成都：成都时代出版社，2016.

能力”，能够“为了实现自己的意志、自主决策并自主实施”行为，或者具有“自主性”“拥有自我的意识”，就符合作为刑事责任主体的条件（夏天，2017）。但是，姑且不论人工智能系统是否能够真切地理解其所感知事物的真实意义，即便暂时承认能够深度学习的人工智能系统具有刑法所要求的辨认能力和控制能力，也不能据此肯定人工智能系统的独立刑事责任主体地位。

的确，刑事责任能力是行为人辨认和控制自己行为的能力，行为人只有在能够辨认自己行为性质及其后果并且能够自由选择是否实施犯罪时才承担刑事责任；而刑事责任主体是实施刑法规定的犯罪行为、值得刑法谴责非难的刑事责任承担者。刑事责任能力仅为刑事责任主体地位的必要条件而非充分条件，具备独立刑事责任主体地位的主体必然具有刑事责任能力，但具有刑事责任能力的主体却并不一定拥有独立刑事责任主体地位。“具有‘辨认能力和控制能力’的不只是人类，如家养和野生动物虽有以上能力，但都不是犯罪主体，应当将以上能力限定为超越生物意义的、主要是与人类社会规范相关的‘辨认能力和控制能力’，同时，犯罪主体要排除动物等非人类创造物。但是，即使是人类创造物并具备前述限定性能力，也不能认为充足了犯罪主体条件，如克隆人的研究被禁止，更不可能被允许进入人类社会，因此，法律允许其进入人类社会生活也是成立犯罪主体的必要条件。”① 在本书看来，肯定论者依据人工智能系统可能具有的辨认能力和控制能力即肯定人工智能系统的刑事责任主体地位，走入了以偏概全、逻辑错乱的误区。

（三）混淆“自主意识与意志”和辨认能力与控制能力

传感器、反应器及无线通信技术的发展使具有深度学习能力的强人工智能可以感知外界环境的变化并自主做出既可能符合程序设定也可能偏离设定程序的适当反应，并获得超越人类的“自主意识与意志”。例如，采用强化学习算法的AlphaGo Zero 在零人类经验的情况下，通过自我训练即可“随机应变”，最终在自我训练三天后即以 100：0 的战绩完败曾经战胜韩国棋手李世石的 AlphaGo，并

① 皮勇．人工智能刑事法治的基本问题［J］．比较法研究，2018（5）：149-166.

在与人类排名第一的棋手柯洁的人机大战中以3：0的战绩取胜。经由深度学习、自主运行而产生的“自主意识与意志”被肯定论者认为具有“辨认能力和控制能力”，甚至“与人类相比，强人工智能产品具有更强的控制能力和可培养的辨认能力”。[①]

以辨认能力与控制能力为核心的人类思维、情感（情绪）、心智是人类与其他生物最明显的区别之一，也是人类自身尊严和奥秘之所在，与人工智能通过学习、归纳和推理表现出的“逻辑思维”“物理理性”大相径庭。“相比于身体的控制，更难以解释，也更让人着迷的是思维的自主性。人类心目中的常识实际上是个极端复杂的推论系统，更是一个意义深远的科学问题。人或动物某一时刻只能处在一个位置、人的身体与思维是一个整体、人死则不能复生……认识这些看似理所应当的事实对人类而言荒谬可笑，可最强大的计算机也未必知道这些常识：它们没有日常生活中的体验、没有来自其他人的教导，也没有关于事实基本构成的核心概念。”[②] 英国人工智能专家约翰·金斯顿等也提出，“最关键的局限性是人工智能系统缺乏常识。人类拥有大量的知识，尽管这些知识与特定的任务暂时没有直接关系，但随着情况的变化可能会变得具有相关性”[③]。人类正是因为受遗传因素、文化传承以及生活经历阅历的综合影响，能够“随机应变”地、有意或无意地、自觉或不自觉地处理日常生活和社会交往中遇到的各类事务，对特定事务和事项的认知也总是多维广角，并带着极强的价值选择和评判色彩，而非仅仅能够应对单一或特定事项，这与当前只能辅助人类处理特定事项的人工智能存在较大区别，比较类似于部分人工智能研究者憧憬的“通用人工智能”，但“通用人工智能”自身是否具备研发能力可能仍旧是“迷”之所在。

正如著名《三体》研究专家吴飞教授所言，“自由意志之所以值得珍视，是因为它可以最大限度地促进生命力的发扬”[④]。实质上，人类的意识和意志抑或

① 刘宪权．人工智能时代的“内忧”“外患”与刑事责任［J］．东方法学，2018（1）：134-142.
② 王天一．人工智能革命：历史、当下与未来［M］．北京：北京时代华文书局，2017：48.
③ 金斯顿，魏翔．人工智能与法律责任［J］．地方立法研究，2019，4（1）：35-44.
④ 吴飞．生命的深度：《三体》的哲学解读［M］．上海：上海三联书店，2019：154.

人的精神形成与思维模式具有超越人工智能的特殊性。按照美国进化心理学家史蒂文·平克的观点，人的精神是由许多与生俱来的组件组合而成的一个系统。进化为我们配置了思维模式——有了思维模式，我们不仅能够通过感觉器官接受外来的刺激，并在脑子里进行加工，形成语言，而且还能解决问题，能够想象、辨认面孔、开发新思路，还有其他种种功能。我们的一般才智，都收纳在这些认知的模式之中。其他的模式，如恐惧与快乐、家庭意识、社会互动以及友谊等，则负责情感过程。在这一方面，我们也应该观察一下我们的彼此回报之感：鼓励合作而揭露骗局。尤其对后者，我们具有敏锐的鉴别力。进化心理学家勒达·科斯米德斯和约翰·图拜也认为，我们拥有一种专门的机制，使我们能够识别寄生虫和其他利用我们的合作意愿的坏蛋。克里斯·布斯克斯教授本人也指出，“遗传影响我们的行为，既不意味着我们完全是被先天所决定了的，也不意味着自由意志就是幻想。人的天性通过进化被塑造出特别有灵活性，以致其天性可以局部地超越遗传程序的框框。我们可以抵御我们的 DNA 的刺激。例如，平克就是一个有意不要孩子的人（着重号为引者所加）”①。

由此可见，人类不仅具有前述“随机应变”的能力，能够根据外部环境或者外部刺激的变化，自觉或不自觉（应激性条件反射）地调整自身的行为或者举止，而且具有相当的“灵活性”，能够“反其道而行之”，超出现有通行价值观念或者预定的行为准则，根据自身喜好“有意”做出或者不做出某种行为或者举止，以满足自身的特殊价值需要。

在本书看来，将“自主意识与意志”和辨认能力与控制能力予以等同忽视了人工智能与人类智能的客观差异并且误解了刑法中辨认能力与控制能力的实质。对此，斯坦福顶尖人工智能专家杰瑞·卡普兰教授曾警告道：“人们倾向于认为，大部分人工智能系统和特殊的机器人类似于人类的大脑和肌肉，虽然可以理解，但是这样的想法却是很危险的。长期以来，人工智能领域一直在利用我们

① 克里斯·布斯克斯．进化思维：达尔文对我们世界观的影响［M］．徐纪贵，译．成都：四川人民出版社，2021.

对于人格化对象（看起来像我们或者行为像我们）的自然喜好，因为它们可以吸引人的注意力或吸引投资。但同时这样的对象也会误导人们，让人们相信机器比它们实际上更像我们，并进一步假设它们有理解能力并会遵守我们的社会习俗。”① 人作为社会性存在，并非机械性、物理性地参与社会交往实践，而始终面临实现自身价值、将自己社会化的任务。“社会化过程并不是简单地接纳、遵守社会既有规范的过程，而是个体体认、理解、反思既有价值规范系统，并在此基础之上塑造人性的过程。”②

刑法中人的辨认能力与控制能力均具有强烈的社会性和规范性，并非纯粹感知到“有”或“无”“存在与否”等事实特征，而是对人类行为性质及其后果的规范辨认并以此为前提有意识地选择为或不为特定行为，以满足其参与社会交往、实现自身人格和社会期待的需要。“只有在作为法秩序成员的人有能力在其举动空间的各个备选方案中进行选择，应然价值才能够作为社会发展的调节器发挥作用。”③ 刑法中设定和追究刑事责任的目的，是为了以谴责违反刑法规范的行为并制裁其行为主体的方式命令人们遵从刑法的规范而不得实施犯罪。显然，刑事责任的这种目的性，只有具有规范性辨认能力和控制能力、能够理解刑法规范意义的人为对象才能实现。

与此相关，人工智能基于深度学习做出的表现于外部世界的反应或举动也难以被认定为刑法中的“行为”，缺乏值得刑法处罚的对象。刑法中的行为是在自由意识和意志的支配下所实施的具有社会意义的外部动作，“在目前的发展状态下，似乎人工智能系统的行为都很难被归入行为的范畴内。即使我们把行为的‘身体’维度排除在外，这一行为的定义永远都不适用于机器，智能主体的行为既不能被视为‘与社会相关’，也不能被视为刑法意义上的‘自愿’。社会相关性可能基于特定的历史背景，但它是通过社会动力和观念的演变而逐渐建

① 卡普兰．人工智能时代：人机共生下财富、工作与思维的大未来［M］．李盼，译．杭州：浙江人民出版社，2017.

② 高兆明．道德失范研究：基于制度正义视角［M］．北京：商务印书馆，2016.

③ 金德霍伊泽尔．德国刑事违法性的基础［J］．陈璇，译．人民检察，2015（19）：28-33.

立起来的"①。

（四）不当演绎把单位作为独立刑事责任主体的基本法理

除将智能机器人深度学习产生自主意识和意志的能力视作刑事责任能力外，支持人工智能系统刑事责任主体地位的肯定说还演绎把单位作为独立刑事责任主体的法理基础，提出"人工智能产品可借鉴'单位'这一主体设定的理念，将现阶段刑法中刑事责任主体增加为自然人、单位和人工智能产品"②。在当前刑事责任主体范围中，单位是将刑事责任扩大到自然人以外的唯一突破，但单位刑事责任主体地位的取得仍然是以自然人为基础的，并未超出自然人责任观念的基本范畴。"我国刑法中的单位犯罪之禁令指向的是单位背后的个人，单位不是没有'灵魂'而是'灵魂时刻归于自然人'，单位不是没有'鲜活的生命'而是'生命力'完全通过自然人予以体现，它比机器人更智能（因为单位的大脑就是人脑），这与人工智能通过自己的程序进行计算决定是根本不同的。"③

单位承担刑事责任的前提是依法成立的单位在单位"意志"的支配下由单位成员出于单位利益的需要实施刑法规定的犯罪行为，经由犯罪所得的利益归属于单位。单位与人工智能系统的明显区别体现在以下三个方面：

一是单位的责任主体地位得到民法或经济行政法等刑法前置法的确认，而人工智能系统却未获得法律人格。虽然有域外智能机器人被授予法律人格或法律身份（如2010年日本富山县接受陪伴机器人Paro的户籍登记请求；2017年沙特阿拉伯授予人形机器人Sophia国籍，承认其公民身份），但这被包括人工智能科学家在内的各方人士更多地认为是一种公关噱头、一场科技领域的作秀，绝非对人工智能系统法律主体身份的真正肯定（陈莹，2017；谢玮，2018）。事实上，2017年欧盟拟赋予机器人人格权的立法动议，也遭到156名人工智能

---

① Lima D. Could AI Agents Be Held Criminally Liable: Artificial Intelligence and the Challenges for Criminal Law [J]. South Carolina Law Review, 2018 (3).

② 马治国，田小楚. 论人工智能体刑法适用之可能性 [J]. 华中科技大学学报（社会科学版），2018，32 (2)：108-115.

③ 冀洋. 人工智能时代的刑事责任体系不必重构 [J]. 比较法研究，2019 (4)：123-137.

专家的联名声讨。在刑法前置法尚未认可人工智能系统的法律主体地位之前，刑法即赋予其独立刑事责任主体地位明显过于操切，违背刑法作为后盾法的谦抑性要求。

二是单位犯罪必须在单位意志支配下实施，“单位意志”乃是单位的决策机关调动、指挥单位对外以单位名义开展活动的主观意识与意志；单位意志仍由自然人主导，是单位内部成员意志的集中体现，并由单位成员具体执行，非在自然人毫不干涉的情况下自主形成。

三是单位犯罪的犯罪利益应当归属于犯罪单位，但人工智能系统缺乏权利主体资格，难以实际拥有其“犯行”所带来的“犯罪利益”，也难以为“犯罪”付出相应的“刑罚代价”。

或许正是考虑到以上原因，有学者在考察单位责任的实质根据后正确地指出，“各种学术观点中的公司刑事责任，无非是某一部分自然人的责任，即便强调责任的整体性，也是自然人责任的不同表现形式。公司罪责并非对传统责任论的突破，也当然不能成为肯定机器人刑事责任的根据”①。由此可见，仅以单位与人工智能系统均属无生命体而单位却拥有独立刑事责任主体地位为由，主张强人工智能系统应被赋予独立刑事责任主体地位，缺乏令人信服的说服力。

（五）新增的新刑罚方法难以切实发挥刑罚机能、实现刑罚目的

为防止赋予人工智能系统独立刑事责任主体地位但既有刑罚方法却无法有效惩治犯罪人工智能体，肯定论者为配合其关于人工智能系统具有刑事责任主体地位的主张，按照人类刑法所规定的刑罚方法，创造出删除数据等新型刑罚方法，用于惩治犯罪人工智能系统，以实现人工智能系统罪责自负的要求。然而，这些新型刑罚方法发挥刑罚机能的效果遭到了学者强有力的质疑。如时方博士正确地指出，“尚且不论人工智能实现高度发达之后人类是否还有能力对智能机器人实施上述措施，即使处于工具阶段的弱人工智能，上述专门设计的物理性毁损以及

① 李本灿．自然人刑事责任、公司刑事责任与机器人刑事责任［J］．当代法学，2020，34（3）：99-109.

程序改造、删除等手段虽然可以消除单个人工智能机器再次犯罪的可能性，但不论设计何种刑罚措施，基于人工智能特殊的存在形态，任何物理意义上的刑罚手段都无法实现应有的惩罚效果，而从对被害人内心安抚角度审视，当前人们在观念上同样难以通过对机器施加刑罚措施得到心灵上的慰藉”①。彭文华教授在评论哈利维教授人工智能犯罪刑罚观时也强调，“自古典刑法理论产生以来，以自由意志论、道德理性论为核心的唯心主义哲学就成为刑事归责的哲理基础，直到今天依然占据主导地位。哈利维在没有就自由意志论、道德理性论与人工智能的道德与理性加以深入分析的前提下，就断然否定道义责任论，显然难以令人信服，这也使其有关人工智能可以成为犯罪主体的观点缺乏哲理基础，这不得不说是一大遗憾”②。删除犯罪人工智能系统的“犯罪记忆”，是否能保证该人工智能系统不会如前次犯罪那样走向犯罪的道路？修改人工智能系统的程序如果确有效果，为何不在人工智能系统设计过程中即修改好相应的程序或者径直加入避免侵犯人类或侵犯人类即自动报废的程序要求？按照肯定论者对（超强）人工智能系统可能脱离人类控制甚至淘汰、奴役、消灭人类的设想，人类是否有足够的能力和实力彻底销毁严重犯罪的人工智能系统呢？事实上，这些问题并未得到肯定论者应有的重视。

此外，直接施加于犯罪人工智能系统的新型刑罚方法似乎在实现刑罚报应目的上有所体现，但其预防人工智能系统再犯罪的机制与路径与刑罚有别而类似于保安处分。现行刑罚预防犯罪机制是通过剥夺犯罪人的重要法益使犯罪人与普通公众认识到如果实施犯罪将受到国家正式的谴责并遭受法益被剥夺的不利后果，进而产生“不敢”或“不愿”实施犯罪的预防效果；而新型刑罚措施大抵是剥夺犯罪人工智能系统的犯罪能力或者消灭人工智能系统，使之“不能”实施犯罪。事实上，有肯定论者已经隐晦地注意到这一点，“应当借鉴刑事近代学派所主张的社会防卫论，创立以人工智能等科技风险为对象的‘科技社会防卫论’

① 时方．人工智能刑事主体地位之否定［J］．法律科学（西北政法大学学报），2018，36（6）：67-75.

② 彭文华．哈利维的人工智能犯罪观及其启示［J］．上海政法学院学报（法治论丛），2019，34（4）：70-88.

与‘技术责任论’，将人工智能作为独立的刑事责任主体，对具有实施了危害社会行为的人工智能施以技术性消除措施”①。与其说此种“技术性消除措施”属于刑罚方法，毋宁将其作为保安处分，兴许更为准确。

第三节 人工智能不纯正工具性风险的刑法治理

关于刑事责任主体地位的问题，近现代刑法学界早已达成共识：仅能追究自然人以及与自然人具有直接紧密联系的法人（单位）的刑事责任，肯定追究人类以外的动物、植物或自然现象等的责任难以实现惩（刑）罚目的，缺乏刑法意义。对此，西原春夫在其广受中国读者欢迎的《刑法的根据与哲学》中开宗明义地指出，“刑法是处罚人的法律”②。我国统编刑法教科书在反思古代中外刑法惩治非生命个体的历史时业已明确写道：“在近代尤其是现代刑法中，随着承担刑事责任的个人原则、主客观相统一原则的确立和立法者认识水平的提高，较为普遍地摒弃了把自然现象、动植物、物品和尸体作为犯罪主体规制的主张和做法，认为犯罪主体及承担刑事责任者只限于有生命的人。”③ 毋庸讳言，从现有刑法理论来看，通过赋予（强）人工智能系统以独立刑事责任主体地位，来解决人工智能系统侵害人类法益中的刑事归责问题缺乏相应的理论正当性和实践可行性，应当以保安处分应对人工智能系统的刑事风险，或者运用客观归责理论之“容许性危险法理”解决人工智能系统不纯正工具性刑事危险的刑法治理问题。

① 黄云波．论人工智能时代的刑事责任主体：误区、立场与类型［J］．中国应用法学，2019（2）：163-175.

② 西原春夫．刑法的根基与哲学［M］．顾肖荣，等译．北京：中国法制出版社，2017.

③ 高铭暄，马克昌．刑法学［M］．北京：北京大学出版社，高等教育出版社，2017.

一、治理路径一：以保安处分应对人工智能系统的刑事风险

德国刑法学者韦塞尔斯曾提出一个著名的命题：“任何一个刑法意义上的调查，都是以这个问题为出发点，即所发生的事件是否实现了某个犯罪行为特征，是否可以将事件的发生归咎到某个特定人系他的‘自由的意志所为’。位于法律上调查中心的是作为法律主体的人；法律规范作为刑罚条款的规定基础，又是以人的举止作为基础依据。”① 就刑法作用机制的具体构造来看，刑法对社会关系的规制是借助刑罚方法非难行为人违反禁止性规范主动攻击特定法益，抑或违反命令性规范应当救助却不救助特定法益，其规制理由除存在侵害法益的特定后果以外，还包括行为人在能够遵守相关规范的场合却基于自由意志选择（有责任地）违反相关规范，即犯罪系行为人自由意志外化的客观结果，是行为人犯罪性人格的重要表现，而刑罚则是对犯罪性人格的正式否定，是对行为人自由意志犯罪性外化的非难。

以深度学习为技术支撑、靠大数据“喂养”的人工智能系对人类智能的模拟和仿效，其固然能够借助各种传感器捕捉外部世界的信息变化，并按照预先设定的算法系统做出特定反应，但却只具备人类认识能力和控制能力以及自由意志的外观，而缺乏人类特有的人格性这一本质要素。“人类与机器人一项重大的道德差异在于机器人缺乏人格性，无法参与到人际关系之中。虽然机器人作为道德主体，在外显的行为表现上可以跟人类一样，甚至更好，但无法享有人际关系理由的事实，代表在涉及干涉人类自主性的情况时，机器人的行为应当受到比人类更大的限制”②。赋予“犯罪”人工智能系统独立的刑事责任主体地位，直接追究人工智能系统自身的“刑事责任”，貌似是对人工智能系统“犯罪”的报应和非难，但此种报应和非难的对象却不是人工智能系统在能够遵守法律规范的前提下“自由”“自主”地选择实施侵害人类法益的行为，并未真正触及人工智能系

① 韦塞尔斯．德国刑法总论［M］．李昌珂，译．北京：法律出版社，2008.

② 何宗兴．反思机器人的道德拟人主义［J］．台湾欧美研究，2020（2）：179-205.

统的“人格性”。

当前，人工智能技术正成为推动社会发展的重要动力，也是我国在现代国际竞争中实现“超车”的重要弯道，理应坦然正视且致力于抑制或消除人工智能系统致使人类利益受损的刑事风险，充分保护人机交互或人机融合中人类的利益和福祉。前述之人工智能系统缺乏被刑罚非难的主体适格性，旨在强调不宜以赋予人工智能系统独立刑事责任主体地位、径直追究“犯罪”人工智能系统“刑事责任”的方式，解决可能出现的人工智能系统自动运行过程中侵害人类法益的“责任空白”，而不意味刑事反应机制不应介入人工智能系统的刑事风险及其治理领域。

在特定行为的刑事反应机制中，刑罚方法系国家对行为人在能够实施合法行为的情形下有责任地实施该当构成要件的违法行为所施予的责任报应和非难谴责。“刑罚是以剥夺法益这一形式所体现的责任非难的现实的表现形式。责任是刑罚的基础，并且决定了刑罚的性质。”① 依托现有刑事归责理论，无法赋予人工智能系统独立刑事责任主体地位，难以肯定以刑罚机制治理人工智能系统刑事风险的适宜性，于是放弃对人工智能系统直接进行归责，将目光投向社会防卫论以及以此为基础的保安处分，就成为应对人工智能刑事风险的务实选择。对此，有论者借鉴刑事近代学派所主张的社会防卫论，创造性地提出“科技社会防卫论”：“在应对人工智能等科技产品危害社会的风险时，只要有客观危害产生或者有危险存在，对实施了社会危害行为或者有危险性的人工智能就应当适用具有保安处分性质的技术消除措施。就此而言，以‘科技社会防卫论’为基础所产生的刑事责任是一种客观的结果责任，这种刑事责任追究的形式则可称为‘技术责任论’。”② 毋庸讳言，为消除客观危险的社会防卫论曾在学术史上遭到批判，但以社会防卫论为基础所构建的保安处分在管控风险、保障安全上超越刑罚（刑事归责）的特殊优势却得到现代刑法的普遍肯认，刑罚与保安处分双轨并行的刑

① 野村稔．刑法总论［M］．全理其，何力，译．北京：法律出版社，2001.

② 黄云波．论人工智能时代的刑事责任主体：误区、立场与类型［J］．中国应用法学，2019（2）：163-175.

事制裁体系也得到相对广泛的提倡和采用。

在双轨制中，刑罚在满足报应需要前提下，追求一般预防与特殊预防的双重目的，其以过去的犯罪行为所表现出的责任为基础，通过剥夺犯罪人之法益，实现对具有刑事责任能力者实施犯罪行为的非难和谴责。与此相对应，保安处分则仅出于特殊预防的考量，以将来实施严重危害社会的危险性为基础，采用改善、隔离等矫正或排害措施，抑制或消除社会危险性。鉴于“根据犯罪行为的罪责程度而裁量的刑罚，往往不能正确而完整地达成刑法预防犯罪的目的构想”①，作为刑罚补充的保安处分直接针对处分对象的社会危险性，面向将来实施严重危害社会的可能，不涉及对过去严重危害社会行为的谴责或非难等否定性评价，不以具有刑事责任能力为前提，不以犯罪人具有被刑罚非难的主体性资格为必要，② 契合了人工智能刑事风险防范的现实需要。

再者，仅就犯罪预防而言，刑罚是通过剥夺犯罪人的重要法益使犯罪人与普通公众认识到实施犯罪将受到国家的谴责并遭受法益被剥夺的不利后果，进而产生“不敢”或“不愿”实施犯罪的预防效果；而保安处分则聚焦于剥夺犯罪人工智能系统的犯罪能力或消灭人工智能系统，使之“不能”再犯罪。人工智能系统不是可自负罪责的刑事责任主体，其自主运行过程中存在的内在风险及其现实危害难以归咎于人工智能系统本身，为此，对人工智能系统所施加的“技术性危险消除措施”放弃了刑法上可非难性的考量，专注于消除人工智能系统自身的风险，可归入对物保安处分措施的范畴。③

与对具有危险性格的人所实施的保安处分不同，对物保安处分是国家为抗制犯罪或侵害社会的危险，对诱导犯罪发生之物或者过去犯罪残存之危险物采取的

① 林山田．刑法通论（下）［M］．北京：北京大学出版社，2012.

② 曹波．刑事职业禁止制度研究［M］．北京：法律出版社，2018.

③ 值得注意的是，保安处分因其处分内容及法律依据的差异，可以分为刑事保安处分与行政保安处分两类。不过，虽然刑事保安处分与行政保安处分在法律属性上存有区别，但二者的实质意涵均为消除或者抑制特定社会风险（人或物），保障社会安全。保安处分刑事性与行政性的固有区别，并不影响将技术性危险消除措施归入对物保安处分范畴的正当性，毕竟对物保安处分与对人保安处分是在处分对象维度对保安处分进行的类型化区分。

预防措施，旨在消除特定物的社会危险性。“如果某种物对公共安全或社会秩序具有危险性，而且从防卫社会的角度出发应予没收的，这种没收就属于保安处分。”① 除刑事没收以外，典型的对物保安处分措施还有责令犯罪者提供一定数额财物担保将来不再实施犯罪的善行保证、关闭营业所、解散法人及停止业务等。② 破解人工智能系统刑事风险及其现实化之危害后果的归责难题，需要继续坚守人类中心主义根本立场，根据人工智能刑事风险的独特属性、具体内容并结合刑法的性质任务以及运行机制，探索建立有效且科学地规制人工智能系统刑事风险的（对物）保安处分体系。亦即特定人工智能系统在自主运行中严重侵害人类并且有证据证实其仍有继续侵害人类危险的，司法机关可在参考专业技术意见的基础上对该人工智能系统适用删除数据、修改编程以及永久销毁等技术性危险消除措施。这些技术性危险消除措施绕过人工智能系统自身刑罚非难适格性的论争，专注于消除人工智能系统内在之侵害人类法益的刑事风险，确保人工智能运行的安全性，与保安处分具有性质、内容及价值上的同一性。

采用保安处分的方案破解人工智能系统侵害人类法益的归责疑难，直面人工智能系统内在的技术风险，既有助于摆脱人工智能系统侵害人类的责任应当归咎于何种法律主体的纠结，回避以刑罚规制人工智能刑事风险必须具备可非难性的局限，进而为国家公权力介入人工智能系统刑事风险的抗制提供理论支持和正当性根据，也有利于督促人工智能系统的使用者审慎监管人工智能系统的实际运行，及时介入人工智能系统内在刑事风险现实化流程，确保人工智能系统始终在安全和值得信赖的环境中得到善加使用。毕竟对“问题”人工智能系统采取的技术性危险消除措施必定会构成对使用者正常使用人工智能系统不同程度的制约。

二、治理路径二：容许性危险法理的拓展适用

容许性危险理论的基本内涵是：即使行为人已经创设了一种在法律上具有重

① 乔宇．刑事涉案财物处置程序［M］．北京：中国法制出版社，2018.

② 川出敏裕，金光旭．刑事政策［M］．钱叶六，等译．北京：中国政法大学出版社，2016.

大意义的危险，但只要这种危险被社会所接受或被规范所容许，其归责性依然需要被排除。这是19世纪末德国发展起来的一种理论，它的标志性口号是“如果禁止一切危险，社会就会停滞”。正如日本刑法学家西原春夫所言，“人类在衡量便利性和危险性的基础上，对于便利性远远凌驾于危险性的事物，虽然认识到其也存在危险性但却一直容忍”①。因此，容许性危险理论是以对社会有益为理由而容许企业活动、高速交通、医疗、科学实验、体育运动等具有法益侵害危险行为的理论，“是一种即使付出一定的牺牲也要以科学发展等社会整体的利益优先的价值观”②。因此，只要我们肯承认人工智能技术在提升和扩展人类能力边界、促进技术创新、引领时代潮流、推动社会整体进步方面确有值得重视的价值，那么就应该积极运用科学技术尽可能规避其附带危险，防止人工智能背离造福人类的初衷沦为侵害人类利益的“帮凶”，同时要以科学精神理性认知和理性应对人工智能发展中难以预测、不可避免的危险，而正是在理性应对人工智能的危险过程中，容许性危险法理获得其适用的新场域。

本书注意到，虽然有学者提出，“容许风险的概念，不确定性颇高，且绝大多数的人民，包括司法工作者在内，对于人工智慧，恐怕理解都十分有限，平心而论，眼下应该尚未形成基于社会经验积累的利益衡量标准”③，但当前已有学者对将容许性危险理论运用于人工智能系统自动化、智能化运行严重侵犯人类利益的归责判断进行有益的探讨。

例如，姜涛教授辨析传统过失理论、因果关系认定规则在破解自动驾驶汽车自动化运行所导致的事故中的责任分配问题时所存在的短缺之处，并积极主张通过演绎客观归责理论，建构分阶段判断是否“制造法不允许的风险：涉罪主体行为偏离注意义务轨迹之明晰”与“实现法不允许的风险：自动驾驶涉罪二元因果关系之判断”的规范的、精致的归责模式。在他看来，“在自动驾驶汽车技术

---

① 西原春夫．奇点临近——迎面而来的技术变革与法学家的课题［M］．于改之，译校．北京：北京大学出版社，2023.

② 陈家林．外国刑法理论的思潮与流变［M］．北京：中国人民公安大学出版社，2017：233.

③ 王纪轩．自主型人工智慧事故的刑法评价［J］．台湾高大法学论丛，2021（2）：215-256.

发展中，容许的风险本质就是在法益保护与行为自由之间寻求平衡，当国民的行为自由更需要保护时，行为所致的法益侵害风险也会被法所允许。这种被容忍的风险确实存在，因为发展人工智能这样的高端科学技术，是目前全世界科学领域共同致力的目标之一，作为强人工智能的自动驾驶技术，是人类科技发展到一定阶段的结果，也是人类妥协与让步的结果，人类在享有这种科技进步带来的收益的同时，也需要容忍科技发展所带来的风险。如若不然，现有科技发展水平将会停滞不前。就像最初传统汽车上路行驶一样，本身就属于一种高风险的行为，对于'升级版'汽车的风险性更不可妄加制约。所以说这种风险已经被法律所允许，故在此时研发者与生产者的行为已经不再是实行行为，也不能将结果归属于二者。这种情况恰好暴露了科技发展的原生弊病，也是一种需要容忍的风险"①。

德国学者弗兰克·彼得·舒斯特教授也结合基于人工智能系统驱动的自动驾驶汽车，富有启发地指出，"国家和社会各界皆表达出希望利用（系列生产的）自动驾驶汽车优势的强烈愿望，尽管其推广还存在一定风险。在非自动驾驶的道路交通中，我们可以接受'人被撞死'。这被称为'容许的风险'，在风险被容许的情况下，行为人没有违反谨慎义务，也无须为后果承担刑事责任。作为回报，汽车行业一直不断努力使道路交通更加安全。自动化正是这些努力的一部分。……若已被接受的风险因自动化而减少，我们也不能期待自动驾驶汽车在任何情况下都能绝对遵守规则和安全。即便产品已经做了大规模的测试，生产商和审批机构也不能预见到其产品与各类交通参与者以及所有可想象的交通状况、环境条件、能见度和天气条件之间，会发生何种相互作用"②。

应当承认，以深度学习为技术支撑、靠大数据"喂养"的人工智能确实存在基于智能化、自动化运行繁殖的诸多不确定性因素和新的风险来源，但却不可否认，人工智能已经给人类社会带来诸多具有跨越式、颠覆式的进步意义和价值，极大地便利了人们的生活并提高了社会生产力。人工智能挑战与机遇、风险

① 姜涛，刁永超．自动驾驶汽车涉罪的归责难题及其解决方案［J］．学术界，2021（5）：149-164.

② 舒斯特，李倩．自动驾驶下生产商的刑事责任［J］．苏州大学学报（法学版），2021，8（3）：41-50.

与红利共存的特性，根本地决定了对待人工智能及其附带之风险绝不应该绝对、片面，而必须在二者之间进行一定的价值取舍和利益衡量，这为可容许性理论以及极富规范评价色彩和价值评判意涵的客观归责理论进入人工智能刑事风险的刑法归责判断提供了正当根据。

在本书看来，无论是基于可容许性危险理论还是客观归责理论，都能够在更为务实的立场上，结合自动驾驶技术的阶段性发展特征，为自动驾驶技术的持续迭代更新开辟刑法空间，防止包括自动驾驶技术在内的人工智能发展进程被刑法的不恰当介入和干预所制约或中断。

如前所述，人工智能系统不纯正工具性刑事危险属于无过错性风险，由人工智能系统自身程序运行所致，对于人工智能系统自主运行中侵害人类法益的结果，应当援引容许性危险法理整体上排除其刑事归责，将其视作人类在享有人工智能带来巨大福祉时所必需付出的代价。同时，在可容许性危险法理的具体运用中还应当重视，对特定人工智能系统的所可能取得的进步价值及其负面效应给予个别性检视，综合评估其优劣利弊后决定是否进行归责。当然，任何关于价值评判或者利益衡量的事项都不可避免地带有一定的模糊性和经验性，但随着人工智能研发与应用伦理道德规范和技术准则的逐步确立，判断特定人工智能系统的特定危险是否具有“容许性”可以并且也应当以相应规范和准则为依据，从而为可容许性理论介入人工智能系统不纯正工具性刑事危险提供法理基础和理论支撑。

结　语

2021 年 5 月 28 日，习近平主席在中国科学院第二十次院士大会、中国工程院第十五次院士大会、中国科协第十次全国代表大会上强调："科技是发展的利器，也可能成为风险的源头。要前瞻研判科技发展带来的规则冲突、社会风险、伦理挑战，完善相关法律法规、伦理审查规则及监管框架。要深度参与全球科技治理，贡献中国智慧，塑造科技向善的文化理念，让科技更好增进人类福祉，让中国科技为推动构建人类命运共同体作出更大贡献！"① 人工智能在增强综合国力、提升国际竞争力以及引领时代发展方面具有独特优势，中国已经毫不迟疑地加入新一轮人工智能革命，并将人工智能技术的研发与运用作为提高经济社会发展智能化水平、增强公共服务和社会治理能力的重要抓手和强力支撑，这也成为我国在现代科学技术的国际竞争中抢占"先机""高地"的重要依托，是我国在现代国际竞争中实现"超车"的重要弯道。

然而，"来自未知的力量也让人们有些无所适从，担忧、不安甚至惶恐的情绪，也让人们深受困扰。人们不知道人工智能研究像潘多拉的盒子那样装满了灾难，还是像一部电梯，带着人们通向更高级的人类文明"②。无论在现实中还是理论中，人工智能系统所蕴含的刑事风险都是制约人工智能有序发展的重要障

① 习近平．在中国科学院第二十次院士大会、中国工程院第十五次院士大会、中国科协第十次全国代表大会上的讲话［N］．人民日报，2021-05-29（2）．

② 周晓垣．人工智能：开启颠覆性智能时代［M］．北京：台海出版社，2018：26-27.

碍。人工智能进步价值的充分释放，有赖于包括刑法在内的整个法律体系乃至社会控制体系有力、有效地应对人工智能刑事风险，但人工智能刑事风险刑法治理机制的选择理应准确识别人工智能刑事风险的客观属性以及相关刑法治理机制的独特原理，科学把握风险种类及治理机制之间的内在逻辑关联，确保人工智能刑事风险及其治理方案的正当性和实益性，避免将刚走出科幻世界不久的人工智能重新带入科幻世界。

此外，尽管“人工智能威胁论”一直并且将长期存在，人类持续研发更高代际的人工智能具有历史必然性和时代需要性。因此，人类社会也应当坦然正视人工智能可能的“好”与“坏”，自觉且主动迎接人机共存时代的来临，未雨绸缪，做好应对相关危险的全面准备。事实上，纵观人类文明的发生史与发展史，人类进化与技术进步始终具有内在紧密的关联，“人类祖先在激烈的环境变化或遭遇变化的新环境中，与其说是依赖作为个体的身体形质和生理能力的变化去进行适应，倒不如说是依赖发明各种生产工具和互相交流等进行文化的适应”[①]。众所周知，人类所生存的地球仅仅为宇宙中的沧海一粟，而人类自身也一直面临着诸如新冠疫情、战争、地震、火山等灾害和灾难。人类为确保正常生存和永续发展，在抗争自然侵袭与适应环境变化的实践中势必需要发明并改善各种工具，推动科学技术不断革新迭代。与之相对，技术进步所造就的新兴工具不仅极大地促进人类通过更为便利地改造和利用自然赢得自身的持续进化，并且往往成为人类文明代际发展的典型性标志，蒸汽技术、电气技术以及微电子技术的次第发明与应用即为明证。

因此，技术进步是人类进化的力量源泉，人类进化则系技术进步的重要征表。这一点也深刻地体现于人工智能技术与即将到来的“智能社会”。人工智能对人类智能的模仿既能够极大地提高人类自身的生活质量，也可能带来不良后果甚至是毁灭性的灾难，必然会诱发诸如人类被人工智能碾压、取代、圈养、奴役

① 秋道智弥，市川光雄，大防柳太郎．生态人类学［M］．尹绍亭，等译．昆明：云南大学出版社，2015.

等“人工智能威胁论”的深层忧虑。但是，诚如教育部科学技术委员会人机融合智能组首席科学家刘伟教授所言，“每次新技术的出现都会引起人们的恐慌与反对，但我们不是每次都安然度过并开始享受这些技术带来的便利了吗？从远古的刀、箭到现在的汽车、飞机、核能，这些都是工具，其本身并没有善恶属性，真正能决定其用途或善恶的，是其背后的使用者。一项新的技术，如果对人民的帮助远大于危害，那么就应该正面、积极地对待它，防范可能的不当使用，然后继续向前进”①。我们应当正视并精准识别人工智能研发和应用中可能存在的威胁人类利益的真正风险，始终坚持以保护人类利益和增进人类福祉为宏旨，根据刑法治理的基本原理及不同刑事治理机制的内在属性，合理组织对人工智能风险的刑事法律反应体系，最大限度消除人工智能发展可能出现的负面效应，为人工智能持续健康发展提供必要且坚实的法治保障。

① 刘伟．追问人工智能：从剑桥到北京［M］．北京：科学出版社，2019.

结　论

人工智能是为世人所公认的新世纪革命性、颠覆性的创新型技术成果，深度学习赋予其自主能力，大数据供给其运行基础，它可以随着外部环境和所接受资讯的变化而自我调整，其外部举止无法被完全预测，以至于人类不能够完全控制和支配人工智能，同时也给人类完整接受人工智能带来不确定性。当前人工智能已经逐渐走出实验室而“落地”，成为人们生活中常见的设备，广泛而深刻地改变着人们的现实生活，使生活与生产的智能化水平得到空前提升。不过，如同推动人类社会发展的其他科学技术一样，在人工智能代替人类从事某些人类不愿意或不能够有效应对的困难工作，将人类从纷繁复杂、枯燥单调的工作中解放出来，推动人类社会完成跨越式变革的同时，其内在的不确定性也衍生出影响人类生存和发展安全的现实及潜在风险，客观上诱发人类对人工智能安全性的极大忧虑。人工智能及其应用带来的诸多挑战和风险中，“失灵”人工智能系统摆脱人类控制、严重侵犯人类利益的刑事风险激起社会大众的普遍关注和关切。

人工智能刑事风险的刑法治理（应对），是指通过精准识别人工智能研发和应用中可能产生的反制甚至反噬人类（工具性刑事风险）以及人工智能系统自身遭到不法攻击（对象性刑事风险）的刑事风险类型，并借助刑法解释沿用既有刑法规范或者借助刑法立法创制新的刑法规范，对人工智能刑事风险及其现实化为危害后果中所涉及的犯罪进行恰如其分的刑法评价。人工智能刑事风险刑法治理的目的绝不是期望以最为严厉的刑罚制裁或刑事机制扼杀人工智能的研发热情，绝无任何妨碍人工智能正常创新发展的念头或意图，而是充分运用作为保障法的刑法，最大限度地消除人工智能发展可能出现的刑事风险，形塑人工智能研发和应用所需坚持的底限性规则，扫清人工智能稳健发展道路上出现的各种障碍，为人工智能持续快速发展提供必要且坚实的刑事法治保障。

从既往的研究和实践来看，人工智能刑事风险刑法治理面临“三重理念困境”：误认为人工智能的刑事风险是“伪问题”、轻易否弃人类中心主义的根本立场以及不当地以谦抑性为由缓和人工智能刑事风险的刑法治理。造成刑法治理理念困境的因素必然是系统且多元的，但对人工智能刑事风险的认识不清以及对刑法参与人工智能风险治理的实际价值和应然机能的把握不足，无疑是其中相对重要的原因。刑法治理的理念困境严重影响人工智能刑事风险刑法治理的制度建设、规则形成以及实际效果。设计刑法治理方案应当坚决抵制人工智能刑事风险乃“伪命题”的论断，肯定人工智能刑事风险的真实性和客观性；应当继续坚守现代人类中心主义的基本立场，切实维护在人类与人工智能共生关系中人类的利益和安全；应当正确认识刑法谦抑性的实质内涵与机能，鼓励刑法积极发挥在规制人工智能刑事风险方面的治理性价值。

人工智能刑事风险刑法治理的实践困境，意为运用刑法规范和抗制人工智能研发和应用中所存在的损害人类利益或安全等刑事风险时所可能遇到的具体障碍。理念困境系实践困境产生和决定实践困境化解难度的深层原因，实践困境是理念困境在刑法治理路径与方案等具体议题上的具体化和现实化。将人工智能侵损人类法益的行为评价为犯罪进而对犯罪人工智能施以刑罚方法（即便具有针对性和独特性），势必面临人工智能是否具有独立刑事责任主体地位、人工智能能否形成犯罪成立所需的主观罪过、人工智能侵损法益的举动能否被评价为实行行为、人工智能侵损法益后果是否具有客观归属性这“四重实践困境”。

作为对人工智能研发和应用中侵损人类法益风险的底限性和保障性治理机

制，人工智能刑事风险刑法治理的实质展开必然需要以科学的内在理念作为指引，遵循人工智能运行的基本规律，根据人工智能刑事风险的独特属性、具体内容并结合刑法的性质任务以及运行机制，最大限度彰显人工智能对人类的积极面相，并且通过建构系统、合理且科学的人工智能刑事风险司法和立法治理方案，将人工智能潜在的刑事风险降到人类可以接受的程度。具体来说，对人工智能被滥用于实施犯罪的纯正工具性刑事危险，应根据现有刑事归责原理，对故意设计、制造有邪恶人工智能系统，懈怠注意义务设计、制造有严重瑕疵的人工智能系统，滥用人工智能系统实施犯罪或者未尽合理监管义务导致严重危害后果等行为，分别追究人工智能系统背后的程序设计者、产品制造者与使用者（管理者）故意或过失犯罪的刑事责任。对人工智能系统脱离人类控制侵害法益的不纯正工具性刑事危险，赋予人工智能独立刑事责任主体地位、由人工智能系统自身承担刑事责任的主张存在持论依据及论证路径方面的诸多误区，既可以借鉴“科技社会防卫论”，运用保安处分予以应对，回避以刑罚规制人工智能系统刑事风险必须具备可谴责性的局限，也可以援引容许性危险法理在整体上排除刑事归责，将该种风险务实地界定为人类社会享有人工智能技术进步价值所付出的必要代价，通过社会性风险分摊机制予以治理和应对，以期尽量为人工智能技术的发展预留必要的法律空间。

毋庸讳言，技术进步是人类进化的力量源泉，人类进化则系技术进步的重要表征。这一点也深刻地体现于人工智能技术与即将到来的“智能社会”。人工智能对人类智能的模仿既能极大地提高人类自身的生活质量，也可能带来不良后果甚至是毁灭性的灾难，必然会诱发诸如人类被人工智能碾压、取代、圈养、奴役等“人工智能威胁论”的深层忧虑。然而从历史的角度观察，新技术总是在不同维度、不同领域带给人类便利，而人类也从未真正放弃从新技术中挖掘、获取各类利益，尽管这一过程始终伴随着人们对新技术的恐慌、质疑或反对。无论在现实中还是理论中，人工智能所蕴含的刑事风险都是制约人工智能有序发展的重要障碍。因此，我们应当正视并精准识别人工智能研发和应用中可能存在的威胁人类利益的真正风险，始终坚持以保护人类利益和增进人类福祉为宗旨，根据刑法治理的基本原理及不同刑事治理机制的内在属性，合理组织对人工智能风险的刑事法律反应体系，确保人工智能刑事风险及其刑法治理方案的正当性和实益性，避免将刚走出科幻世界不久的人工智能重新带入科幻世界。

参考文献

［1］Cerka，Paulius，Grigiene，et al. Liability for Damages Caused by Artificial Intelligence［J］. Computer Law & Security Report，2015，31（3）：376-389.

［2］Radutniy O E. Adaptation of Criminal and Civil Law in View of Scientific-Technical Progress［J］. Problems of Legality，2019，144：138-152.

［3］Scherer M U. Regulating Artificial Intelligence Systems：Risks，Challenges，Competencies，and Strategies［J］. Harvard Journal of Law & Technology，2016，29（2）：353-400.

［4］Ying Hu. Robot Criminal Liability Revisited［J］. Jin Soo Yoon，Sang Hoon Han & Seong Jo Ahn eds. Dangerous Ideas in Law，2018：497-498.

［5］Bruce N Waller. 思考哲学基本问题［M］. 陈晓曦，杨晞帆，译. 邓安庆，校. 北京：中国轻工业出版社，2016：192.

［6］白海娟. 人工智能“犯罪”之否定［J］. 兰州学刊，2020（8）：80-89.

［7］拜伦·瑞希. 人工智能哲学［M］. 王斐，译. 上海：文汇出版社，2020.

［8］布莱恩·瓦利留斯. 人工智能时代自动驾驶中的注意义务［J］. 哈尔滨工业大学学报（社会科学版），2024，26（1）：42-47.

［9］蔡婷婷. 人工智能环境下刑法的完善及适用——以智能机器人和无人驾驶汽车为切入点［J］. 犯罪研究，2018（2）：21-26+48.

［10］蔡仙. 自动驾驶中过失犯归责体系的展开［J］. 比较法研究，2023（4）：65-81.

［11］曹波，方雅琦. 犯罪化路径选择与罪刑法定原则的当代坚守——兼评《刑法修正案（十一）》［J］. 贵州大学学报（社会科学版），2021，39（3）：67-78+122.

［12］曹波. 高空抛物“入刑”的正当根据及其体系性诠释［J］. 河北法学，2021，39（2）：157-173.

［13］陈聪. 论智能武器法律挑战的伦理应对——“道德准则嵌入”方案的合法性探讨［J］. 暨南学报（哲学社会科学版），2019，41（5）：63-71.

［14］陈洪兵，陈禹衡. 刑法领域的新挑战：人工智能的算法偏见［J］. 广西大学学报（哲学社会科学版），2019，41（5）：85-93.

［15］陈洪兵. 人工智能刑事主体地位的否定及实践展开——兼评“反智化批判”与“伪批判”之争［J］. 社会科学辑刊，2021（6）：92-98.

［16］陈建佑. 人工智慧法律的现在与未来［J］. 月旦会计实务研究，2021（41）：30-36.

［17］陈结淼，王康辉. 论无人驾驶汽车交通肇事的刑法规制［J］. 安徽大学学报（哲学社会科学版），2019，43（3）：116-123.

［18］陈劲松. 传统法律主体资格标准理论及其当代变革［J］. 学术交流，2019（7）：84-96.

［19］陈京春. 对人工智能的科学判断与刑法的理性应对［J］. 上海政法学院学报（法治论丛），2020，35（6）：66-81.

［20］陈俊秀，李立丰. “机器意识”何以可能——人工智能时代“机器不能被骗”立场之坚守［J］. 大连理工大学学报（社会科学版），2020，41（6）：108-114.

［21］陈亮. 人与环境［M］. 北京：中国环境出版社，2017.

［22］陈世伟. 比较法视野中自动驾驶汽车领域的刑事归责研究［J］. 刑事法

评论，2020，43（1）：54-71.

［23］陈文，姜督. 人工智能的刑事风险及刑法应对［J］. 南京社会科学，2020（1）：99-105.

［24］陈兴良. 从归因到归责：客观归责理论研究［J］. 法学研究，2006（2）：70-86.

［25］陈兴良. 类型性的思考与个别性的思考——刑法方法论之三［J］. 人民检察，2010（1）：27-30.

［26］陈叙言. 人工智能刑事责任主体问题之初探［J］. 社会科学，2019（3）：110-118.

［27］陈莹. 当机器人获得公民身份之后［N］. 科技日报，2017-11-06（6）.

［28］陈永辉. 人工智能时代刑罚体系的重构初探［J］. 四川警察学院学报，2019，31（2）：62-69.

［29］陈禹衡. 风险社会视域下疫学因果关系说之提倡［J］. 太原理工大学学报（社会科学版），2019，37（5）：1-7+15.

［30］陈禹衡. 算法优化语境下自动驾驶汽车交通肇事的困境纾解［J］. 苏州大学学报（法学版），2021，8（3）：60-73.

［31］陈姿含. 人工智能算法中的法律主体性危机［J］. 法律科学（西北政法大学学报），2019，37（4）：40-47.

［32］成素梅，高诗宇. 智能机器人应有法律主体资格吗？［J］. 西安交通大学学报（社会科学版），2020，40（1）：115-122.

［33］储陈城. 人工智能时代刑法的立场和功能［J］. 中国刑事法杂志，2018a（6）：77-94.

［34］储陈城. 人工智能时代刑法归责的走向——以过失的归责间隙为中心的讨论［J］. 东方法学，2018c（3）：27-37.

［35］储陈城. 以利益衡量作为网络领域刑事治理的原则［J］. 法学论坛，2021，36（5）：61-72.

［36］储陈城.自动汽车程序设计中解决“电车难题”的刑法正当性［J］.环球法律评论，2018b，40（3）：82-99.

［37］褚清清.人工智能法律主体地位问题研究——基于权利、权力角度分析［J］.未来与发展，2019，43（9）：15-18.

［38］Dunbar R，Barrett L，Lycett J.进化心理学：从猿到人的心灵演化之路［M］.万美婷，译.北京：中国轻工业出版社，2017.

［39］戴锦澍.人工智能刑事责任主体地位辨析——从中世纪动物审判到人工智能主体性论争［J］.东北农业大学学报（社会科学版），2019，17（3）：43-49.

［40］丁春艳.医疗领域的人工智能：法律问题与规管挑战［J］.中国医学伦理学，2020，33（7）：887-896.

［41］丁华宇，孟念.人工智能的刑事风险及刑法因应［J］.武汉公安干部学院学报，2024，38（1）：44-48.

［42］董汀，黄智尧.人工智能国际治理与“不确定性”［J］.信息安全与通信保密，2023（8）：10-22.

［43］杜宇.类型思维的兴起与刑法上之展开路径［J］.中山大学法律评论，2014，12（3）：145-166.

［44］杜宇.类型思维与刑法方法［M］.北京：北京大学出版社，2021.

［45］房慧颖.智能风险刑事治理的体系省思与范式建构［J］.山东社会科学，2021（2）：187-192.

［46］房绍坤，林广会.人工智能民事主体适格性之辨思［J］.苏州大学学报（哲学社会科学版），2018，39（5）：64-72+191.

［47］冯洁.人工智能体法律主体地位的法理反思［J］.东方法学，2019（4）：43-54.

［48］冯军.刑法中的责任原则——兼与张明楷教授商榷［J］.中外法学，2012，24（1）：44-66.

[49] 冈部雅人. 自动汽车的事故和刑事责任：基于日本刑法学的视角 [J]. 苏州大学学报（法学版），2021，8（3）：51-59.

[50] 高铭暄，王红. 互联网+人工智能全新时代的刑事风险与犯罪类型化分析 [J]. 暨南学报（哲学社会科学版），2018，40（9）：1-16.

[51] 高完成. 自动驾驶汽车致损事故的产品责任适用困境及对策研究 [J]. 大连理工大学学报（社会科学版），2020，41（6）：115-121.

[52] 顾险峰. 人工智能的历史回顾和发展现状 [J]. 自然杂志，2016，38（3）：157-166.

[53] 郭传凯. 人工智能风险规制的困境与出路 [J]. 法学论坛，2019，34（6）：107-117.

[54] 郭明龙，王菁. 人工智能法律人格赋予之必要性辨析 [J]. 交大法学，2019（3）：20-31.

[55] 郭万明. 人工智能体有限法律人格论 [J]. 广西社会科学，2020（2）：127-132.

[56] 郭研，沙涛. 人工智能刑事责任能力之否定 [J]. 学术交流，2022（1）：70-81.

[57] 郭旨龙. 中国刑法何以预防人工智能犯罪 [J]. 当代法学，2020，34（2）：44-55.

[58] Hallevy. 审判机器人 [M]. 陈萍，译. 上海：上海人民出版社，2019.

[59] 韩旭至. 人工智能不是人：从主体构建批判到非主体规制策略 [J]. 大连海事大学学报（社会科学版），2019，18（4）：19-28.

[60] 韩旭至. 人工智能法律主体批判 [J]. 安徽大学学报（哲学社会科学版），2019，43（4）：75-85.

[61] 何涛，魏俊斌. 人工智能承担刑事责任的主体地位 [J]. 南海法学，2019，3（4）：96-103.

[62] 何鑫. 强人工智能体承担刑事责任的哲学与法学根据 [J]. 江西警察学

院学报，2019（6）：64-71.

［63］洪德钦，蔡政宏. 欧美 AI 的发展与挑战［J］. 台湾欧美研究，2020（2）：137-145.

［64］侯跃伟. 生成式人工智能的刑事风险与前瞻治理［J］. 河北法学，2024，42（2）：160-178.

［65］胡平仁. 法律主体新论［J］. 甘肃社会科学，2023（6）：111-127.

［66］黄陈辰. 论人工智能缺陷产品生产者的刑事责任［J］. 山东大学学报（哲学社会科学版），2020（6）：49-56.

［67］黄陈辰. 自动驾驶汽车交通事故中刑事责任的划分与承担［J］. 大连海事大学学报（社会科学版），2021，20（3）：40-47.

［68］ITpro，Nikkei Computer. 人工智能新时代：全球人工智能应用真实落地 50 例［M］. 北京：电子工业出版社，2018.

［69］季卫东. 人工智能开发的理念、法律以及政策［J］. 东方法学，2019（5）：4-13.

［70］季卫东. 人工智能时代的法律议论［J］. 法学研究，2019，41（6）：32-49.

［71］冀洋. 人工智能法学研究中的修辞与想象［N］. 中国社会科学报，2019-12-18（4）.

［72］建峰，罗杰. 无人车“闯祸”事故谁“买单”［N］. 文汇报，2018-03-31（6）.

［73］江国强，裴长利. 人工智能体刑事主体资格的冷思考［J］. 华北水利水电大学学报（社会科学版），2020，36（4）：77-82.

［74］江溯. 人工智能作为刑事责任主体：基于刑法哲学的证立［J］. 法制与社会发展，2021，27（3）：111-127.

［75］江溯. 自动驾驶汽车对法律的挑战［J］. 中国法律评论，2018（2）：180-189.

［76］姜涛，柏雪淳. 谁之责任与何种责任：人工智能的责任模式配置慎思［J］. 河南社会科学，2019，27（4）：54-62.

［77］姜涛，刁永超. 自动驾驶汽车涉罪的归责难题及其解决方案［J］. 学术界，2021（5）：149-164.

［78］姜瀛. 人工智能“深度伪造”技术风险刑法规制的向度与限度［J］. 南京社会科学，2021（9）：101-109.

［79］蒋巍. 人工智能犯罪的主体定位与责任分配问题研究［J］. 广西民族大学学报（哲学社会科学版），2019，41（5）：199-204.

［80］蒋银华. 立法成本收益评估的发展困境［J］. 法学评论，2017，35（5）：95-106.

［81］金东寒. 秩序的重构——人工智能与人类社会［M］. 上海：上海大学出版社，2017：256-257.

［82］金梦. 中国人工智能立法的科学性探析［J］. 中共中央党校（国家行政学院）学报，2019，23（1）：104-112.

［83］金彦宇. 论人工智能的法律地位——以权利为视角［J］. 社会科学动态，2019（10）：56-62.

［84］Kurzweil. 奇点临近：2045 年，当计算机智能超越人类［M］. 李庆诚，董振华，田源，译. 北京：机械工业出版社，2020：158.

［85］卡尔提克·霍桑纳格. 算法时代［M］. 蔡瑜，译. 上海：文汇出版社，2020：49-61.

［86］科技部. 2018 国际科学技术发展报告［M］. 北京：科学技术文献出版社，2018：92.

［87］孔祥稳. 面向人工智能风险的行政规制革新——以自动驾驶汽车的行政规制为中心而展开［J］. 行政法学研究，2020（4）：18-33.

［88］拉塞·夸尔克. 人工智能机器人的刑事可罚性［J］. 王德政，译. 中州学刊，2020（10）：48-52.

［89］郎正午. 伪命题：人工智能带来的刑事风险［J］. 天水行政学院学报，2019，20（3）：72-76.

［90］李本灿. 自然人刑事责任、公司刑事责任与机器人刑事责任［J］. 当代法学，2020，34（3）：99-109.

［91］李丹，宋嘉木. 人工智能视阈下 AI 诈骗的态势特征及侦防机制探究［J］. 武汉公安干部学院学报，2024，38（1）：53-57.

［92］李国权. 强人工智能产品的刑事责任主体地位论［J］. 湖南科技学院学报，2020，41（1）：104-108.

［93］李宏弢. 人工智能时代个人信息保护的新面向——以法文化价值为视角的考察［J］. 学习与探索，2019（12）：73-80.

［94］李怀胜. 滥用个人生物识别信息的刑事制裁思路——以人工智能“深度伪造”为例［J］. 政法论坛，2020，38（4）：144-154.

［95］李婕. 智能风险与人工智能刑事责任之构建［J］. 当代法学，2019，33（3）：27-36.

［96］李俊丰，姚志伟. 论人工智能的法律人格：一种法哲学思考［J］. 华侨大学学报（哲学社会科学版），2018（6）：80-86.

［97］李俊丰. 论人工智能法学研究的当下困境［J］. 学术交流，2020（7）：71-78.

［98］李开复，王咏刚. 人工智能［M］. 北京：文化发展出版社，2017：40-49+85.

［99］李开复. AI · 未来［M］. 杭州：浙江人民出版社，2018.

［100］李珂，叶竹梅. 法经济学基础理论研究［M］. 北京：中国政法大学出版社，2013：84.

［101］李淼. 人工智能时代新型支付方式与诈骗罪处分意识［J］. 西北民族大学学报（哲学社会科学版），2021（5）：92-101.

［102］李晟. 人工智能的立法回应：挑战与对策［J］. 地方立法研究，2019，

4（5）：61-72.

［103］李世晖. 超智能人性社会：日本 AI 原则的经济思维［J］. 台湾能力杂志，2019（10）：26-30.

［104］李腾. “深度伪造”技术的刑法规制体系构建［J］. 中州学刊，2020（10）：53-62.

［105］李文吉. 论人工智能时代的预防性刑法立法［J］. 大连理工大学学报（社会科学版），2020，41（5）：96-103.

［106］李文静. 人工智能挑战传统法律体系的三个基本问题与应对［J］. 人工智能，2020（4）：86-92.

［107］李晓明. 论人工智能刑法规制中的技术规范［J］. 东方法学，2021（2）：54-68.

［108］李彦宏，等. 智能革命：迎接人工智能时代的社会、经济与文化变革［M］. 北京：中信出版社，2017：44.

［109］李振林. 人工智能刑事立法图景［J］. 华南师范大学学报（社会科学版），2018（6）：125-133+191.

［110］李政权. 人工智能时代的法律责任理论审思——以智能机器人为切入点［J］. 大连理工大学学报（社会科学版），2019，40（5）：78-87.

［111］廖兴存. 无人驾驶汽车交通肇事过失刑事责任论纲［J］. 湖南社会科学，2021（3）：122-130.

［112］刘德法，白雅楠. 意志与意识：人工智能无人驾驶汽车刑事责任论［J］. 中州大学学报，2022，39（1）：54-61.

［113］刘洪华. 人工智能法律主体资格的否定及其法律规制构想［J］. 北方法学，2019，13（4）：56-66.

［114］刘建利. 医疗人工智能临床应用的法律挑战及应对［J］. 东方法学，2019（5）：133-139.

［115］刘杰. ChatGPT 类生成式人工智能产品提供者之刑事责任［J］. 法治

研究，2024（2）：61–71.

［116］刘丽. 人工智能是否应具有法律主体地位［J］. 人民论坛，2020（Z2）：60–61.

［117］刘期湘. 人工智能时代网络诽谤“积量构罪”的教义学分析［J］. 东方法学，2019（5）：127–132.

［118］刘强. 人工智能与法治关系辨析［J］. 重庆大学学报（社会科学版），2021，27（3）：160–168.

［119］刘瑞瑞. 人工智能时代背景下的刑事责任主体化资格问题探析［J］. 江汉论坛，2021（11）：105–110.

［120］刘伟. 追问人工智能：从剑桥到北京［M］. 北京：科学出版社，2019：8–17.

［121］刘宪权，房慧颖. 涉人工智能犯罪的前瞻性刑法思考［J］. 安徽大学学报（哲学社会科学版），2019，43（1）：108–117.

［122］刘宪权，胡荷佳. 论人工智能时代智能机器人的刑事责任能力［J］. 法学，2018（1）：40–47.

［123］刘宪权，汤君. 人工智能时代数据犯罪的刑法规制［J］. 人民检察，2019（13）：31–34.

［124］刘宪权，张俊英. 人工智能时代机器人异化与刑事责任［J］. 法治研究，2019（4）：90–97.

［125］刘宪权，朱彦. 人工智能时代对传统刑法理论的挑战［J］. 上海政法学院学报（法治论丛），2018，33（2）：44–51.

［126］刘宪权. 人工智能时代的刑事风险与刑法应对［J］. 法商研究，2018a，35（1）：3–11.

［127］刘宪权. 人工智能时代的“内忧”“外患”与刑事责任［J］. 东方法学，2018b（1）：134–142.

［128］刘宪权. 人工智能时代刑事责任与刑罚体系的重构［J］. 政治与法律，

2018c（3）：89-99.

［129］刘宪权. 人工智能：刑法的时代挑战［M］. 上海：上海人民出版社，2018d.

［130］刘宪权. 对强智能机器人刑事责任主体地位否定说的回应［J］. 法学评论，2019b，37（5）：113-121.

［131］刘宪权. 对人工智能法学研究“伪批判”的回应［J］. 法学，2020a（1）：3-14.

［132］刘宪权. 人工智能时代的刑事责任演变：昨天、今天、明天［J］. 法学，2019a（1）：79-93.

［133］刘宪权. 人工智能时代刑法中行为的内涵新解［J］. 中国刑事法杂志，2019c（4）：60-72.

［134］刘宪权. 涉人工智能产品犯罪刑事责任的归属与性质认定［J］. 华东政法大学学报，2021，24（1）：50-59.

［135］刘宪权. 涉人工智能犯罪中的归因与归责标准探析［J］. 东方法学，2020b（3）：66-75.

［136］刘宪权. 涉智能网联汽车犯罪的刑法理论与适用［J］. 东方法学，2022（1）：53-65.

［137］刘宪权. 生成式人工智能的发展与刑事责任能力的生成［J］. 法学论坛，2024，39（2）：18-28.

［138］刘晓梅，刘雪枫. 人工智能刑事责任的主体问题探析［J］. 天津法学，2019，35（2）：22-27.

［139］刘艳红. 人工智能法学研究的反智化批判［J］. 东方法学，2019（5）：119-126.

［140］刘艳红. 人工智能时代网络游戏外挂的刑法规制［J］. 华东政法大学学报，2022，25（1）：64-82.

［141］龙敏. 自动驾驶交通肇事刑事责任的认定与分配［J］. 华东政法大学

学报，2018，21（6）：77-82.

［142］龙卫球. 人工智能立法规范对象与规范策略［J］. 政法论丛，2020（3）：95-106.

［143］龙文懋. 人工智能法律主体地位的法哲学思考［J］. 法律科学（西北政法大学学报），2018，36（5）：24-31.

［144］卢勤忠，何鑫. 强人工智能时代的刑事责任与刑罚理论［J］. 华南师范大学学报（社会科学版），2018（6）：116-124+191.

［145］卢有学，窦泽正. 论刑法如何对自动驾驶进行规制——以交通肇事罪为视角［J］. 学术交流，2018（4）：73-80.

［146］卢宇，邓文迪. 人工智能刑事责任主体否定——基于资格、行为、刑罚的检视［J］. 华南理工大学学报（社会科学版），2020，22（5）：21-29.

［147］骆多，林星成. 人工智能体犯罪主体资格证伪——以刑事责任之实现为视角［J］. 学术交流，2020（1）：104-112+192.

［148］骆正言. 从自由意志谈人工智能的法律主体资格［J］. 湖南社会科学，2020（2）：43-50.

［149］马驰. 谁可以成为法律主体——兼谈人工智能的法律主体资格问题［J］. 甘肃社会科学，2022（4）：129-141.

［150］马治国，田小楚. 论人工智能体刑法适用之可能性［J］. 华中科技大学学报（社会科学版），2018，32（2）：108-115.

［151］玛格丽特·博登. 人工智能的本质与未来［M］. 孙诗惠，译. 北京：中国人民大学出版社，2017.

［152］尼尔·M. 理查兹，威廉·D. 斯马特. 法律如何看待机器人［J］. 法治社会，2019（1）：54-65.

［153］尼克. 人工智能简史［M］. 北京：人民邮电出版社，2017：1-23.

［154］牛天宝. 否定与建构：人工智能时代的刑法应对——人工智能机器人侵害法益相关刑事责任分析［J］. 西南政法大学学报，2020，22（1）：96-108.

［155］牛天宝. 通过现有规范解决自动驾驶汽车肇事之刑事责任归属问题［J］. 法学杂志，2020，41（3）：123-131.

［156］欧宜佩，林佑亮. 借镜英国人工智慧政策之发展［J］. 台湾经济前瞻，2019（5）：94-98.

［157］彭诚信，陈吉栋. 论人工智能体法律人格的考量要素［J］. 当代法学，2019，33（2）：52-62.

［158］彭景理. 论人工智能时代智能机器人的刑事责任能力［J］. 大连理工大学学报（社会科学版），2020，41（2）：71-79.

［159］彭文华. 哈利维的人工智能犯罪观及其启示［J］. 上海政法学院学报（法治论丛），2019a，34（4）：70-88.

［160］彭文华. 人工智能的刑法规制［J］. 现代法学，2019b，41（5）：135-151.

［161］彭文华. 自动驾驶车辆犯罪的注意义务［J］. 政治与法律，2018（5）：86-99.

［162］皮勇. 论医疗人工智能的刑法问题［J］. 法律科学（西北政法大学学报），2021，39（1）：134-148.

［163］皮勇. 论自动驾驶汽车生产者的刑事责任［J］. 比较法研究，2022（1）：55-70.

［164］钱学森，吴世宦. 社会主义法制和法治与现代科学技术［J］. 法制建设，1984（3）：6-13.

［165］钱学森. 钱学森同志论法治系统工程与方法［J］. 科技管理研究，1981（4）：35.

［166］钱学森. 现代科学技术与法学研究和法制建设［J］. 政法论坛，1985（3）：4-9.

［167］饶品华. 可持续发展导论［M］. 哈尔滨：哈尔滨工业大学出版社，2015：237.

［168］瑞恩·卡洛，迈克尔·弗鲁姆金，伊恩·克尔.人工智能与法律的对话［M］.陈吉栋，董惠敏，杭颖颖，译.上海：上海人民出版社，2018.

［169］萨比娜·格莱丝.高度自动驾驶的刑事责任［J］.周维明，译.财经法学，2020（4）：147-160.

［170］商玉玺，刘三洋.文化、本体与规范：论人工智能的刑事主体性［J］.重庆理工大学学报（社会科学版），2020，34（6）：111-120.

［171］时方.人工智能刑事主体地位之否定［J］.法律科学（西北政法大学学报），2018，36（6）：67-75.

［172］司伟攀.人工智能刑事责任主体地位及其分配［J］.中国应用法学，2020（6）：172-186.

［173］宋振杰.政治哲学视角下的人工智能本质与功能思考［J］.人民论坛·学术前沿，2020（12）：92-95.

［174］苏珊·贝克，王德政.数字化和人工智能对刑事责任的扩散［J］.吉首大学学报（社会科学版），2022，43（5）：75-84+92.

［175］孙道萃.犯罪主体的网络化演变动向与立法修正脉络［J］.中国应用法学，2019（5）：138-159.

［176］孙道萃.人工智能刑法研究的反思与理论迭进［J］.学术界，2021（12）：64-76.

［177］孙道萃.人工智能刑法主体地位的积极论——兼与消极论的答谈［J］.重庆大学学报（社会科学版），2022，28（4）：216-229.

［178］孙道萃.人工智能主体的刑法地位之积极论［J］.法治社会，2021（2）：73-85.

［179］孙梦爽，王晓琳.人工智能：要戴上法治的“护身符”［J］.中国人大，2019（11）：26-27.

［180］孙占利.智能机器人法律人格问题论析［J］.东方法学，2018（3）：10-17.

[181] 唐辰明. 人工智能法律人格问题的思考 [J]. 云南社会科学，2019 (6)：120-127+183.

[182] 唐亚南. 如何从刑法的维度对人工智能进行规制 [J]. 法律适用，2021 (4)：156-165.

[183] 童云峰，张学彬. 生成式人工智能技术风险的刑法谨慎性规制 [J]. 武汉科技大学学报（社会科学版），2024，26 (1)：47-58.

[184] 托马斯·威斯迈耶，蒂莫·拉德马赫. 人工智能与法律的对话 [M]. 韩旭至，李辉，等，译. 韩旭至，陈吉栋，校. 上海：上海人民出版社，2020：3.

[185] 王爱立. 中华人民共和国刑法：条文说明、立法理由及相关规定 [M]. 北京：北京大学出版社，2021：1144.

[186] 王成. 人工智能法律规制的正当性、进路与原则 [J]. 江西社会科学，2019，39 (2)：5-14+254.

[187] 王德政. 人工智能时代的刑法关切：自动驾驶汽车造成的犯罪及其认定 [J]. 重庆大学学报（社会科学版），2020，26 (3)：131-141.

[188] 王殿宇. 人工智能刑事主体资格之否定及其进路 [J]. 广西大学学报（哲学社会科学版），2019，41 (5)：94-101.

[189] 王军明. 自动驾驶汽车的刑事法律适用 [J]. 吉林大学社会科学学报，2019，59 (4)：78-87+220-221.

[190] 王倩云. 人工智能背景下数据安全犯罪的刑法规制思路 [J]. 法学论坛，2019，34 (2)：27-36.

[191] 王肃之. 人工智能犯罪的理论与立法问题初探 [J]. 大连理工大学学报（社会科学版），2018，39 (4)：53-63.

[192] 王肃之. 人工智能体刑法地位的教义学反思 [J]. 重庆大学学报（社会科学版），2020，26 (3)：122-130.

[193] 王雅佳. 科技创新风险的刑法规制：实践、理念与范式 [J]. 科学学研究，2020，38 (4)：714-722.

［194］王燕玲，韩蓄.人工智能体的刑事风险与应对措施［J］.学习与实践，2019（3）：11-19.

［195］王燕玲.技术与法学共视下人工智能体的角色定位［J］.南都学坛，2024，44（2）：62-72.

［196］王燕玲.人工智能时代的刑法问题与应对思路［J］.政治与法律，2019（1）：22-34.

［197］王耀彬.刑法上的自由意志与自由意志中的AI——基于现代泛心论的分析视角［J］.浙江社会科学，2019（12）：31-37+155-156.

［198］王志祥，张圆国.人工智能时代刑事风险的刑法应对［J］.上海政法学院学报（法治论丛），2019，34（2）：97-107.

［199］魏东.人工智能犯罪的可归责主体探究［J］.理论探索，2019（5）：5-13.

［200］魏东.人工智能算法安全犯罪观及其规范刑法学展开［J］.政法论丛，2020（3）：107-120.

［201］乌戈·帕加罗.谁为机器人的行为负责［M］.张卉林，王黎黎，译.上海：上海人民出版社，2018.

［202］吴高臣.人工智能法律主体资格研究［J］.自然辩证法通讯，2020，42（6）：20-26.

［203］吴雪冬，刘彬，王子杰.深度伪造技术新型犯罪的探析与治理［J］.政法学刊，2023，40（6）：12-21.

［204］夏天.基于人工智能的军事智能武器犯罪问题初论［J］.犯罪研究，2017（6）：9-20.

［205］肖姗姗.论智能机器人的法律人格及其刑事责任规范［J］.大连理工大学学报（社会科学版），2020，41（5）：104-112.

［206］谢玮.网红机器人索菲亚何许“人”也？［J］.中国经济周刊，2018（5）：84-86.

[207] 熊波. 论人工智能刑事风险的体系定位与立法属性 [J]. 重庆大学学报（社会科学版），2020a，26（3）：142-154.

[208] 熊波. 人工智能刑事风险的样态评价与规制理念 [J]. 探索与争鸣，2019（5）：134-142+176.

[209] 徐慧丽. 人工智能法律人格探析 [J]. 西北大学学报（哲学社会科学版），2020，50（1）：107-119.

[210] 徐永伟. 人工智能时代的刑事治理立场——基丁主体、风险与责任的省思与建构 [J]. 山东社会科学，2022（10）：169-175.

[211] 徐昭曦. 反思与证立：强人工智能法律主体性审视 [J]. 中共中央党校（国家行政学院）学报，2019，23（3）：80-88.

[212] 许春明，顾骏，等. 意志与责任：法律人工智能 [M]. 上海：上海人民出版社，2020：67-68.

[213] 许中缘. 论智能机器人的工具性人格 [J]. 法学评论，2018，36（5）：153-164.

[214] 许钟灵，吴情树. 人工智能体过失刑事风险的因应 [J]. 法治社会，2020（6）：93-103.

[215] 亚图·考夫曼. 类推与“事物本质”——兼论类型理论 [M]. 吴从周，译. 颜厥安，审校. 中国台湾：学林文化事业有限公司，1999：115.

[216] 杨清望，张磊. 论人工智能的拟制法律人格 [J]. 湖南科技大学学报（社会科学版），2018，21（6）：91-97.

[217] 杨延超. 机器人法：构建人类未来新秩序 [M]. 北京：法律出版社，2019：5-6.

[218] 杨志航. 人工智能法律主体资格之否定 [J]. 财经法学，2022（4）：83-98.

[219] 姚万勤. 人工智能影响现行法律制度前瞻 [N]. 人民法院报，2017-11-25（2）.

［220］ 姚万勤. 犯罪化理论根据的抉择与范围界限［J］. 重庆大学学报（社会科学版），2019b，25（2）：124-131.

［221］ 姚瑶. 人工智能时代过失犯理论的挑战与应对——以自动驾驶汽车交通肇事为例［J］. 浙江社会科学，2022（12）：59-67+157.

［222］ 叶良芳，马路瑶. 风险社会视阈下人工智能犯罪的刑法应对［J］. 浙江学刊，2018（6）：65-72.

［223］ 叶良芳. 人工智能是适格的刑事责任主体吗？［J］. 环球法律评论，2019，41（4）：67-82.

［224］ 伊莱克利·伯利兹. 人工智能重塑国家安全［J］. 信息安全与通信保密，2018（10）：19-20.

［225］ 于冲. 刑事合规视野下人工智能的刑法评价进路［J］. 环球法律评论，2019a，41（6）：40-57.

［226］ 于冲. 人工智能的刑法评价路径：从机器规制向算法规制［J］. 人民法治，2019b（17）：20-23.

［227］ 于海防. 人工智能法律规制的价值取向与逻辑前提——在替代人类与增强人类之间［J］. 法学，2019（6）：17-30.

［228］ 余成峰. 从老鼠审判到人工智能之法［J］. 读书，2017（7）：74-83.

［229］ 余德厚. 从主体资格到权责配置：人工智能法学研究视角的转换［J］. 江西社会科学，2020，40（6）：176-185.

［230］ 羽生善治. 人工智能不会做什么：100 亿人类与 100 亿机器人共存的未来［M］. 王鹤，译. 成都：四川人民出版社，2019.

［231］ 袁彬，薛力铭. 生成式人工智能的刑法规制问题研究［J］. 河北法学，2024，42（2）：140-159.

［232］ 袁彬. 人工智能的刑法主体地位反思——自我意思决定、平等主义与刑法技术措施［J］. 上海政法学院学报（法治论丛），2019，34（3）：103-113.

［233］ 袁曾. 权利视阈下的人工智能法律主体地位［J］. 上海政法学院学报

(法治论丛)，2019，34（4）：89-98.

［234］袁曾. 无人驾驶汽车侵权责任的链式分配机制——以算法应用为切入点［J］. 东方法学，2019a（5）：28-39.

［235］原研哉. 理想家：2025［M］. 上海：上海三联书店，2016.

［236］张成东. 强人工智能体刑事主体地位之否定［J］. 时代法学，2019，17（5）：54-62.

［237］张闳诏，董玉庭. 自动驾驶中危险驾驶行为的刑法应对［J］. 学习与探索，2020（12）：89-94.

［238］张继泽. 未来学［M］. 贵阳：贵州人民出版社，2013：2.

［239］张镭. 人工智能体可罚性辩疑［J］. 南京社会科学，2018（11）：82-87.

［240］张丽卿. 人工智慧时代的刑法挑战与对应——以自动驾驶车为例［J］. 台湾月旦法学杂志，2019（3）：87-103.

［241］张明楷. 增设新罪的观念——对积极刑法观的支持［J］. 现代法学，2020，42（5）：150-166.

［242］张全印. 机遇与挑战：人工智能带来的刑事风险与刑法应对［J］. 中国刑警学院学报，2018（6）：14-20.

［243］张绍欣. 法律位格、法律主体与人工智能的法律地位［J］. 现代法学，2019，41（4）：53-64.

［244］张勇，许亚洁. 智能机器人主体性的刑法审视［J］. 上海政法学院学报（法治论丛），2020，35（2）：105-114.

［245］张宇. 自动驾驶刑事责任主体地位及其责任分配［J］. 中南民族大学学报（人文社会科学版），2021，41（9）：106-114.

［246］赵秉志，詹奇玮. 现实挑战与未来展望：关于人工智能的刑法学思考［J］. 暨南学报（哲学社会科学版），2019，41（1）：98-110.

［247］赵司聪. 论自动驾驶的刑事风险及应对［J］. 北方法学，2022，16

（2）：132-142.

［248］赵万一，侯东德. 法律的人工智能时代［M］. 北京：法律出版社，2020.

［249］赵文龙，张郁. 人工智能不应作为刑事责任主体［J］. 江西警察学院学报，2020（2）：83-89.

［250］赵运锋. 人工智能不应作为刑事责任主体［J］. 检察风云，2019（6）：28-29.

［251］郑戈. 人工智能与法律的未来［J］. 探索与争鸣，2017（10）：78-84.

［252］郑文革. 人工智能法律主体建构的责任路径［J］. 中国应用法学，2022（5）：221-231.

［253］周晓垣. 人工智能：开启颠覆性智能时代［M］. 北京：台海出版社，2018：26-27.

［254］朱艺浩. 人工智能法律人格论批判及理性应对［J］. 法学杂志，2020，41（3）：132-140.

［255］邹子铭. 自动驾驶视角下罪刑体系的现状、困境与纾解［J］. 哈尔滨工业大学学报（社会科学版），2024，26（1）：48-56.

［256］最高人民检察院法律政策研究室. 网络犯罪：指导性案例实务指引［M］. 北京：中国检察出版社，2018：86-87.

后 记

本书是在博士后出站报告的基础上，根据出站评审专家的意见，并结合新近域内外研究文献、政策法规修订而成的。在取得法学博士学位后继续从事博士后研究的决定做出得很早、执行得很晚。2017 年 6 月，当收好行囊离京赴黔向恩师高铭暄教授道别之际，高老师再次谈及他数次到贵州开展学术交流的经历，勉励我既要做好教书育人的本职工作，又要持之以恒地从事学术研究，同时建议在贵州大学政策允许的前提下，尽早联系导师开展博士后研究。

2018 年 10 月，在傅跃建教授一行的陪同下，已届鲐背之年的高老师不辞辛劳，如约来筑讲学。其间，高老师多次问及毕业以来的学习工作情况，专门提到从事博士后研究的进展。我面带愧色地向老师汇报，贵州大学政策明确要求，新入职教师须工作满两年方可外出从事博士后研究，而自己入职后教学和科研压力巨大，还未将联系博士后导师的事宜提上日程。

幸运的是，在为老师结束贵州讲学践行的晚宴上，老师了解到贵州省社会科学院同其他科研院校有联合培养博士后的成熟机制，于是向时任贵州省社会科学院院长的吴大华老师提出希望吴老师能同意收下我做博士后。在吴老师详细询问我的学术兴趣和志向后，表示我可以到贵州省社会科学院开展博士后研究，但省社科院仅有博士后工作站，还需联系拥有博士后流动站单位的导师，并推荐中国社会科学院法学研究所刘仁文老师。事实上，刘老师曾担任我博士毕业论文答辩委员会委员，而我在学习研究中也经常拜读刘老师的大作，深知刘老师学术精湛、严谨治学、性情豁达、人格高贵。因此，对于吴老师的推荐，我自然欣喜异常，但却担心刘老师是否会同意接纳我。

我怀着忐忑的心情向刘老师发去自荐信，希望刘老师能够给予我近距离学习的机会和机遇。未曾想幸运之神再次降临到我这个毛头小子身上。刘老师在极短的时间内回复我的邮件，并发来微信号让我添加，经过进一步了解我的具体情况后，欣然同意指导我完成博士后研究工作，同时要求我按照中国社会科学院法学研究所和贵州省社会科学院的要求做好进站考核的相关准备。

收到刘老师肯定答复后，我旋即向法学院领导汇报，学院同意并支持我到中国社会科学院暨贵州省社会科学院从事博士后研究工作。在我办理外出进行博士后研究手续的同时，也向高老师和吴老师进行汇报，并征求对我博士后阶段研究主题的意见。吴老师表示，“研究方向最好结合个人爱好，不要太大，最好两年内完成出站”。考虑到彼时人工智能刑事风险治理议题引起了学术界广泛且热烈的关注，而我又对这一议题颇感兴趣且有一定的研究基础，最终在老师的建议下，我选择《人工智能“犯罪”刑法规制的困境与出路》作为研究主题。

习近平总书记曾强调：“法学学科是实践性很强的学科。”法学研究既要注重法学理论的积累积淀，又必须始终关注社会发展，坚持以回应现实需要为旨归。近年来，经济社会的快速发展客观上推动着法律体系和制度迭代更新，给法学研究提出诸多新课题、新要求，人工智能刑事风险治理这一议题就是在这样的背景下被提出，并引起学术界的聚焦式关注的。不过，从相关研究成果来看，除少部分研究成果针对弱人工智能所带来的刑事风险进行研讨外，大部分研究均将目光投向强人工智能甚至是通用人工智能，设想强人工智能自主运行过程中可能侵害人类法益的方式，进而呼吁通过直接赋予（强）人工智能独立刑事责任主体地位，由人工智能自行承担其在自动化运行过程中侵害人类法益的刑事责任，并设计出专门针对“犯罪”人工智能特征的独特刑罚体系。应当说，这类研究对于推动人们了解人工智能的未来发展样态、可能侵害法益的具体方式，以及认知刑法在适应社会变迁与时代变革中的地位属性、任务功能等确有值得肯定的价值，但却总给人以过于激进或者冒进的印象，特别是在人之外肯认某种机器或者系统具备刑法上的主体性，用刑罚这种具有强烈谴责非难意涵的机制去谴责非难机器或者系统。这对于相对传统或者保守的我来说始终难以接受，以至于我在本书中明确以“科幻式、预言式的理想主义甚至浪漫主义刑法学术研究倾向”予以形容。

考虑到人工智能的技术原理及其对人类法益的侵损无论如何都属于当前刑法学界普遍关注的新现象和新问题，如何在既有刑法教义学或者刑法规范体系内实现对人工智能侵损人类法益的精准评价和恰当处理，正极大地考验着刑法理论研究的智慧。在具体研究过程中，我坚持以辨识真问题、解决真疑难为研究理念，聚焦人工智能刑事风险治理的宏观与微观真实问题，寄望充分利用刑法教义学原理资源，借助理念置新、理论变革、立法完善、司法求变等复合路径，厘清人工智能“犯罪”刑法规制的理念与实践困境，基于功能主义刑法观的基本立场，提出契合刑法属性与任务的人工智能“犯罪”刑法规制新路径、新方案，形成出站报告《人工智能刑法规制的困境与出路》，被出站考核委员会评定为“优秀”。

在站期间，除对人工智能刑法规制这一主题的具体研究外，吴老师和刘老师还格外注重培养我的学术研究能力，吸纳我参加吴老师所主持的研究阐释党的十九届四中全会精神国家社科基金重点项目“国家制度和治理体系的地方实践经验研究”（20AZD002）以及刘老师承担的国家社会科学基金重点项目“刑法的立体分析与关系刑法学研究”（19AFX007）。非常庆幸的是，刘老师与吴老师曾多次引导我参加诸如中国社会科学院刑法学重点学科暨创新工程论坛、高铭暄学术馆开馆活动暨高铭暄学术思想研讨会、全国博士后学术论坛等重磅高端学术活动，让我有更多的机会接受两位导师的言传身教，感悟两位导师的高贵人格、渊博学识以及对后学晚进的提携再造。经历两年多的博士后研究工作后，自己立志投身法学研究和法治实践的决心、信心更为坚决，自己对法学研究的理念、范畴和方法等的理解和感悟也都有不同程度的更新提升。

"新竹高于旧竹枝，全凭老干为扶持。"从决定申请做博士后开始，正是在两位合作导师的悉心指导下，在高老师的持续和关怀下，在学院领导同事的大力支持下，我才得以完成博士后阶段的研究任务和工作要求，感谢各位师友一直如初的厚爱与提携。中国社会科学院法学研究所陈泽宪老师、莫纪宏老师、刘敬东老师，中国法学会案例法学研究会会长胡云腾老师，中共贵州省委讲师团原团长谢一老师，贵州省社会科学院史昭乐老师、胡晓登老师，贵州民族大学法学院宋强教授，在进站考核、中期考核以及出站考核中所提出的权威且专业的意见和建议，有效匡正了我研究中已经出现或者可能出现的偏误，高效推动了出站报告的顺利完成，感谢各位专家学者所给予的宝贵指导。中国社会科学院法学研究所缪树蕾老师、贵州省社会科学院博士后科研工作站朱玓含老师在进出站手续的办理中给予我极大的理解与便利。贵州大学法学院领导和同仁在学院相关工作上给予极大的支持和帮助，研究生李沁尧、杨婷、方雅琦、文小丽、管冰闪等同学为我分担不少事务性工作，使我能够拥有更多时间和精力完成博士后阶段的各项工作。本书的出版得到了贵州大学社科学术出版基金的资助。经济管理出版社宋娜老师不仅欣然同意向编辑部积极推荐本书，更全过程、全方位地协调指导本书出版的相关事宜，为本书付梓面世提供极大的便利，在此一并致以最由衷的谢意。

时至今日，博士后的工作虽然告一段落，但学术研究之路不会因此停歇。家庭的温暖，如明灯照亮前行的道路；爱人和孩子的笑容，早已成为我心中甜蜜的牵挂。她们是慰藉，是星光，是甜蜜，也是我继续在学术领域深耕细作的源源动力。

曹 波

2024 年 5 月 21 日于贵州大学法学院